THÈMES 2018
CONCOURS DES IRA

Ouvrage coordonné par André ROBINET

Anne DAVID
Bernard DELHOUME
Étienne DOUAT
Jean-Luc LE MERCIER
Georges MORACCHINI

PARTIE I

Une préparation spécifique pour 2018 **9**

1 | Pourquoi ce manuel ? *11*

- Un manuel renouvelé, adapté au concours de février 2017 **11**

2 | Quel contenu ? *14*

- Des conseils de méthode concis et clairs, des connaissances et des corrigés ciblés sur le prochain concours **14**

3 | Quels auteurs ? *16*

- Des enseignants, praticiens de l'administration et de la préparation aux concours **16**

PARTIE II

Sur la forme : ce qu'attendent les jurys **19**

1 | Savoir tenir compte des recommandations des jurys *21*

- Les rapports des jurys : une mine de commentaires utiles **21**
- Avertissement sur la date des rapports de jurys examinés ici **22**

2 | La forme de votre copie : un atout déterminant *23*

- Bien lire le sujet, en décortiquer les termes, le contextualiser **23**
- Poser une problématique (voir ci-après la question du plan) **25**
- Structurer un déroulement logique et fluide de votre copie **26**

3 | Deux questions qui angoissent les candidats : le plan, l'avis personnel *29*

- Quel agencement du plan pour la composition ou la note ? **29**
- Comment donner un avis personnel sans tomber dans le parti pris ? **32**

4 | Une qualité de rédaction qui fera la différence entre les candidats *34*

- Des copies rédigées dans un français correct **34**
- Un style personnel plutôt qu'une écriture trop formatée **37**

- Ne pas diluer son propos, être concis et précis 37
- Pour une copie agréable à lire, soigner l'écriture 38

5| Deux éléments clés : l'introduction et la conclusion 40

- L'introduction 40
- La conclusion 41

PARTIE III

Sur le fond : l'essentiel sur chacun des six thèmes 2017-2018 43

1| Thème : Politiques publiques de cohésion sociale et égalité des chances 45

- Connaissances à mobiliser 45
- Aide-mémoire : éléments clés 46

2| Thème : Finances publiques et intervention économique 50

- Connaissances à mobiliser 50
- Aide-mémoire : éléments clés 51

3| Thème : Gestion publique et performance dans les services publics 54

- Connaissances à mobiliser 54
- Aide-mémoire : éléments clés 55

4| Thème : Le système éducatif, du premier degré à l'enseignement supérieur 58

- Connaissances à mobiliser 58
- Aide-mémoire : éléments clés 59

5| Thème : Développement durable et politiques publiques 61

- Connaissances à mobiliser 61
- Aide-mémoire : éléments clés 62

6 | Thème : L'organisation territoriale de la France 64

- Connaissances à mobiliser 64
- Aide-mémoire : éléments clés 65

PARTIE IV

Rédiger note administrative et note de synthèse (concours interne et de 3e voie) 69

1 | Méthodologie de la note 71

- Présentation de l'exercice de la note 71
- La prise de connaissance du sujet 72
- L'exploitation des documents 72
- Réalisation de la note proprement dite 74
- Conseils de forme 75

2 | Note administrative du concours interne 76

- Attentes du jury 76
- Sujet proposé : Note sur le Rifseep (régime indemnitaire de la fonction publique) 76

3 | Note de synthèse du troisième concours 81

- Attentes du jury 81
- Sujet proposé : Note sur la lutte contre les discriminations 81

PARTIE V

Réviser les thèmes de 2017-2018 et apprendre à composer 85

1 | Thème : Politiques publiques de cohésion sociale et égalité des chances 87

- Sujet : Face à la précarité, quelles politiques de cohésion sociale ? 87
  Comment aborder le sujet 87
  Proposition de corrigé rédigé 88
- Sujet : Les politiques de lutte contre les discriminations 96
  Proposition de corrigé rédigé 96

- Sujet : L'État, de la solidarité nationale à la cohésion sociale 103
  Plan détaillé 103
- Sujet : Politique de la ville, politique de cohésion sociale 108
  Note technique 108
- Sujet : Pour une France qui vieillit, quelles politiques de cohésion sociale ? 112
  Proposition de corrigé rédigé 112

2| Thème : Finances publiques et intervention économique 118

- Sujet : Budgets publics et interventions économiques de moyen et long termes 118
  Proposition de corrigé rédigé 118
- Sujet : Les collectivités publiques, actionnaires 125
  Proposition de plan détaillé 125
- Sujet : Finances publiques et intervention économique au regard des règles européennes 129
  Proposition de plan sommaire 129
- Sujet : L'État actionnaire 133
  Proposition de corrigé rédigé 133
- Sujet : L'Agence France Trésor 139
  Note technique 139

3| Thème : Gestion publique et performance dans les services publics 142

- Sujet : L'appréciation de la performance des services publics par les juridictions financières 142
  Proposition de corrigé 142
- Sujet : Comment la performance s'applique-t-elle aux services publics depuis 2006 ? 149
  Comment aborder le sujet 149
  Proposition de corrigé rédigé 149
- Sujet : La performance dans la gestion des agents publics 157
  Proposition de plan sommaire 157
- Sujet : Le contrôle parlementaire de la performance : les PAP et les RAP 160
  Proposition de corrigé rédigé 160
- Sujet : L'impératif de la performance dans la construction du budget 165
  Proposition de corrigé 165

4| Thème : Le système éducatif, du premier degré à l'enseignement supérieur 172

- Sujet : L'éducation, une affaire d'État ? 172
  Comment aborder le sujet 172
  Proposition de corrigé rédigé 173
- Sujet : Comment mesurer la performance du système éducatif ? 179
  Proposition de plan détaillé 179
- Sujet : Les acteurs du système éducatif 183
  Note technique 183
- Sujet : L'école, ascenseur social ? 186
  Proposition de corrigé détaillé 186

5| Thème : Développement durable et politiques publiques 193

- Sujet : Les difficultés de l'engagement de l'État en faveur du développement durable 193
  Comment aborder le sujet 193
  Proposition de corrigé rédigé 194
- Sujet : L'État face aux grands défis environnementaux 203
  Proposition de plan sommaire 203
- Sujet : Un enjeu du développement durable : la transition énergétique 206
  Proposition de corrigé rédigé 206
- Sujet : Les COP 214
  Note technique 214

6| Thème : L'organisation territoriale de la France 216

- Sujet : La France : un pays centralisé ou décentralisé ? 216
  Proposition de corrigé rédigé 216
- Sujet : Mille-feuille administratif et proximité des services avec le citoyen 223
  Proposition de corrigé 223
- Sujet : Préfet : une fonction d'avenir ? 231
  Proposition de plan détaillé 231
- Sujet : Le département a-t-il un avenir ? 236
  Comment aborder un tel sujet ? 236
  Proposition de plan sommaire 237
- Sujet : Le Plan préfectures nouvelle génération (PPNG) 241
  Note technique 241

7| Sujets transversaux 244

- Sujet : Enjeux et méthodes de la politique de la ville **244**
  - *Comment aborder le sujet* **244**
  - *Proposition de corrigé détaillé* **245**
- Sujet : Pérennité et transformation : où va l'État ? **253**
  - *Préparer sa composition* **253**
  - *Suggestion de plan détaillé sans comparatisme international* **255**
  - *Suggestion de plan sommaire avec comparatisme international* **256**
  - *Autre plan sommaire avec comparatisme international* **257**
- Sujet : La justification au premier euro (un exemple) **258**
  - *Note technique* **258**
- Sujet : Les services de l'État dans les territoires : quelle évolution ? **261**
  - *Plan sommaire* **261**

UNE PRÉPARATION SPÉCIFIQUE POUR 2018

PARTIE I

1 | POURQUOI CE MANUEL ?

UN MANUEL RENOUVELÉ, ADAPTÉ AU CONCOURS DE FÉVRIER 2017

La première édition de ce manuel, inaugurée pour la session 2014 (concours de février 2015), répondait au changement introduit dans le programme du concours par une réforme de 2012. En effet, jusqu'alors, la nature, la durée et le programme des épreuves des concours d'entrée aux instituts régionaux d'administration étaient fixés par un arrêté du 6 juin 2008.

Les traditionnelles épreuves écrites, dites usuellement de culture générale, étaient et sont toujours :

Concours externe	Concours interne	Troisième concours
Une composition sur un sujet d'ordre général portant sur la place des pouvoirs publics et leur rôle dans les grands domaines de l'intervention publique (société, économie, emploi, santé, culture, territoires, relations extérieures...) permettant d'évaluer l'ouverture au monde des candidats, leur aptitude à l'analyse et au questionnement ainsi que leur capacité à se projeter dans leur futur environnement professionnel.	La rédaction, à partir d'un dossier à caractère administratif, d'une note permettant de vérifier les qualités de rédaction, d'analyse et de synthèse du candidat ainsi que son aptitude à dégager des solutions appropriées.	Une note de synthèse sur dossier sur un sujet d'ordre général portant sur la place de l'État et son rôle dans les grands domaines de l'intervention publique (société, économie, emploi, santé, culture, territoires, relations extérieures...) permettant d'évaluer l'ouverture au monde des candidats, leur aptitude à l'analyse et au questionnement ainsi que leur capacité à se projeter dans leur futur environnement professionnel.

Mais depuis un arrêté du 27 juillet 2012, il est prévu un « *programme annuel* » de révision, sous forme de thèmes : « *Avant le 1er septembre de l'année précédant celle des épreuves écrites du concours concerné, un arrêté du ministre chargé de la fonction publique fixe, sur proposition du jury, la liste des thèmes à partir desquels est proposé par le jury le sujet de l'épreuve de composition du concours externe, de la note administrative du concours interne et de la note de synthèse du troisième concours.* »

Ainsi, tous les candidats aux concours doivent se préparer à disserter et à rédiger à partir de thèmes qui peuvent changer chaque année et qui constituent une sorte de socle de leur révision de culture générale. Cette disposition présente un avantage : si la culture politico-administrative attendue des candidats aux écrits reste « *générale* », elle est cependant articulée désormais autour de « *thèmes* » qui sont connus. Mais connus seulement quelques mois à l'avance !

Cela laisse relativement peu de temps aux candidats pour se préparer ! Ce manuel est précisément fait pour les y aider.

Session 2012 **Concours en février 2013** **Liste des thèmes arrêtée le 27 juillet 2012**	**Session 2013** **Concours en février 2014** **Liste des thèmes arrêtée le 14 juin 2013**
• L'État, garant de l'égalité des chances • Le rôle de l'État en matière économique • La gestion des ressources humaines, levier de la performance dans les services publics • Dette publique et équilibre budgétaire • Le système éducatif • Développement durable et politique publique	• L'État, garant de l'égalité des chances • Le rôle de l'État en matière économique • La gestion publique et la performance dans les services publics • Le système éducatif • Le développement durable et la politique publique • L'État et son organisation territoriale

Session 2014 **Concours en février 2015** **Liste des thèmes arrêtée le 18 juin 2014**	**Session 2015** **Concours en février 2016** **Liste des thèmes arrêtée le 26 juin 2015**
• Le rôle de l'État en matière de politiques sociales • Le rôle de l'État en matière économique • Gestion publique et performance dans les services publics • Le système éducatif, du premier degré à l'enseignement supérieur • Développement durable et politiques publiques • L'État et son organisation territoriale	• Le rôle de l'État en matière de politiques sociales • Le rôle de l'État en matière économique • Gestion publique et performance dans les services publics • Le système éducatif, du premier degré à l'enseignement supérieur • Développement durable et politiques publiques • L'État et son organisation territoriale

Session 2016 Concours en février 2017 Liste des thèmes arrêtée le 27 juin 2016	Session 2017 Concours en février 2018 Liste des thèmes arrêtée le 26 juin 2017
• Politiques publiques de cohésion sociale et égalité des chances • Finances publiques et intervention économique • Gestion publique et performance dans les services publics • Le système éducatif, du premier degré à l'enseignement supérieur • Développement durable et politiques publiques • L'organisation territoriale de la France	• Politiques publiques de cohésion sociale et égalité des chances • Finances publiques et intervention économique • Gestion publique et performance dans les services publics • Le système éducatif, du premier degré à l'enseignement supérieur • Développement durable et politiques publiques • L'organisation territoriale de la France

Les thèmes de la session 2017 (ainsi que la date du concours, fixée au 20 février 2018) ont été fixés par un arrêté du 26 juin 2017 publié au *Journal officiel* du 6 juillet 2017.

On observera qu'ils sont identiques à ceux du concours précédent. Mais en une année, la législation a pu changer, les débats publics se sont emparés de tel ou tel thème de l'action gouvernementale ou administrative, la doctrine a pu connaître des inflexions... C'est pourquoi, même avec des thèmes identiques, ce manuel diffère quelque peu de celui de l'an dernier : il est à la fois augmenté et modifié ou actualisé en tant que de besoin.

Programme connu en juillet, concours passé au mois de février suivant : cela laisse relativement peu de temps aux candidats pour se préparer !

Ce manuel est précisément fait pour les y aider.

2| QUEL CONTENU ?

DES CONSEILS DE MÉTHODE CONCIS ET CLAIRS, DES CONNAISSANCES ET DES CORRIGÉS CIBLÉS SUR LE PROCHAIN CONCOURS

De ce renouvellement annuel des thèmes du concours est née l'idée de ce manuel d'aide aux candidats, qui les familiarisera chaque année avec les six thèmes retenus pour le concours qu'ils passeront en février de l'année suivante et qui les préparera à affronter spécifiquement les épreuves (dissertation ou note) qu'ils auront à composer sur l'un ou l'autre de ces thèmes.

Il ne s'agit donc pas de leur fournir des éléments de type « annales » tournés vers le passé, mais au contraire, et c'est la nouveauté de cet ouvrage, une préparation aux épreuves à venir lors du prochain concours.

Cet ouvrage pourrait s'intituler *Les Thèmes qui vous attendent en 2018* ou encore *Des sujets qui peuvent tomber en 2018*. Il s'adresse aux candidats aux trois concours d'entrée aux IRA : externe, interne et de 3e voie, et les aide à préparer :

- la première épreuve écrite du concours externe (dissertation dite usuellement « de culture générale politique et administrative » ou plus simplement « de culture gé ») ;
- l'épreuve écrite du concours externe (note administrative) ;
- l'épreuve écrite du troisième concours ou concours de 3e voie (note de synthèse).

On ne saurait trop recommander aux candidats, quel que soit le concours auquel ils se présentent, de parcourir la totalité des corrigés proposés. Exemple : le candidat au concours externe aura intérêt à prendre connaissance des sujets proposés ici pour les concours interne et de 3e voie, car il trouvera dans les corrigés proposés pour les autres concours des éléments qui le concerneront aussi. C'est ce qui s'est produit en 2017, où le sujet sur les déficits publics, tombé au concours externe, avait été abondamment traité dans le dossier de préparation au concours interne. C'est ce qui peut se reproduire en 2018 puisque le dossier « concours interne » présenté ici porte sur le régime indemnitaire des fonctionnaires, ce qui n'est pas sans lien avec les problématiques des thèmes de l'arrêté ministériel. Le dossier « 3e voie » présenté ici porte sur les problématiques de lutte contre les discriminations, ce qui est au cœur du premier thème concernant la cohésion sociale.

Outre les six thèmes mentionnés dans l'arrêté du 26 juin 2017, l'ouvrage traite de sujets transversaux qui constituent un bonus utile en renforçant la dimension « maîtrise d'une culture générale » attendue des candidats.

Cet ouvrage est résolument pratique. Il n'est pas un énorme pavé, lourd de textes officiels et de préconisations méthodologiques qu'on retrouve un peu partout et qui n'apportent que peu de valeur ajoutée. Les candidats y apprendront l'essentiel :

- une révision du contenu des thèmes imposés ;
- la méthode de rédaction d'une composition ou d'une note.

Cette révision est à la fois panoramique et fouillée, au travers d'un aide-mémoire (rappel des éléments clés qui structurent le thème) et d'une bibliographie ou d'une « sitographie » volontairement brèves, et surtout au travers de plusieurs sujets différents par thème. Ces sujets seront traités avec des corrigés sous forme de compositions rédigées, de plans détaillés ou de plans sommaires, et également de notes techniques ou d'actualité... souvent précédés d'une notice « comment aborder le sujet » et parfois assortis de commentaires en marge qui vous aideront à vous approprier la démarche proposée.

Naturellement, par rapport à la précédente édition, cet ouvrage a été augmenté et actualisé, afin de mettre à jour les connaissances des candidats sur les six thèmes du concours. Il y est fait état des derniers textes parus ou en discussion, des débats ou problématiques en vigueur, en date de juillet 2017, date d'élaboration du manuscrit.

Même s'il est constant que les sujets du concours portent sur des questions de politique publique prises dans le court ou moyen, voire le long terme, et jamais sur la seule actualité immédiate ou très récente, il appartiendra donc aux candidats de se tenir informés des évolutions marquantes entre août 2017 et la date du concours (février 2018). Cela est particulièrement vrai cette année, puisque les élections présidentielles et législatives ont ouvert de larges débats dans le pays, et ont été suivies de changements non négligeables aux niveaux exécutif et législatif. Si les candidats peuvent faire état, à bon escient et sans tomber dans les détails ni dans le débat polémique, de leur bon suivi de l'actualité nationale et de ses enjeux, ils marqueront des points, y compris dans leurs réponses aux QRC et/ou à l'oral.

Pour ce qui est des conseils de rédaction, l'ouvrage contient des conseils méthodologiques tirés à la meilleure source, étonnamment trop peu exploitée par les candidats, à savoir les rapports des jurys de concours. Pour chacun des cinq IRA, chaque année, les jurys exposent leurs satisfactions ou leurs déceptions eu égard à la qualité des copies. Ils formulent des recommandations précieuses. Les plus « aidantes » pour un candidat ont été sélectionnées ci-après au chapitre : « Sur la forme : ce qu'attendent les jurys ».

3| QUELS AUTEURS ?

DES ENSEIGNANTS, PRATICIENS DE L'ADMINISTRATION ET DE LA PRÉPARATION AUX CONCOURS

Anne DAVID

Agrégée d'histoire, professeur en classe préparatoire aux grandes écoles au lycée Jules-Guesde de Montpellier. Enseigne l'histoire et la culture générale à l'Ipag de Montpellier. A été conseillère pour la critique des manuels scolaires aux Éditions Classiques Hachette, professeur coordonnateur d'histoire au CRDP d'Orléans, chargée de mission au service d'action culturelle du rectorat d'Orléans.

Bernard DELHOUME

Directeur des études institut de préparation à l'administration générale de Montpellier. Maître de conférences associé à l'Ipag de l'université de Montpellier. Directeur honoraire de l'éducation de la culture de la jeunesse et du sport au conseil départemental du Gard. Diplômé d'État « éducateur spécialisé ». Ancien élève de l'École des hautes études en santé publique de Rennes.

Étienne DOUAT

Agrégé de droit public, professeur à l'université de Montpellier-I. Doyen honoraire de la faculté de droit de Rennes. Spécialiste en finances publiques, auteur de nombreuses recherches et publications. Chercheur au Centre de recherches et d'études sur l'administration de Montpellier (Cream). Directeur de l'Ipag de Montpellier. Membre du jury de l'ENA.

Jean-Luc LE MERCIER

Magistrat financier. Procureur financier près la chambre régionale des comptes d'Occitanie. Ancien élève de l'ENA et de l'Institut d'études politiques (IEP) de Bordeaux. Diplômé d'études approfondies d'histoire (faculté de lettres de Montpellier). Commissaire honoraire de l'armée de terre (contrôle, direction financière de régiments).

Georges MORACCHINI

Professeur des universités en sciences du langage, université de Corse. Responsable de la préparation aux concours administratifs de l'université de Corse. Ancien vice-président du conseil des études et de la vie universitaire. Intervenant CNFPT (préparation aux écrits et aux oraux). Élu local.

André ROBINET

Directeur territorial honoraire (spécialiste en développement local). Maître de conférences associé à l'Ipag de Montpellier. Directeur honoraire d'une mission locale d'insertion des jeunes. Diplômé de l'institut d'études politiques de Paris et du cycle supérieur d'aménagement du territoire et d'urbanisme de l'IEP de Paris.

SUR LA FORME : CE QU'ATTENDENT LES JURYS

PARTIE II

1 | SAVOIR TENIR COMPTE DES RECOMMANDATIONS DES JURYS

■ LES RAPPORTS DES JURYS : UNE MINE DE COMMENTAIRES UTILES

Nous l'avons dit plus haut : cet ouvrage est résolument pratique. Nous n'y redonnerons pas les excellentes préconisations méthodologiques que dispensent tous les professeurs ainsi que les manuels de préparation aux concours. Son originalité est ailleurs. Elle réside dans l'exploitation fine et systématique des rapports de jurys de concours. En effet, chaque année, dans chaque IRA, un jury composé de fonctionnaires, cadres A et A+, exerçant divers métiers, corrige les écrits d'admissibilité, assure les entretiens oraux d'admission, et finalement classe et sélectionne les candidats, jugeant de la réussite ou de l'échec de tel ou tel.

À l'issue de chaque session, ce jury produit un rapport analysant ladite session, ses caractéristiques chiffrées, la qualité des copies et des oraux, etc., en pointant du doigt les difficultés rencontrées, les erreurs souvent commises, les « perles » relevées ici ou là, et aussi les éléments positifs, les bonnes constructions de copies eu égard au sujet traité, les qualités attendues d'un candidat lors de son oral d'admission, etc. Ces rapports sont publics.

Les plus récents sont consultables sur le site « Portail de la fonction publique » : **www.fonction-publique.gouv.fr/score/ecoles-de-formation/ira-et-ena/ira/concours-dacces-aux-instituts-regionaux-dadministration**

Les jurys regrettent parfois très amèrement que la lecture et l'étude de leurs rapports des années précédentes soient négligées par les candidats qui perdent ainsi de précieuses recommandations. Mais, pour un candidat qui doit passer du temps à parfaire ses connaissances, leur exploitation est un exercice relativement long. C'est pour vous épargner cette analyse minutieuse que l'essentiel vous est donné ici. Les rapports récents des jurys des cinq IRA, disponibles au moment de la publication de cet ouvrage, ont été scrutés pour en extraire les préconisations de forme qui vous sont rapportées ci-après. Vous trouverez donc ci-après des citations extraites de ces rapports, le principe des lignes qui suivent étant : quels meilleurs conseillers que les correcteurs du concours eux-mêmes ?

■ AVERTISSEMENT SUR LA DATE DES RAPPORTS DE JURYS EXAMINÉS ICI

Certains lecteurs des précédentes éditions de cet ouvrage se sont demandé pourquoi, parmi les rapports de jurys exploités ici, ne figuraient pas ceux de la session immédiatement précédente. La question est pertinente et le sera cette année encore. En effet, dans le présent chapitre, les rapports cités les plus récents sont ceux de la session 2015 (concours de février 2016) et non ceux de la session 2016 (concours de février 2017). Pourquoi ? Tout simplement parce que ces rapports de jurys relatifs à la toute dernière session du concours ne sont pas encore disponibles lors de la mise en fabrication de cet ouvrage. Il faut savoir que lesdits rapports incluent non seulement les observations relatives aux épreuves écrites passées en février 2017 mais aussi aux épreuves orales qui, elles, se sont déroulées dans le courant du mois de mai 2017. Dès lors, compte tenu des nécessaires délais d'élaboration de ces rapports par les jurys, de leur remise aux autorités compétentes et de leur diffusion par celles-ci, il n'est pas possible d'en disposer au moment de la mise sous presse du présent ouvrage.

On peut cependant affirmer (hélas !) que, année après année, en ce qui concerne la qualité formelle des copies, ces rapports émettent des observations semblables. Ils relèvent les mêmes défauts, mettent l'accent sur les mêmes travers, et inversement dispensent les mêmes conseils et mettent en valeur les mêmes bonnes pratiques pour inciter les candidats à s'améliorer. La prise en compte des éléments ci-après n'en est que plus indispensable pour un candidat déterminé à réussir.

2| LA FORME DE VOTRE COPIE : UN ATOUT DÉTERMINANT

C'est d'abord la forme matérielle de votre copie qui donne au lecteur (ici le correcteur) l'envie de la lire. Dites-vous que les correcteurs du concours ont à lire des dizaines et des dizaines de pages. Si les vôtres ont un aspect rebutant, elles susciteront plutôt de la lassitude que de l'appétence ! Au final, c'est la forme qui rendra votre copie intelligible ou confuse, originale ou banale, bonne ou mauvaise.

BIEN LIRE LE SUJET, EN DÉCORTIQUER LES TERMES, LE CONTEXTUALISER

C'est la première démarche à observer. Cela semble aller de soi. Eh bien, non ! Les jurys le rappellent trop souvent.

> Une attention portée aux termes du sujet, qui méritent qu'on y réfléchisse plutôt que de se lancer tête baissée dans la rédaction, est à recommander.
>
> *IRA de Lyon, rapport du jury du concours, session 2015*

> S'agissant de la note ou de la dissertation, le sujet doit être lu avec beaucoup d'attention afin d'éviter de s'en écarter (dissertation) ou de ne pas « contextualiser » l'analyse (note). Sur le fond, il est attendu dans cette épreuve l'inverse de ce qui est demandé dans les questions, c'est-à-dire de prouver sa capacité d'analyse.
>
> *IRA de Nantes, rapport du jury du concours, session 2012*

Un jury fournit ainsi un commentaire éclairant. Rappelant que le sujet de composition générale était : « L'État peut-il lutter efficacement contre la pauvreté ? », il regrette que ce sujet ait été souvent mal compris :

> [...] les candidats traitant souvent, en réalité, des sujets approchants tels que, notamment « les moyens dont dispose l'État pour lutter contre la pauvreté » ; alors que le libellé du sujet invitait, d'une part, à se demander si l'État disposait encore de leviers suffisants vis-à-vis des publics en difficulté eu égard, notamment, aux compétences transférées à d'autres acteurs (collectivités territoriales), d'autre part, au travers de l'adverbe « efficacement », à porter un regard critique sur les moyens mis en œuvre et leur résultat.
> Peu de candidats ont trouvé un juste milieu entre une approche abstraite, devenant facilement idéologique, sans contenu technique réel, et une approche technocratique se bornant à la description d'outils de politique publique, sans contextualisation ni regard critique... un travail de définition des termes du sujet, notamment ici, est un préalable indispensable à la problématisation et au

> traitement de la question. Ce travail a souvent été correctement réalisé pour le terme de « pauvreté », moins souvent pour « efficacement ».
>
> *IRA de Lyon, rapport du jury du concours, session 2014*

Encore faut-il prendre le temps de bien analyser le sujet et ses différents termes. Ainsi, à propos du sujet « L'organisation administrative de l'État et des collectivités territoriales est-elle à même de répondre aux exigences de performance du service public ? », un jury a pu noter :

> Une lecture trop rapide a conduit certains candidats à négliger une part importante du sujet à traiter. Les uns n'ont traité que la partie « État » ; d'autres au contraire ont privilégié la partie « collectivités locales » ; d'autres encore n'ont vu dans le sujet que la dimension organisationnelle en négligeant la partie évaluation de la performance. Quelques copies n'ont manifestement pas compris le sujet (traitement quasi exclusivement historique), conduisant à des traitements hors sujet.
>
> *IRA de Nantes, rapport du jury du concours, session 2011*

À propos du sujet : « L'administration électronique : que doit-on en attendre ? », le jury de Lyon rappelait déjà :

> Le sujet [...] demandait de mobiliser les connaissances autour du service aux usagers d'une part, de l'optimisation de l'organisation administrative et de la mise en œuvre des politiques publiques d'autre part, sans oublier les gains attendus mais aussi les charges nouvelles liées à ces technologies [...]. De nombreuses copies oscillent entre deux types de défaut : soit un développement très descriptif qui énumère les usages des NTIC dans l'activité administrative, mais sans qu'il y ait véritablement d'analyse de l'impact de ces usages, soit un développement avec des considérations très générales mais qui nécessiteraient d'être étayées, et reliées à la pratique administrative [...]. Il n'y a pas d'utilité à faire état de sa culture personnelle s'il n'y a pas de lien avec le sujet. Le développement de l'administration électronique n'appelait par exemple pas un rappel de l'historique des mouvements de déconcentration et de décentralisation [...]. Par ailleurs, il convient de définir, de contextualiser le sujet, mais il importe également de proportionner cet effort de définition, l'objectif étant la clarté et un ciblage suffisant de la problématique à développer. En l'occurrence, on pouvait évoquer le contexte de la réforme des services de l'État, et le développement des technologies numériques, mais point n'était besoin de présenter longuement les différentes définitions de la notion de service public.
>
> *IRA de Lyon, rapport du jury du concours, session 2013*

D'où cette recommandation de bon sens, formulée par le jury de Metz à propos du concours de la session 2013 :

> [...] Pourtant cette année encore il faut déplorer que trop de candidats, se limitant à une approche trop superficielle de la question, soit sont passés à côté de pans entiers du sujet, soit n'ont pas réellement tenté de répondre à la question posée de manière suffisamment argumentée.

> Pour les candidats à de futures sessions, on insistera donc sur l'absolue nécessité, pour bien affronter cette épreuve, de prendre le temps nécessaire à une analyse exhaustive et fine de tous les aspects et enjeux du sujet et d'être capables de témoigner d'une réelle capacité à ordonner ses réflexions selon une ligne démonstrative par laquelle on cherche à convaincre de la pertinence de la réponse apportée.
> La préparation à l'épreuve ainsi conçue est d'ailleurs facilitée par le fait que les sujets s'inscrivent depuis la session 2011 dans une liste fermée de thèmes connus en amont, en pratique huit mois environ avant les épreuves.
>
> *IRA de Metz, rapport du jury du concours, session 2013*

■ POSER UNE PROBLÉMATIQUE (VOIR CI-APRÈS LA QUESTION DU PLAN)

C'est souvent la pierre d'achoppement. Poser une problématique, c'est « faire problème » de la question ou du sujet posés. C'est considérer que rien ne va de soi. Que tout pourrait peut-être être différent ! Que rien n'est parfait, que tout doit être mis en question, passé au crible du raisonnement, éclairé par vos connaissances générales, historiques, comparées, etc. Même un sujet qui semble relever du seul droit positif comme le serait par exemple « L'organisation territoriale de l'État » doit faire problème : pourquoi cette organisation est-elle ce qu'elle est ? À quels enjeux répond-elle ? Comment évolue-t-elle ? Quelles sont ses forces et ses faiblesses ? De quel point de vue ? Etc.

De ce point de vue, les jurys sont souvent déçus, et l'expriment clairement en exposant leurs attentes. Celui de Lille fut particulièrement explicite à propos du concours de février 2014 :

> [...] La grande majorité des candidats dispose d'un bon bagage universitaire, le plus souvent de niveau master, complété par une année de préparation en Ipag. Beaucoup ont également bénéficié d'une formation dans un IEP. Le jury s'attend donc à un niveau de réflexion, d'analyse et de connaissances générales qui est loin d'être démontré dans la majorité des copies. Les candidats oublient souvent les termes de l'arrêté fixant le contenu de l'épreuve : « *Une composition [...] visant à évaluer leur aptitude à l'analyse et au questionnement ainsi que leur capacité à se projeter dans leur futur environnement professionnel.* »
>
> *IRA de Lille, rapport du jury du concours, session 2013*

Prenez garde à l'actualité ! Autant il est utile de s'y référer, autant il est dangereux d'en faire la pierre de touche de votre argumentation. Sachez vous inscrire dans un temps long, dans le moyen voire le long terme. N'oubliez pas que vous postulez à un emploi de cadre dans la fonction publique d'État pour plusieurs dizaines d'années. Vous en connaîtrez, des alternances et des « changements de pied », dans les politiques publiques !

Sans vous montrer désabusé, sachez que plusieurs points de vue sont légitimes, qu'ils ont tous leur part de vérité, et que c'est avec du recul qu'il vous faut apprécier les événements. Ne cédez pas à la tyrannie de l'actualité ou de la conjoncture, qui vous occuperait l'esprit au risque de vous laisser perdre le sens de l'État et de sa permanence.

> [...] S'agissant tout d'abord de l'épreuve de composition sur un sujet d'ordre général, et malgré le choix d'un sujet d'actualité, la majorité des candidats n'a pas su sortir des clichés et des idées toutes faites, sans analyse, ni structure dans la présentation... Si depuis deux ans les grands thèmes de cette composition sont publiés, ceci ne semble pas avoir modifié fondamentalement la qualité des copies. Or, cette publication, en restreignant le champ des révisions, devrait faciliter la réflexion préalable des candidats.
>
> *IRA de Lille, rapport du jury du concours, session 2013*

Ou encore :

> [...] De même beaucoup de candidats, ayant d'ailleurs plus ou moins bien suivi les questions d'actualité, n'ont pas su prendre le recul nécessaire et n'ont pas cherché à démontrer leur capacité à approfondir une réflexion.
>
> *IRA de Metz, rapport du jury du concours, session 2011*

> Une bonne copie se distingue du lot lorsqu'elle rassemble différents éléments :
> - couvrir les principaux aspects du sujet... ;
> - constituer une réflexion sur les politiques publiques.
>
> Les bonnes copies se distinguaient en expliquant les raisons des évolutions et réformes actuelles, tout en donnant un ou deux exemples sur chaque cas. Il n'est pas besoin d'aller plus loin [...] en alignant les exemples les uns après les autres.
>
> Au final, une bonne copie est une copie qui couvre tous les aspects du sujet, ou la plupart des aspects, est rédigée de manière claire, avec une analyse et quelques exemples. Il est inutile de chercher à faire étalage de connaissances sans rapport avec le sujet, qui alourdissent la copie et deviennent rapidement hors sujet.
>
> *IRA de Lyon, rapport du jury du concours, session 2011*

STRUCTURER UN DÉROULEMENT LOGIQUE ET FLUIDE DE VOTRE COPIE

> Ce qui fait qu'une copie se dégage du lot : clarté, fluidité et pertinence font la qualité des très bonnes copies. L'introduction situe, plutôt brièvement, le sujet dans son contexte, en reformule la problématique avant de présenter un plan. Le développement découle ensuite logiquement de cette problématique, en respectant le plan proposé, et en faisant progresser la pensée, pour aboutir à une conclusion synthétisant et mettant en relief l'analyse présentée.
>
> *IRA de Lyon, rapport du jury du concours, session 2013*

Pour que votre message soit bien perçu par les correcteurs de votre copie, sa forme est capitale. C'est par elle que vous ferez valoir vos connaissances, votre raisonnement, vos questionnements, votre ouverture d'esprit... éléments fondamentaux pour une épreuve de culture générale.

C'est par une présentation claire et structurée de vos idées que vous démontrerez aux correcteurs que vous maîtrisez le sujet. Même si vous avez des lacunes au niveau des connaissances, votre manière d'aborder et de traiter un sujet convaincra le lecteur que vous avez la tête « bien faite ». Et nous avons tous en mémoire la formule de Boileau qui énonçait, à la fin du XVIIe siècle : « *Ce qui se conçoit bien s'énonce clairement, et les mots pour le dire arrivent aisément.* »

> Pour l'épreuve écrite, la part de la présentation et des qualités rédactionnelles, de la clarté et de la cohérence du plan et de son développement sont essentielles. Elles permettent de mesurer la bonne compréhension du sujet, de l'appréhension des éléments fondamentaux de la matière, de la logique du raisonnement et des aptitudes du candidat à exposer et faire valoir ses arguments pour déboucher sur une ou des propositions concrètes, opérationnelles, réalistes.
>
> *IRA de Metz, rapport du jury du concours, session 2011*

Le lecteur, ici le correcteur, doit en quelque sorte être « pris par la main » pour suivre sans difficulté les enchaînements de la pensée du candidat et la logique de sa démonstration.

> Un problème récurrent d'enchaînement des idées a été détecté dans les copies, comme les années précédentes.
>
> *IRA de Lyon, rapport du jury du concours, session 2012*

Car le critère discriminant entre les bonnes et les mauvaises copies :

> tient à l'effort de structuration du raisonnement et des arguments mis en avant pour la démonstration, les premières faisant référence à des actions de politiques publiques précises, historiques ou d'actualité, les secondes se contentant d'un catalogue de généralités, parfois même peu en rapport avec le sujet.
> Le jury recommande aux candidats de privilégier la note courte, démonstrative et dynamique, ciblée sur le sujet, à une composition longue, historisante, qui se noie en digressions et dans des considérations poussives.
>
> *IRA de Bastia, rapport du jury du concours, session 2012*

Mais il faudra savoir, dans le cours de la copie, aller à l'essentiel. L'essentiel, c'est l'essentiel aux yeux d'un cadre de la fonction publique d'État, à qui il est demandé de démontrer sa capacité à se projeter dans son futur univers professionnel. Ce n'est pas si compliqué, comme le rappelle un jury :

SUR LA FORME : CE QU'ATTENDENT LES JURYS

S'agissant spécifiquement de la note du concours externe [...] la première démarche à conduire est de s'interroger sur les relations dans le sujet qui leur est proposé avec la liste des thèmes portés par l'arrêté définissant l'épreuve d'admissibilité.
Trop de candidats peinent à hiérarchiser leurs idées et agglomèrent l'accessoire à l'essentiel.
Les correcteurs ont relevé trop de digressions inutiles voire de propos de nature pseudo-philosophique (niveau comptoir de café), et une insuffisante qualité rédactionnelle au regard du niveau d'études des candidats. Ils ont été souvent déçus par des copies énonçant le catalogue des mesures au lieu de répondre à la question posée (Comment l'État peut-il efficacement...).

IRA de Nantes, rapport du jury du concours, session 2014

3| DEUX QUESTIONS QUI ANGOISSENT LES CANDIDATS : LE PLAN, L'AVIS PERSONNEL

La structuration du devoir est fondamentale. Quelle catégorisation des idées ? Quelle hiérarchisation des éléments apportés ? Quelle organisation logique du raisonnement ? Là encore, écoutons les jurys de concours.

■ QUEL AGENCEMENT DU PLAN POUR LA COMPOSITION OU LA NOTE ?

> L'annonce de plan découle de la problématisation.
>
> *IRA de Lyon, rapport du jury du concours, session 2013*

C'est sans aucun doute l'élément fondamental de toute copie.

> Les candidats doivent garder à l'esprit que leur composition vise à valoriser leur capacité de réflexion et la clarté de leur pensée, au travers d'un plan structuré.
> En aucun cas il ne s'agit d'égrener au fil de la plume les quelques connaissances éparses que le candidat possède sur le sujet, agrémentées de commentaires et considérations plus ou moins convenus. Un entraînement minimal est indispensable pour bien assimiler l'esprit de l'épreuve, et maîtriser les techniques de plan.
>
> *IRA de Bastia, rapport du jury du concours, session 2010*

Mais, attention, structurer un plan ne dispense nullement d'un effort de rédaction :

> En corollaire, on relève une tendance marquée à recourir aux énumérations et à une présentation sous forme de tirets, sans réel effort de rédaction de phrases complètes...
>
> *IRA de Lyon, rapport du jury du concours, session 2010*

Les interrogations à propos des techniques de plan sont le plus souvent celles-ci :
- plan apparent (avec titres, sous-titres, soulignages, espacement, etc.) ou non ?
- plan en deux parties ou en trois parties ?

Faut-il ou non un plan apparent ?

Les candidats savent tous qu'il convient d'annoncer leur plan. Mais ils se posent souvent la question de savoir s'il convient de rendre ce plan apparent par l'usage d'un titre explicite pour chaque partie et/ou sous-partie, avec éventuellement l'utilisation de caractères différents, une numérotation des parties, un soulignement... La question n'est pas clairement tranchée, comme en témoignent les rapports des jurys, parfois contradictoires sur ce point.

Certains penchent assez en faveur du plan apparent. Ici, à propos du concours externe :

> L'effort de présentation mérite d'être signalé : sauf rares exceptions, les copies étaient lisibles et faisaient preuve d'un effort pour dégager un plan (avec toujours une introduction et parfois une conclusion). Certains s'attachent à formaliser leur plan dans la copie, ce qui est plutôt une bonne pratique (et en tout cas facilite la correction, ce qui rend le correcteur reconnaissant).
>
> *IRA de Nantes, rapport du jury du concours, session 2011*

Là, à propos du concours interne :

> [...] L'absence de plan apparent, des copies très denses, sans alinéas ou presque, qui rendent la lecture et la compréhension difficiles, ont gêné les correcteurs. En corollaire, on relève une tendance marquée à recourir aux énumérations et à une présentation sous forme de tirets, sans réel effort de rédaction de phrases complètes...
>
> *IRA de Lyon, rapport du jury du concours, session 2010*

Certains jurys invitent le candidat à se mettre un instant à la place du correcteur, ou du simple lecteur de leur copie, pour justifier une présentation que le plan apparent rend plus convaincante car plus démonstrative. Si le lecteur est obligé de relire la copie pour y débusquer les transitions, comprendre la hiérarchie des idées avancées, retrouver le plan... c'est que la charpente du texte n'est pas suffisamment claire. Le plan apparent peut remédier à cet obstacle :

> Plusieurs copies ne comportent pas un plan apparent. Cette option, sans être proscrite par le jury, exige du correcteur un effort supplémentaire dont il n'est pas sûr que le candidat soit finalement bénéficiaire. Autant recommander un plan simple et lisible.
>
> *IRA de Nantes, rapport du jury du concours, session 2011*

D'autres jurys, sans faire du plan apparent un vice rédhibitoire, affichent leur préférence pour les copies de très bon niveau, que leur fluidité et leur logique de déroulement dispensent de fournir un plan apparent :

> [...] Un candidat qui n'est pas à l'aise dans la rédaction et dans l'exposition logique de ses idées aura tout intérêt à choisir des titres (et éventuellement des sous-titres) apparents. En effet, le choix de ne pas faire apparaître explicitement ces titres n'est payant que si l'enchaînement des parties est bien compréhensible pour le lecteur, ce qui suppose de bons enchaînements logiques et une clarté d'exposition des idées. Il est fréquent que les meilleures copies se caractérisent par une absence de plan apparent : les candidats concernés n'ont plus besoin des « béquilles » d'un plan apparent.
>
> *IRA de Lyon, rapport du jury du concours, session 2010 et session 2013*

Nous nous rangeons volontiers à ce point de vue : c'est au candidat qu'il appartient, *in fine*, de faire son choix entre les deux formules. Il retiendra la première (pas de plan apparent) s'il se sent suffisamment sûr de sa rédaction : bonne maîtrise de l'écriture, catégorisation et hiérarchie logique des arguments, enchaînement des paragraphes facile à comprendre, fluidité...

La statistique semble donner raison à ce dernier point de vue « ouvert » et « tolérant » puisque, à partir d'une recherche sur un échantillon de 19 « meilleures copies » de concours externe (des quatre dernières années) exposées par le site mentionné plus haut :

- 8, soit 42 % environ, n'ont pas de plan apparent ;
- 9, soit 47 % environ, ont un plan apparent avec la numérotation I et II, voire un soulignage des titres, ou encore l'usage de majuscules, etc. ;
- 2, soit 10 % environ, ont un plan que l'on pourrait qualifier de « modérément apparent » avec usage de signes tels que des astérisques pour signaler un changement de partie, et/ou d'intervalles larges et bien distincts pour séparer les parties et éventuellement les sous-parties.

Le plan doit-il comprendre deux ou trois parties ?

Cette question peut se poser, notamment pour les candidats issus des filières littéraires, où prévaut une inclination pour le plan en trois parties comprenant chacune, en principe, deux sous-parties. Or, dans les disciplines du droit et de la science politique auxquelles s'apparentent souvent les sujets du concours, prédomine absolument le plan en deux parties et deux sous-parties.

Il est vrai que nous recommandons fortement le plan en deux parties et deux sous-parties, plan avec lequel sont habitués à travailler les correcteurs du concours qui sont issus d'écoles ou d'administrations où la pensée s'exprime ainsi. Néanmoins, l'essentiel reste la cohérence de la démonstration. Si un candidat sent que sa pensée est plus claire, ses arguments mieux articulés et sa rédaction plus fluide avec un plan en trois parties, qu'il n'hésite pas à faire preuve d'originalité.

C'est pourquoi, dans le présent ouvrage, nous proposerons quelques sujets construits en trois parties, afin de « libérer » ceux pour qui le plan classique (adopté dans la quasi-totalité des copies) serait trop contraignant. Cette position est celle que recommande (à propos, il est vrai, de la rédaction de la note du concours interne) le jury de la session 2011 du concours d'entrée à l'IRA de Nantes :

> [...] le choix fréquent d'un plan en deux parties et deux sous-parties, sans être proscrit, ne s'impose pas à l'évidence lorsque l'énoncé du sujet suggère trois niveaux successifs d'exploration du sujet.

COMMENT DONNER UN AVIS PERSONNEL SANS TOMBER DANS LE PARTI PRIS ?

De notre expérience de pédagogues, il ressort, entre autres, qu'une angoisse se fait jour de manière récurrente chez les candidats lorsqu'il est question de donner un avis personnel, qui leur est parfois explicitement demandé par le sujet et dont la dimension politique leur paraît très sensible. Est-on en train de me demander mes opinions politiques ? *Quid* du devoir de réserve ? de ma liberté d'opinion ? Que puis-je dire et que dois-je taire ? Je vais tomber dans le piège...

L'anonymat des copies n'ôte rien à ces angoisses, qu'il faut aborder calmement, car des solutions existent pour avancer une opinion, un questionnement, sans tomber dans l'excès du prosélytisme politique. C'est le cas pour des sujets en forme de questions telles que les suivantes, qui sont effectivement tombés récemment au concours :

- Dans quelles mesures l'État est-il encore légitime pour conduire des politiques industrielles ?
- L'administration électronique : que doit-on en attendre ?

Jusqu'où le candidat peut-il aller dans la formulation d'une opinion personnelle ? Comment donner un avis sans déroger à la fameuse règle d'or du « balancement circonspect » qui fait dire « oui, mais » ou encore « certes, il y a des avantages à telle politique, mais considérons également les inconvénients... ».

Rappelons que :

> Les meilleures copies sont précisément celles dont le contenu a su rendre compte de la capacité du candidat à organiser sa réflexion pour apporter une réponse structurée à la question posée. L'aptitude à prendre du recul et celle consistant à mettre des connaissances et une curiosité pour de grands sujets d'actualité au service d'une réflexion personnelle ont ainsi fait la différence entre une bonne et une moins bonne copie, étant observé que le défaut de connaissances sur les sujets qui doivent être connus de tous n'a pu qu'être sanctionné.
>
> *IRA de Metz, rapport du jury du concours, session 2012*

Mais attention à la banalisation, il faut avancer un avis, un point de vue :

> Certains candidats ont cherché à se rassurer en se bornant à plaquer artificiellement des connaissances sans construction ni analyse argumentée. Ces pratiques ont été sanctionnées puisque, pour le jury, la valeur ajoutée de la copie se trouvait dans la mise en perspective de l'analyse et de la prise de position.
>
> *IRA de Nantes, rapport du jury du concours, session 2011*

Inversement, se méfier de l'outrance, comme l'indique fort justement un rapport de jury qui signale au passage une incohérence pour lui troublante dans l'attitude des candidats :

> D'un point de vue plus général, à la fois sur le fond et sur la forme, le jury a été frappé par le nombre de copies dénigrant, sans argumentation étayée, le fonctionnement de l'État et la qualité des services rendus. Le jury s'est naturellement interrogé sur la motivation à entrer dans la fonction publique d'État de candidats qui exprimaient leur défiance vis-à-vis de l'État et, en contrepoint, leur fascination pour les collectivités territoriales.
> Si le jury s'est attaché à valoriser les prises de position, dès lors qu'elles étaient étayées et reposaient sur une analyse solide, il a sévèrement sanctionné les nombreux jugements hâtifs et sans fondement.
> Les problèmes ainsi recensés se reflètent dans les notes attribuées...
>
> *IRA de Nantes, rapport du jury du concours, session 2011*

Comme l'indique explicitement un rapport de jury, une description caricaturale des politiques gouvernementales ou une dimension politique trop accentuée caractérise une mauvaise copie :

> Sur un sujet où les réformes des dernières années devaient être citées, il était nécessaire d'éviter les commentaires trop polémiques du type : « Un objectif (de performance) louable mais bafoué par la mise en place de réformes contestées » ou : « Un manque de considération et d'estime qui sévit au sein du secteur public annihile toute idée selon laquelle il est possible d'optimiser la qualité du service. »
> Les candidats à l'IRA ne doivent pas oublier qu'ils auront, en tant que fonctionnaires, un devoir de neutralité et de mise en œuvre (de la politique) de différents gouvernements. En revanche une critique étayée, par exemple sur un rapport de la Cour des comptes ou une mission d'évaluation, est un apport dans une copie.
>
> *IRA de Lyon, rapport du jury du concours, session 2011*

Un autre jury rappelle la nécessité d'une certaine modération :

> [...] une dimension critique à manier avec discernement. Il n'est pas interdit aux candidats d'émettre des critiques sur les politiques menées, d'essayer de proposer des orientations ou de décrire les problèmes apparus lors d'une réforme (par exemple, les réformes successives de la décentralisation, les difficultés de fonctionnement pour certains services en raison du non-remplacement d'un fonctionnaire sur deux). En revanche les commentaires du type : « la destruction des services publics par le non-remplacement d'un fonctionnaire sur deux » sont trop caricaturaux et à éviter absolument.
>
> *IRA de Lyon, rapport du jury du concours, session 2011*

Ou encore, plus simplement, à propos d'un sujet en forme de question :

> Le sujet se prêtait à l'expression d'une opinion personnelle à la condition d'être mesuré.
>
> *IRA de Nantes, rapport du jury du concours, session 2014*

4| UNE QUALITÉ DE RÉDACTION QUI FERA LA DIFFÉRENCE ENTRE LES CANDIDATS

Après les angoisses des candidats, attardons-nous sur quelques-unes des attentes fortes des correcteurs et, hélas, en corollaire, sur leurs motifs d'exaspération. Quels que soient les sujets, deux regrets sont souvent formulés par les jurys à propos de la qualité d'expression des candidats : une langue française malmenée, un style convenu, terne et plat.

DES COPIES RÉDIGÉES DANS UN FRANÇAIS CORRECT

Comme l'a souligné tel jury :

> Une copie à la syntaxe défaillante et maltraitant l'orthographe produisait une impression défavorable sur le correcteur et l'influençait nécessairement [...].
>
> *IRA de Lyon, rapport du jury du concours, session 2014*

> Quels que soient le concours et l'épreuve, la maîtrise de l'expression écrite est la condition de la réussite. Le jury [...] a fortement pénalisé les copies accumulant les fautes de syntaxe, d'orthographe et les impropriétés lexicales.
>
> *IRA de Nantes, rapport du jury du concours, session 2015*

> De manière générale sur la forme, il doit être redit aux futurs candidats qu'ils ne pourront obtenir des notes supérieures à la moyenne si leur écriture est trop difficile à déchiffrer, les fautes d'orthographe sont trop nombreuses (il faut relire sa copie), la syntaxe n'est pas correcte [...].
>
> *IRA de Nantes, rapport du jury du concours, session 2014*

> [...] la maîtrise de l'expression écrite (un vocabulaire adéquat, des formulations appropriées) emporte définitivement l'adhésion du correcteur.
>
> *IRA de Lyon, rapport du jury du concours, session 2013*

De manière générale, trop de déficiences sont relevées dans les copies. Erreurs d'inattention ? Méconnaissance des règles de la grammaire ? Quoi qu'il en soit, nous ne pouvons que recommander aux candidats d'être très vigilants sur la forme de leur texte. C'est un critère de notation déterminant, qui, à un ou deux points près, les classera ou non parmi les admissibles !

Cela doit les conduire, sur les quatre heures de l'épreuve écrite, à réserver un temps suffisant à une relecture attentive, relativement détachée des considérations de fond (en fin d'épreuve, l'essentiel est dit et les éventuelles erreurs sont difficilement rattrapables) et consacrée aux questions de forme. Dix minutes, voire un quart d'heure, ne constituent pas une durée excessive, tant sont réelles les possibilités de récupérer ici des points précieux.

Là encore, il suffit d'entendre ce que disent les différents jurys. Leurs appréciations, relativement sévères, en disent long sur les pertes de points générées par la négligence du style, de la grammaire ou tout simplement de l'orthographe :

> Dans la forme, le niveau général des candidats, tous titulaires au moins d'une licence, est apparu décevant. Pour un concours de catégorie A, trop de faiblesses de rédaction, de syntaxe, de grammaire et d'orthographe sont relevées dans les copies.
>
> *IRA de Metz, rapport du jury du concours, session 2010*

> [...] trop de copies comportent des erreurs de style, de grammaire ou d'orthographe dont la répétition est parfois excessive.
>
> *IRA de Metz, rapport du jury du concours, session 2012*

Et la sanction est immédiate :

> Par ailleurs, beaucoup de ces copies révèlent de très grandes difficultés dans l'expression écrite en ce qui concerne tant la maîtrise de la syntaxe et du vocabulaire que celle de l'orthographe. Ces candidat(e)s ne disposent pas des prérequis nécessaires pour réussir un concours administratif de catégorie A, et il semblerait plus réaliste qu'ils envisagent, au moins pour le court terme, une autre orientation. Pour les copies moyennes, les plus nombreuses, il est possible de suggérer des pistes d'amélioration, car une grande majorité des candidats fournissent une copie tout à fait acceptable et semblent en capacité d'améliorer encore leur prestation, avec du travail et de l'entraînement.
>
> *IRA de Lyon, rapport du jury du concours, session 2013*

> Des copies comportent encore beaucoup trop de fautes d'orthographe [...]. Là encore, le jury s'est montré sévère en refusant toute note au-dessus de la moyenne dans ces cas de figure.
>
> *IRA de Nantes, rapport du jury du concours, session 2011*

Quel que soit votre niveau d'études ou vos diplômes acquis avant de passer le concours, ne négligez pas votre langue française : les copies sont scrutées avec une particulière attention, et les correcteurs, quelque peu désabusés, laissent percer leur mécontentement :

> Environ 5 % des copies se caractérisent par une syntaxe très approximative et certaines copies ne laissent pas d'interroger sur la valeur des diplômes aujourd'hui délivrés par l'Éducation nationale (certains ont un niveau de français qui est inférieur à ce que l'on est en droit d'attendre d'un lycéen).
>
> *IRA de Lyon, rapport du jury du concours, session 2012*

SUR LA FORME : CE QU'ATTENDENT LES JURYS

Des exemples montrent que tout laisser-aller est à proscrire, fût-il courant ou familier :

> [...] il faut noter des formulations [...] assez hasardeuses telles que « l'handicap » ou « l'handicapé », « l'accessibilité des personnes handicapées », etc.
>
> *IRA de Lyon, rapport du jury du concours, session 2010, interne*

> Sur la forme, les candidats doivent veiller à maîtriser leur syntaxe : le style parlé ou familier n'est pas approprié. Enfin les candidats sont invités à ne pas négliger la propreté (pas trop de ratures) et la lisibilité de la copie (c'est au moins un signe de respect du correcteur).
>
> *IRA de Nantes, rapport du jury du concours, session 2012*

> Fautes de syntaxe courantes : absence de maîtrise du style indirect et phrases sans verbes.
>
> *IRA de Lyon, rapport du jury du concours, session 2012*

Un jury (Lyon 2012) s'est même donné la peine d'établir un florilège des fautes les plus récurrentes, parmi les centaines de copies examinées. Cette liste est ici reproduite, quelque peu remaniée pour des questions de présentation, tant les fautes énoncées ressemblent à toutes celles que les enseignants des Ipag, CPAG et autres centres de préparation aux concours relèvent à longueur d'année dans les copies de leurs étudiants.

Nous conseillons au lecteur de se livrer à la correction des fautes relevées ci-après ; l'exercice leur sera bénéfique !

> [...]
> - oubli des marques du pluriel ;
> - absence de maîtrise des règles relatives aux accords des participes passés ;
> - Pole emploi, le maintient, le soutient, difficultées, pallier à ;
> - après que + subjonctif, bien que + indicatif, au vue de ;
> - les français/allemands, etc. ;
> - chomage, 10 milliard, un fond d'aide ;
> - éfficace, disfonctionnement, immixion ;
> - l'état (au lieu de l'État) ;
> - voir (au lieu de voire), rapeller ;
> - trentes glorieuses ;
> - du/dû, dûes (au lieu de dues), fût/fut ;
> - a permi, boulverser, a établit ;
> - service publique, droit publique, banque public ;
> - abus des anglicismes comme impacter, initier ;
> - abus des lettres majuscules.
>
> *Extrait de l'IRA de Lyon, rapport du jury du concours, session 2012*

C'est un constat, hélas, trop fréquent, et qui est très clairement sanctionné :

> [...] On relèvera par ailleurs que trop de copies comportent encore des erreurs de style, de grammaire ou d'orthographe dont la répétition, parfois excessive, est sanctionnée.
>
> *IRA de Metz, rapport du jury du concours, session 2013*

UN STYLE PERSONNEL PLUTÔT QU'UNE ÉCRITURE TROP FORMATÉE

Pour les correcteurs, comme pour Antoine Houdar de La Motte (écrivain du XVIIIe siècle) :
« *C'est un grand agrément que la diversité :*
[...] L'ennui naquit un jour de l'uniformité. »

C'est ce que disent, à leur manière, les rapports de jurys :

> Par ailleurs, on constate un certain formatage des devoirs (mêmes expressions, mêmes formulations, mêmes définitions...), une uniformité des plans qui témoignent d'un manque d'appropriation des techniques de préparation aux concours que trop de candidats adoptent sans en personnaliser le style.
>
> *IRA de Metz, rapport du jury du concours, session 2010*

Il s'agit bien d'une épreuve de composition (concours externe) ou de rédaction (concours interne et de 3e voie), ce que semblent pourtant ignorer certains candidats. Une défaillance à ce niveau est impardonnable :

> Néanmoins, quelques copies sont présentées et rédigées de façon bien trop sommaire, compte tenu du temps imparti. Le jury a lourdement sanctionné ces copies sans marque d'attention pour le correcteur, dont la note n'a guère dépassé 8/20.
>
> *IRA de Nantes, rapport du jury du concours, session 2012*

NE PAS DILUER SON PROPOS, ÊTRE CONCIS ET PRÉCIS

Un jury l'a exposé très explicitement, et ce conseil est précieux :

> Dans la perspective des épreuves écrites, on ne peut que conseiller aux candidats de disposer de définitions claires sur les principales notions qui gouvernent l'action administrative, afin d'éviter toute approximation ou contresens. Une bonne connaissance de l'actualité juridique récente (lois de portée structurante) constitue également un investissement très payant [...] de même que la recherche de la concision plutôt que du remplissage forcené de la copie. Un style agréable, clair et précis est un atout qu'il est facile d'acquérir par la lecture.
>
> *IRA de Lyon, rapport du jury du concours, session 2015*

SUR LA FORME : CE QU'ATTENDENT LES JURYS

C'est particulièrement vrai lorsqu'il s'agit de rédiger la note des concours interne et de 3e voie :

> Sur le plan formel, le jury attire l'attention des candidats sur le fait qu'une note, pour être opérationnelle, doit être claire, précise et concise. Trop de candidats cherchent à masquer l'indigence de l'analyse et du propos par l'utilisation d'un faux style administratif s'apparentant à du charabia.
>
> *IRA de Lyon, rapport du jury du concours, session 2015*

S'agissant de la rédaction de la note du concours interne, le jury de Bastia précise :

> Les meilleurs candidats ont donné à leur copie le caractère « opérationnel » attendu dans la présentation formelle (timbre, objet de la note...), tout en veillant au soin de la rédaction et du langage. Toutefois, le candidat doit toujours garder présent à l'esprit qu'il passe un concours où s'impose la règle de l'anonymat : certaines copies ont malheureusement été entachées de nullité en raison de l'identification de leur auteur. L'illustration du propos de la note par un schéma peut s'avérer utile et valorisée par le correcteur, à condition qu'il s'agisse d'un complément à une note rédigée.
>
> *IRA de Bastia, rapport du jury du concours, session 2015*

POUR UNE COPIE AGRÉABLE À LIRE, SOIGNER L'ÉCRITURE

Cette recommandation pourrait paraître si évidente qu'elle en deviendrait inutile. Ce n'est pourtant pas le cas. L'analyse des rapports de jurys sur une longue période révèle en effet l'apparition de plus en plus marquée de ces regrets : écritures peu lisibles voire illisibles, ratures ou gribouillages entre les lignes ou dans la marge, aspect visuel désagréable des copies... Ces défauts semblent de plus en plus fréquents.

Certes, le concours n'est pas une épreuve de calligraphie. Mais l'aspect même de votre copie est un élément à ne pas négliger ! Le laisser-aller en matière de présentation graphique sera fatalement pénalisant, même de manière marginale. Les candidats doivent en être conscients : c'est peut-être là que se trouve le point ou le demi-point qui fera la différence avec leurs concurrents, c'est-à-dire l'échec ou le succès au concours.

> Les membres du jury regrettent pour l'ensemble des concours un soin insuffisant apporté à la forme des copies, y compris les meilleures (orthographe, mise en forme, écriture, manque de sauts de ligne, débordements d'écritures en dehors du cadre de la copie, copies trop longues de 12 ou 13 pages...).
> Une partie des difficultés peut s'expliquer sans doute par la réduction, y compris chez les étudiants, de la pratique manuscrite.
> On ne saurait trop attirer l'attention des candidats sur la nécessité de veiller à la bonne présentation et aux qualités rédactionnelles de leurs travaux. La bonne syntaxe, la cohérence du plan et la clarté du raisonnement sont indispensables.

> Quel que soit le concours, il est attendu des candidats qu'ils se mettent en situation d'être de futurs cadres de l'État et fassent donc preuve de précision et de concision pour apporter les éléments utiles à la décision.
>
> *IRA de Bastia, rapport du jury du concours, session 2015*

Ou encore :

> Le jury insiste une nouvelle fois sur le soin que les candidats doivent apporter à la lisibilité de leur copie, certaines copies présentant une écriture totalement dégradée, très difficile à déchiffrer, ainsi qu'au respect des règles de base de l'orthographe et de la syntaxe. Ces compétences font partie de celles que l'on attend d'un attaché.
> Les candidats doivent être conscients que leur niveau de maîtrise de la langue et de respect des règles formelles intervient dans la notation de la copie.
>
> *IRA de Metz, rapport du jury du concours, session 2015*

> [...] le manque de soin dans l'écriture et la présentation a suscité un regard défavorable des correcteurs sur plus d'une copie.
>
> *IRA de Metz, rapport du jury du concours, session 2015*

5| DEUX ÉLÉMENTS CLÉS : L'INTRODUCTION ET LA CONCLUSION

Ce sont deux éléments majeurs de la copie.

> L'introduction et la conclusion peuvent faire gagner des points précieux dès lors qu'elles apportent des idées autres que la simple annonce de plan (introduction) ou synthèse des développements (conclusion).
>
> *IRA de Nantes, rapport du jury du concours, session 2012*

■ L'INTRODUCTION

Ne pas oublier que c'est l'introduction qui donne au correcteur sa toute première impression sur la copie qu'il doit noter.

> L'introduction doit poser le sujet dans toutes ses dimensions, éventuellement préciser certaines notions puis annoncer le plan. En général une page (ou un peu plus) suffit. Certains candidats se sont égarés avec des introductions de trois pages qui couvraient bien le sujet mais impliquaient ensuite des répétitions dans le corps de l'analyse.
>
> *IRA de Lyon, rapport du jury du concours, session 2011*

> [...] l'introduction n'atteint que trop rarement son objet en ne posant pas clairement la problématique du sujet...
>
> *IRA de Nantes, rapport du jury du concours, session 2011*

Même courte, cette introduction doit poser le problème et ses enjeux. Le jury de l'IRA de Lyon est allé loin dans l'explicitation de ce qui est attendu et de ce qui est inutile, voire négatif, et donc pénalisant.

• L'accroche

Le jury a déploré souvent :

> [...] la fréquente banalité de « l'accroche », souvent inspirée par l'actualité immédiate et qui ne permet pas à la copie de se distinguer. On ne peut que conseiller aux candidats d'entamer leur propos par des références plus anciennes et plus réfléchies.
>
> *IRA de Lyon, rapport du jury du concours, session 2014*

La recommandation peut se faire plus précise :

> Traditionnellement, les candidats ouvrent leur réflexion par une ou plusieurs phrases d'accroche. La plupart du temps, l'exemple cité est tiré de l'actualité, d'une information parfois entendue le matin même du jour du concours à la radio...
> Ce type d'accroche, d'une part, a peu de chances de différencier une copie des autres et, d'autre part, n'est souvent pas très pertinente. Il est sans doute préférable que les candidats prennent des exemples moins récents mais plus en adéquation avec le sujet à traiter. En l'absence d'accroche pertinente, il est préférable de commencer la copie par un exercice de définition des termes du sujet.
> *IRA de Lyon, rapport du jury du concours, session 2012 et session 2013*

- **La définition des termes du sujet**

> Certains candidats souhaitent définir les termes du sujet à traiter. Cette approche est louable : encore convient-il de bien définir les termes pertinents. Ainsi, afin de traiter la question : « Dans quelles mesures l'État est-il encore légitime pour conduire des politiques industrielles ? », les termes qu'il était intéressant de définir étaient ceux de « légitimité » et de « politiques industrielles », beaucoup plus que celui d'« État ». La définition de l'État n'était effectivement pas l'enjeu majeur du sujet, d'autant que les définitions données par les candidats apparaissaient parfois très approximatives.

- **La problématisation**

> Les bons candidats arrivent à introduire le sujet en problématisant les enjeux, c'est-à-dire à mettre indirectement en évidence l'actualité et l'intérêt de la question posée, ainsi que ses éventuelles implications. Quelques bons candidats parviennent à reformuler ou à approfondir le sujet en fonction d'une problématique qui leur est propre.
> *IRA de Lyon, rapport du jury du concours, session 2012 et session 2013*

> [...] En effet, il ne s'agit pas d'une épreuve de connaissance mais, il faut le rappeler, de démontrer sa capacité à s'approprier une problématique, et à produire une réflexion organisée, étayée, et suffisamment équilibrée.
> *IRA de Lyon, rapport du jury du concours, session 2012*

LA CONCLUSION

C'est la conclusion qui laissera au correcteur son impression finale. Une bonne conclusion aura nécessairement une influence favorable sur la notation. Pourtant, comme le souligne un jury :

> L'exercice est sans doute un peu négligé par les candidats ou, en tout état de cause, mal maîtrisé. Cela est regrettable car c'est souvent un demi-point ou un point qui est ainsi perdu « bêtement ». Classiquement, un correcteur attend d'une conclusion une synthèse faisant état de la position du

candidat sur la question posée, ainsi qu'un élargissement qui - dans le meilleur des cas - ouvre sur une problématique connexe au sujet traité. Moins d'un candidat sur dix parvient à maîtriser ce type d'ouverture qui, compte tenu de cette statistique, est très discriminante en termes de notation.

IRA de Lyon, rapport du jury du concours, session 2012 et session 2013

Une conclusion rassemble les éléments traités, mais ouvre aussi des perspectives, apporte une ouverture, invite à de nouveaux questionnements :

[...] quant à la conclusion, elle consiste trop fréquemment en des redites d'éléments avancés dans le développement, au lieu de proposer un élargissement et une ouverture [...].

IRA de Nantes, rapport du jury du concours, session 2011

D'où la nécessité de se réserver du temps pour peaufiner une conclusion véritable :

[...] la conclusion doit être courte : un résumé plus une ouverture conviennent.

Le corps de l'analyse doit comporter des parties équilibrées : les candidats doivent faire attention au temps. Les notes de certaines copies, qui commençaient bien, ont été abaissées en raison d'une dernière sous-partie à peine rédigée et d'une absence de conclusion.

IRA de Lyon, rapport du jury du concours, session 2012

SUR LE FOND : L'ESSENTIEL SUR CHACUN DES SIX THÈMES 2017-2018

PARTIE III

Correspondance entre les thèmes et le programme général du concours

Éléments clés et références bibliographiques

1 | THÈME : POLITIQUES PUBLIQUES DE COHÉSION SOCIALE ET ÉGALITÉ DES CHANCES

CONNAISSANCES À MOBILISER

Ce thème fait appel, notamment, aux connaissances de questions sociales et d'économie telles que requises par le programme des épreuves fixé par l'arrêté du 6 juin 2008. Celles qui sont à mobiliser pour traiter correctement ce thème sont, entre autres :

En questions sociales

1. Notions de démographie

• Les évolutions démographiques depuis le début du XXe siècle : natalité, fécondité, mortalité, espérance de vie, excédent naturel.
• Population urbaine, rurale.
• Structure de la population active.

2. La protection sociale

• L'État providence : perspective historique et comparaison européenne.
• Le système français de Sécurité sociale : principes essentiels, organisation, rôle des partenaires sociaux, la gouvernance, les « risques » couverts, le financement, les dépenses et la maîtrise des coûts, les différentes réformes.

3. Les politiques sociales

• Les politiques de cohésion sociale : inégalité et redistribution ; lutte contre la pauvreté et l'exclusion.
• Les politiques d'égalité des chances et de lutte contre les discriminations : politique de la ville ; intégration des immigrés ; lutte contre les discriminations.
• Les aspects sociaux de la politique en matière de logement : aides au logement et hébergement d'urgence.
• La politique de la famille et la protection de l'enfance.
• La politique du handicap.
• La dépendance.
• Le rôle des collectivités territoriales dans les politiques sociales.
• Le candidat intégrera la problématique de l'efficacité économique et sociale de ces politiques, et les compétences et le rôle des collectivités territoriales.

4. Le marché du travail et de l'emploi

- Le coût du travail.
- Les politiques de lutte contre le chômage, le service public de l'emploi, dépenses passives/actives.
- La formation professionnelle tout au long de la vie.

5. Le travail salarié

- La relation individuelle de travail : le contrat de travail, le recrutement, le licenciement.
- Les relations collectives : les syndicats, les institutions représentatives du personnel.
- Conflits et négociation : le droit de grève, la négociation collective.

En économie : les problèmes économiques contemporains

- Croissance, progrès techniques, emploi et chômage.
- La relation croissance-productivité-emploi.
- La population active ; les secteurs ; la tertiairisation.
- Le chômage : définition, mesure et types de chômeurs.

En finances publiques : l'approche globale des finances publiques

- Les grands principes juridiques.
- Les concepts relatifs aux recettes.
- L'endettement public.
- Processus et acteurs des finances publiques.
- Pilotage des finances publiques.

AIDE-MÉMOIRE : ÉLÉMENTS CLÉS

Dans les années 1980, le domaine social fut largement confié aux départements. Décentralisée, la France reste cependant unitaire et l'État conserve l'initiative législative et réglementaire des politiques sociales. Il fixe les taux et les conditions d'accès aux prestations.

Les grandes avancées législatives

- 1945 : Plan de Sécurité sociale (SS) issu du programme du Conseil national de la résistance.
- 1967 : Réforme Jeanneney. Risques sociaux séparés en trois branches : santé, vieillesse, famille.
- 1975 : Première loi d'orientation en faveur des personnes handicapées.

- 1983 : Transfert des compétences d'aide et d'action sociale aux départements.
- 1988 : Revenu minimum d'insertion (RMI).
- 1990 : Contribution sociale généralisée (CSG). Mise en œuvre du droit au logement.
- 1998 : Lutte contre les exclusions.
- 1999 : Couverture maladie universelle (CMU).
- 2000 : Solidarité et renouvellement urbains.
- 2001 : Loi de lutte contre les discriminations.
- 2003 : Aggravation des peines punissant les infractions à caractère raciste, antisémite, ou xénophobe.
- 2004 : Création de la Haute Autorité de lutte contre les discriminations et pour l'égalité (Halde) et de l'Agence pour la cohésion sociale et l'égalité des chances (Acsé).
- 2005 : Égalité des droits et des chances, participation et citoyenneté des personnes handicapées et loi de programmation pour la cohésion sociale. Création des préfets délégués pour l'égalité des chances.
- 2006 : Égalité salariale entre les hommes et les femmes et loi pour l'égalité des chances.
- 2007 : Droit opposable au logement, création de la Délégation interministérielle pour l'égalité des chances des Français d'outre-mer.
- 2008 : Revenu de solidarité active (RSA), réforme des politiques d'insertion, transposition des directives européennes en matière de lutte contre les discriminations.
- 2011 : Création du défenseur des droits (suppression de la Halde).
- 2013 : Plan pluriannuel contre la pauvreté et pour l'inclusion sociale.
- 2014 : Création du Commissariat général à l'égalité des territoires. Loi pour l'égalité réelle entre les femmes et les hommes.
- 2016 : La prime d'activité remplace le volet activité du RSA et la prime pour l'emploi ; création d'un secrétariat d'État à l'Égalité réelle ; vote en première lecture du projet de loi « égalité et citoyenneté ».

Les grandes voix

- Condorcet évoque pour la première fois en 1791 le concept de l'« égalité réelle » dans les mémoires sur l'instruction publique.

- Émile Durkheim publie en 1893 *De la division du travail social.*

- Léon Bourgeois publie en 1896 *Solidarité*, le manifeste du solidarisme.

• L'abbé Pierre, fondateur du mouvement Emmaüs, lance le 1er février 1954 son appel en faveur des sans-abri.

• René Lenoir, auteur en 1974 du livre *Les Exclus*, rédacteur de la loi d'orientation des personnes handicapées du 30 juin 1975, président d'honneur de l'Union nationale interfédérale des œuvres et organismes privés non lucratifs sanitaires et sociaux (UNIOPSS).

• Joseph Wresinski : créateur de l'association caritative et humanitaire Aide à toute détresse, ATD Quart-monde, auteur du rapport « Grande pauvreté et précarité économique et sociale » de 1987, qui inspira la loi RMI.

• André Comte-Sponville définit l'égalité des chances dans le *Guide républicain. L'idée républicaine aujourd'hui*, Paris, Delagrave, 2004.

Les acteurs politiques

• Ambroise Croizat, député puis ministre du Travail et de la Sécurité sociale en 1946 et Pierre Laroque, haut fonctionnaire, « pères » du système français de Sécurité sociale.

• Michel Rocard (Premier ministre de mai 1988 à mai 1991) pour la création du RMI.

• Martine Aubry (ministre de l'Emploi et de la Solidarité de juin 1997 à octobre 2000) pour la CMU, l'accès à la santé et la lutte contre les exclusions.

• Jean-Louis Borloo (ministre délégué à la Ville et à la Rénovation urbaine, ministre de l'Emploi, du Travail et de la Cohésion sociale de mai 2002 à mai 2007).

• Martin Hirsch (haut commissaire aux solidarités actives contre la pauvreté de mai 2007 à janvier 2009) pour le RSA.

Bibliographie

• Élie Alfandari et Florence Tourette, *Action et aide sociales*, Paris, Dalloz, 2011.
• J.-J. Dupeyroux, M. Borgetto, R. Lafore, *Droit de la Sécurité sociale*, Paris, Dalloz, 2015.
• M. de Montalembert, *La Protection sociale en France*, Paris, La Documentation française, 2014.
• Pierre Rosanvallon *La Crise de l'État-providence*, Paris, Seuil, 1981.

Sitographie

- www.defenseurdesdroits.fr
- www.caf.fr/etudes-et-statistiques/x-publications/informations-sociales
- www.cget.gouv.fr

2| THÈME : FINANCES PUBLIQUES ET INTERVENTION ÉCONOMIQUE

■ CONNAISSANCES À MOBILISER

Ce thème fait appel, notamment, aux connaissances d'économie et de finances publiques telles que requises par le programme des épreuves fixé par l'arrêté du 6 juin 2008.

En économie (voir le détail dans l'arrêté du 6 juin 2008)

1. Notions d'analyse économique

a) Les mécanismes de l'économie

b) Les mécanismes monétaires

2. Les problèmes économiques contemporains

a) Croissance et innovation
- La croissance.
- L'innovation.
- Les acteurs et le rôle de l'État.
- La croissance durable.

b) Croissance, progrès techniques, emploi et chômage
- La relation croissance-productivité-emploi.
- La population active ; les secteurs ; la tertiarisation.
- Le marché du travail.
- Le chômage : définition, mesure et types de chômeurs.

c) La mondialisation
- Le commerce international.
- Libre-échange et protectionnisme.
- Les acteurs.
- La globalisation financière.
- Le système financier international.
- Les crises financières et réponses (politique préventive et curative).

3. Les politiques économiques contemporaines

a) Notions sur les instruments de la politique économique
- Les politiques budgétaires et fiscales.
- La politique de l'emploi.

• La politique de la concurrence.
• La politique industrielle.
• Les politiques de l'environnement.

b) L'Union européenne

La construction européenne de la CECA à la zone euro ; les élargissements, la place de l'Europe dans le monde, la politique économique de l'Europe.

En finances publiques (voir le détail dans l'arrêté du 6 juin 2008)

1. L'approche globale des finances publiques

• Les grands principes juridiques.
• Les concepts relatifs aux recettes.
• L'endettement public.
• Processus et acteurs des finances publiques.
• Pilotage des finances publiques (incidence économique des prélèvements obligatoires, des dépenses et de la dette publiques ; approche consolidée des finances de l'État, des finances locales et des finances sociales ; maîtrise de la dépense publique ; évaluation des politiques publiques ; gouvernance et transparence des finances publiques).

2. Les finances de l'État

• Les lois de finances.
• Les ressources de l'État (fiscales, patrimoniales et diverses).
• La gestion et le financement de la dette de l'État.
• Les dépenses de l'État (la nomenclature budgétaire par destination et par nature ; les budgets annexes et comptes spéciaux ; portée de l'autorisation budgétaire : globalisation et « fongibilité asymétrique », autorisations d'engagement, crédits de paiement, plafonds d'emploi ; justification des crédits et des dépenses au premier euro ; présentation des objectifs et des résultats des programmes - projets et rapports annuels de performance).
• La gestion opérationnelle du budget (responsables de programme, budgets opérationnels de programme et unités opérationnelles ; le pilotage par la performance : stratégie, objectifs, indicateurs ; la gestion déconcentrée des crédits ; le processus d'exécution des dépenses).

AIDE-MÉMOIRE : ÉLÉMENTS CLÉS

Traditionnellement, l'État joue dans l'économie un rôle plus ou moins récurrent d'intervenant direct (le colbertisme) et un rôle indirect de régulateur *via* la réglementation et *via* ses interventions sociales qui ont un effet sur l'économie.

Rôle direct de l'État : les grands moments interventionnistes

Jusqu'en 1945, l'État intervient peu, sauf difficultés particulières. La nationalisation n'est pas une revendication politique centrale avant les années 1930 (hormis quelques exceptions comme le Front populaire qui nationalise les usines d'armement et la construction aérienne).

• Le programme du Conseil national de la Résistance réclame dès 1944 le « *retour à la nation de tous les grands moyens de productions monopolisées* ». Il s'agit de sanctionner la collaboration et de répondre à l'urgence de la reconstruction. Sont ainsi notamment nationalisées les houillères (1944), Renault, les transports aériens, la Banque de France et les quatre plus grandes banques françaises (1945), le gaz et l'électricité, et les onze plus importantes compagnies d'assurances (1946).

• L'élection du président de la République François Mitterrand en mai 1981 s'accompagne d'une nouvelle vague de nationalisations et touche de nombreux secteurs : industrie (Thompson, Saint-Gobain-Pont-à-Mousson, Rhône-Poulenc...) ou finances (Paribas, Suez, CIC...). En 1983, un salarié sur quatre travaille dans le secteur public.

• Ces entreprises sont en partie privatisées suite au succès aux élections législatives (1986) du RPR (droite), mouvement qui sera accentué en 1993 et non remis en cause lors du retour de la gauche au pouvoir, sauf exceptions : ainsi, en mai 2014, l'État devient actionnaire du groupe PSA-Citroën (environ 14 % du capital du groupe).

Pour autant, l'État reste présent dans l'économie française : l'Agence des participations de l'État (APE) est chargée de gérer l'ensemble de ses participations dans les entreprises (145 milliards d'euros en 2012 et 6 milliards de bénéfices correspondant aux dividendes versés).

Rôle indirect de l'État : la régulation de l'économie

Si de larges pans de l'économie relèvent d'autres instances (politique douanière, politique agricole... à l'Union européenne - UE -, politique monétaire à la Banque centrale européenne - BCE), l'État reste un acteur fort par le biais de la politique budgétaire, même si celle-ci semble de plus en plus contrainte. Il est aussi régulateur par le biais de la réglementation édictée ; parmi les mesures des cinq ans écoulés, citons :

• le crédit d'impôt pour la compétitivité et l'emploi (CICE) décidé en 2012 par le gouvernement Ayrault à la suite du rapport Gallois et entré en vigueur en janvier 2013. En 2013, le crédit d'impôt est équivalent à 4 % de la masse salariale de l'entreprise hors salaires supérieurs à 2,5 fois le SMIC.

En 2014, le taux est porté à 6 %. Le gouvernement évalue à 13 milliards d'euros le coût du CICE pour 2013 et à 20 milliards pour 2014. Son financement repose sur des économies dans les dépenses de l'État et sur une hausse de la TVA et une hausse de la fiscalité écologique ;

- le pacte de solidarité : ensemble de mesures annoncées par le président Hollande pour 2013 et au-delà. Il vise à desserrer le carcan (ou supposé tel) pesant sur les entreprises et comporte trois volets : allégement des coûts du travail de 10 milliards, modernisation de la fiscalité et mesures de simplification des normes et procédures ;
- l'ensemble des mesures regroupées en 2015 dans la loi dite « loi Macron ».

Personnage emblématique

Jean-Baptiste Colbert, né le 29 août 1619 à Reims, mort le 6 septembre 1683 à Paris, est un des principaux ministres de Louis XIV. On lui doit le développement du commerce colonial et de l'industrie textile ainsi que les premiers véritables droits de douanes (« protectionnistes » afin de développer l'industrie naissante du royaume). Il s'appuie sur une pensée : le mercantilisme.

Bibliographie

- « Le rapport de l'État actionnaire 2015-2016 » disponible sur le portail des ministères économique et financier.
- Le rapport thématique de la Cour des comptes, « L'État actionnaire », de janvier 2017.

3| THÈME : GESTION PUBLIQUE ET PERFORMANCE DANS LES SERVICES PUBLICS

■ CONNAISSANCES À MOBILISER

Ce thème fait appel, notamment, aux connaissances d'économie et de finances publiques telles que requises par le programme des épreuves fixé par l'arrêté du 6 juin 2008. Celles qui sont à mobiliser pour traiter correctement ce thème sont, entre autres :

En finances publiques (voir le détail dans l'arrêté du 6 juin 2008)

1. L'approche globale des finances publiques
a) Les grands principes juridiques
b) Les concepts relatifs aux recettes
c) L'endettement public
d) Processus et acteurs des finances publiques (organismes et systèmes de contrôle des finances publiques...)
e) Pilotage des finances publiques (incidence économique des prélèvements obligatoires, des dépenses et de la dette publiques ; l'approche consolidée des finances de l'État, des finances locales et des finances sociales ; maîtrise de la dépense publique ; évaluation des politiques publiques ; gouvernance et transparence des finances publiques)

2. Les finances de l'État
a) Les lois de finances
b) Les ressources de l'État (les ressources fiscales ; les ressources patrimoniales et diverses ; la gestion et le financement de la dette de l'État)
c) Les dépenses de l'État (la nomenclature budgétaire par destination et par nature ; les budgets annexes et comptes spéciaux ; portée de l'autorisation budgétaire : globalisation et « fongibilité asymétrique », autorisations d'engagement, crédits de paiement, plafonds d'emploi ; justification des crédits et des dépenses au premier euro ; présentation des objectifs et des résultats des programmes - projets et rapports annuels de performance)
d) La gestion opérationnelle du budget (responsables de programme, budgets opérationnels de programme et unités opérationnelles ; le pilotage par la performance : stratégie, objectifs, indicateurs ; la gestion déconcentrée des crédits ; le processus d'exécution des dépenses)

En gestion des ressources humaines

1. Notions générales
• Historique et objectifs de la gestion des ressources humaines.
• Enjeux stratégiques de la gestion des ressources humaines ; efficience, mobilisation des personnels, adaptation aux changements.
• Les indicateurs de la gestion des ressources humaines (bilans sociaux, audits, informations projectives...).
• Les apports de l'informatisation.
• Le management et le rôle des cadres dans la gestion des ressources humaines.

2. Les spécificités de la gestion des ressources humaines dans les administrations publiques
• Les principes généraux du statut général des fonctionnaires.
• La gestion prévisionnelle des effectifs, des emplois et des compétences.
• Le recrutement, la mobilité, la formation, l'évaluation.
• Le dialogue social et la concertation.

AIDE-MÉMOIRE : ÉLÉMENTS CLÉS

Le système de gestion de la performance existe dans de très nombreux pays développés depuis le milieu du XXe siècle.

Aux États-Unis, en 1947, le Président Truman nomme l'ancien Président Herbert Hoover à la tête de la Commission de réforme des ministères, dont les travaux généreront de nombreuses économies dans le fonctionnement du gouvernement. La commission Hoover recommandera la mise en place d'évaluations des politiques publiques. Les programmes « Grande Société » engagés par le Président Johnson sont le premier champ d'expérimentation en grandeur nature de la recherche de la performance et de l'évaluation.

Au Danemark, depuis 1984, la méthode de l'enveloppe globale a été mise en place afin que chaque ministre oblige ses services à être performants. Le sociologue James S. Coleman dirige en 1966 une étude statistique sur la ségrégation scolaire, « Equality of Educational Opportunity », qui montre que les différences entre élèves à l'entrée de l'école, notamment liées à l'origine sociale, se retrouvent à la sortie, et souligne l'échec des écoles américaines pour lutter contre ces inégalités. Selon la définition en 1993 de Freeman et Rossi, « *rechercher la performance, évaluer, c'est se préoccuper de l'utilité, de la mise en œuvre, de l'efficacité et de l'efficience des mesures qui ont pour but d'améliorer le sort des membres de la société* ».

En France, un certain nombre d'idées font leur chemin, chez les sociologues puis chez les politiques. On peut citer Michel Crozier analysant le « *phénomène bureaucratique* » et sa difficulté à se réformer de l'intérieur. On peut citer également les tenants de la théorie du « moins d'État » pour « mieux d'État », adoptée non seulement par les libéraux mais aussi par des sociodémocrates, partisans d'un « État stratège » plus que d'un « État touche-à-tout » (Michel Rocard ou encore Claude Allègre voulant « *dégraisser le mammouth* »).

La France est en retard par rapport aux autres pays développés et la loi organique relative aux lois de finances (Lolf) promulguée le 1er août 2001 ne s'est appliquée de manière intégrale que depuis le 1er janvier 2006. On peut noter aussi l'éphémère création en 2007 du secrétariat d'État chargé de la prospective et de l'évaluation des politiques publiques ou celle, en 2012 du secrétariat général pour la modernisation de l'action publique.

Les grandes catégories budgétaires que sont les missions, les programmes, les actions ainsi que les budgets opérationnels de programme sont à connaître. De même, on devra maîtriser les notions de culture du résultat, de RGPP/MAP, d'évaluation... qui sont toutes des notions connexes à celle de performance.

Sitographie

- Guide de la performance (doctrine officielle de la direction du Budget, élaboré à l'occasion de la préparation du projet de loi de finances) : www.performance-publique.budget.gouv.fr/sites/performance_publique/files/files/documents/performance/guide_performance_2015.pdf
- www.performance-publique.budget.gouv.fr/sites/performance_publique/files/files/documents/performance/guide_performance_2015.pdf
- Jean Arthuis, « Culte des indicateurs ou culture de la performance », rapport au Sénat n° 220 (2004-2005), qui fait une réflexion poussée et critique sur le système de gestion de la performance : www.senat.fr/rap/r04-220/r04-220.html

Conseils pratiques

Allez sur le site de la performance publique, cliquez sur « Budget 2017 », puis sur « Projet de loi de Finances et ses annexes ». Dans le menu déroulant, vous allez trouver les 50 missions du budget de l'État réparties entre les 171 programmes. Choisissez un programme en fonction de ce qui vous attire dans l'administration d'État. Exemples utiles de programmes : Police nationale (sécurité), justice judiciaire (justice), Conseil d'État et autres juridictions administratives (conseil et contrôle de l'État), enseignement scolaire public du second degré (enseignement scolaire), patrimoines (culture), handicap et dépendance (solidarité), paysages, eau et biodiversité (écologie). Cette liste est indicative : choisissez ce qui vous plaît.

Il vous suffit alors d'étudier la présentation stratégique du programme qui se trouve dans le projet annuel de performance (une ou deux pages donnant la feuille de route annuelle) ainsi que les différents objectifs et indicateurs de performance qui vous permettront de comprendre la démarche de performance. Vous verrez les indicateurs du citoyen (très généraux mais politiques), les indicateurs du contribuable (axés sur les coûts) et les indicateurs de l'usager (concernant la qualité du service public). N'allez pas plus loin, il est inutile de lire 100 % du projet annuel de performance, limitez-vous aux deux premières rubriques : 1) Présentation stratégique ; 2) Objectifs et indicateurs de performance.

Pas besoin de travailler la présentation des crédits et des dépenses fiscales (réservé aux spécialistes), et encore moins la justification au premier euro (beaucoup trop détaillée au stade de la préparation au concours des IRA). Il faut vous lancer ! Obligez-vous à entrer très tôt dans le contenu et la dynamique du programme (dès octobre-novembre).

4| THÈME : LE SYSTÈME ÉDUCATIF, DU PREMIER DEGRÉ À L'ENSEIGNEMENT SUPÉRIEUR

CONNAISSANCES À MOBILISER

À propos de ce thème, il est difficile de se référer au programme des épreuves, l'arrêté du 6 juin 2008 modifié fixant la nature, la durée et le programme des épreuves des concours d'entrée aux instituts régionaux d'administration étant muet sur ce thème !

Mais, s'agissant d'une politique publique, c'est quasiment l'ensemble du programme qu'il convient de maîtriser, au moins les principales têtes de chapitre. Passer mentalement en revue les chapitres généraux du droit public (Constitution, institutions, acteurs...) permettra au candidat d'apercevoir des pistes intéressantes : la République qui est laïque aux termes mêmes de la Constitution, le statut de l'établissement public qui est celui de nos collèges, lycées... De même, passer en revue le programme des finances publiques permet de s'interroger sur les moyens dont dispose le système éducatif, ainsi que sur les modalités de leur mise en œuvre budgétaire... Le programme d'économie aborde les facteurs de croissance, dont l'éducation et le niveau de qualification...

La question de la gestion des ressources humaines est majeure dans le système éducatif. Une approche comparatiste au niveau européen ouvrira des pistes. Le programme de questions sociales, touchant aussi bien à l'emploi qu'à l'égalité des chances, aux aides personnalisées (bourses scolaires), est, lui aussi, un gisement précieux de questions qui aideront le candidat à poser la problématique d'un sujet relevant de ce thème.

Ce thème du système éducatif est important puisqu'il figure continuellement au programme des IRA. Retenu dès 2012, il est maintenu à chaque fois, sous une forme renouvelée. Et à ce jour, il n'a pas été posé au concours de sujet directement articulé sur ce thème. Les candidats se rappelleront également que, bon an mal an, ce sont près de 40 % des effectifs des IRA qui sont affectés à l'administration scolaire et universitaire. Ce thème fournit donc beaucoup d'éléments utiles pour l'entretien d'admission.

Bibliographie

- Pierre Albertini, *L'École en France. XIXe-XXe siècle*, Paris, Hachette, coll. « Carré-Histoire », 2014, 191 p.
- Antoine Prost, *Éducation, société et politiques. Une histoire de l'enseignement en France de 1945 à nos jours*, Paris, Seuil, coll. « Points Histoire », 1997, 254 p.

■ AIDE-MÉMOIRE : ÉLÉMENTS CLÉS

« *L'organisation de l'enseignement public gratuit et laïque à tous les degrés est un des devoirs de l'État* » (préambule de la Constitution de 1946, repris dans le préambule de la Constitution de 1958).

• 10 mai 1806 : Loi relative à la création de l'Université impériale. Le monopole de l'administration de l'État sur l'enseignement est affirmé.
• 28 juin 1833 : Loi Guizot. Elle oblige toute commune de plus de 500 habitants à entretenir au moins une école primaire élémentaire.
• 15 mars 1850 : Loi Falloux. Elle fonde la liberté de l'enseignement.
• 16 juin 1881 : Loi Jules Ferry. Elle institue la gratuité dans les écoles primaires.
• 28 mars 1882 : Loi Jules Ferry. Elle définit et organise l'enseignement primaire obligatoire, et instaure la laïcité. Complétée par la loi Goblet (30 octobre 1886) qui permet la laïcisation des écoles et qui fixe l'organisation générale de l'école primaire.
• 25 juillet 1919 : Loi Astier. Elle définit l'organisation de l'enseignement technique industriel et commercial.
• 31 décembre 1959 : Loi Debré. Elle définit les rapports actuels entre l'État et les établissements d'enseignement privé dits « sous contrat ».
• 12 novembre 1968 : Loi Faure. Elle renforce l'autonomie des universités et crée des conseils universitaires auxquels participent des délégués des étudiants, des techniciens et des administratifs ainsi que de personnalités extérieures.
• 11 juillet 1975 : La loi Haby. Elle fonde le collège unique et prévoit la gratuité des études au collège, l'âge légal de la fin de l'obligation scolaire étant fixé à 16 ans depuis 1959.
• Les lois de décentralisation (loi du 22 juillet 1983, modifiée par la loi du 25 janvier 1985 ; loi du 13 août 2004) transfèrent aux communes, aux départements et aux régions les charges de fonctionnement et d'équipement des locaux scolaires, et ont fait des collèges et lycées des établissements publics locaux d'enseignement.
• 10 juillet 1989 : Loi Jospin. Elle prévoit entre autres la formation des enseignants dans des instituts universitaires de formation des maîtres (IUFM) et fixe l'objectif d'amener 80 % d'une classe d'âge au baccalauréat.
• 10 août 2007 : Loi Pécresse ou loi LRU, relative aux libertés et responsabilités des universités. Elle prévoit l'autonomie des universités (budget, gestion de leurs ressources humaines). Retouchée par la loi Fioraso (22 juillet 2013).
• 24 janvier 2013 : Décret Peillon et 7 mai 2014 : Décret Hamon sur la réforme des rythmes scolaires.
• Septembre 2016 : entrée en vigueur de la réforme du collège préparée depuis mars 2015.

• Septembre 2017 : Liberté d'organisation des rythmes scolaires (un tiers des écoles reviennent à la semaine des quatre jours) ; remise en cause des principales dispositions de la réforme du collège.

Personnages emblématiques

• Jules Ferry (1832-1893). Ministre de l'Instruction publique de la IIIe République en 1879-1880 puis en 1882. Son nom est attaché aux lois scolaires qu'il fait voter. Elles parachèvent le travail engagé par François Guizot en 1833 et font de lui le fondateur de l'école républicaine française.
• Les « *hussards noirs* » de la République, ainsi Charles Péguy désigne-t-il les instituteurs de l'école de Jules Ferry, des symboles d'une institution chargée d'instruire et de former des citoyens.

5| THÈME : DÉVELOPPEMENT DURABLE ET POLITIQUES PUBLIQUES

■ CONNAISSANCES À MOBILISER

Sans négliger les autres disciplines inscrites au programme des épreuves fixé par l'arrêté du 6 juin 2008 modifié, ce thème fait principalement appel aux connaissances requises en matière de droit public d'une part et d'économie d'autre part.

Droit public

1. Les institutions politiques françaises actuelles ; la Constitution du 4 octobre 1958, l'organisation des pouvoirs publics, les rapports entre les pouvoirs, le bloc de constitutionnalité, le contrôle de constitutionnalité des lois.

2. Droit administratif et institutions administratives
- L'organisation administrative et territoriale de la France.
- Cadres juridiques et territoriaux de l'organisation administrative.
- L'administration de l'État.
- Administration centrale, services à compétence nationale, autorités administratives indépendantes, services déconcentrés, autorités déconcentrées...

3. L'organisation décentralisée de la République
- les différentes collectivités territoriales...
- les établissements publics de coopération intercommunale.

4. Les personnes publiques spéciales
- les établissements publics, les groupements d'intérêt public.

Économie

1. Les problèmes économiques contemporains

a) Croissance et innovation.
- La croissance : les facteurs, les rendements décroissants.
- L'innovation.
- Les acteurs et le rôle de l'État.
- La croissance durable.

b) La mondialisation (voir le détail dans l'arrêté du 6 juin 2008).
• Le commerce international.
• Les acteurs : les multinationales, les États, les regroupements régionaux et les institutions internationales.
• La globalisation financière...
• Le rôle des nouvelles technologies de l'information et de la communication (NTIC), les investisseurs institutionnels.

2. Les politiques économiques contemporaines
• Notions sur les instruments de la politique économique.
• Les politiques budgétaires et fiscales.
• La politique de l'emploi.
• La politique de la concurrence.
• La politique industrielle.
• Les politiques de l'environnement.

Bibliographie

François Mancebo, *Le Développement durable*, Paris, Armand Colin, 2012, 128 p.

■ AIDE-MÉMOIRE : ÉLÉMENTS CLÉS

Définition

« *Le développement durable est un développement qui répond aux besoins du présent sans compromettre la capacité des générations futures à répondre aux leurs* », rapport Brundtland « Notre avenir à tous », 1987. Ce rapport est rédigé par la Commission mondiale sur l'environnement et le développement de l'ONU présidée par la Norvégienne Gro Harlem Brundtland. Pour être durable, le développement doit concilier trois « piliers » : l'équité sociale, la préservation de l'environnement, l'efficacité de l'économie.

Dates marquantes

À l'échelle internationale
• 1972 : Sommet de Stockholm. Premier acte international de mobilisation sur les questions de développement et d'environnement à l'échelle mondiale.

• 1988 : Création du GIEC (Groupe d'experts intergouvernemental sur l'évolution du climat) : réunion des plus grands scientifiques mondiaux sur le climat. Ont la mission de procéder à un examen critique de la littérature scientifique mondiale publiée afin d'en dégager une synthèse pertinente pour éclairer les décideurs.
• 1992 : Sommet de Rio. Lance le concept de développement durable en s'appuyant sur le rapport Brundtland. Il adopte un plan d'action pour le XXIe siècle appelé « Agenda 21 ».
• 1997 : Sommet de Kyoto. Son acte final, le « Protocole de Kyoto », définit des mesures concrètes pour lutter contre les changements climatiques et un calendrier de mise en œuvre de ces mesures.
• 2007 : Sommet de Bali. Son objectif est d'établir une « feuille de route » définissant les points à inclure dans le traité post-Kyoto qui doit entrer en vigueur en 2012 et le calendrier de négociations pour établir ce traité. Les sommets suivants (Copenhague en 2009, Rio + 20 en 2012, Doha en 2012) n'ont pas permis d'avancer de façon décisive sur les questions liées au dérèglement climatique.
• 2015 : 21e conférence climat (COP 21) à Paris.
• 2016 : 22e COP à Marrakech.

À l'échelle nationale
• 1971 : Création d'un ministère de l'Environnement.
• 2007 : Grenelle de l'environnement. Ensemble de rencontres multilatérales destinées à définir de grandes orientations en matière d'environnement et de développement durable. Ces rencontres sont prolongées par l'adoption de lois dites Grenelle I (2009) et Grenelle II (2010).
• Septembre 2012, 2013, 2014 : conférences environnementales, Paris.
• 2015 : Loi de transition énergétique pour la croissance verte qui doit permettre à la France de mieux lutter contre le dérèglement climatique et de renforcer son indépendance énergétique

Personnage emblématique

Gro Harlem Brundtland : femme politique norvégienne, député, ministre de l'Environnement (1974-1979), plusieurs fois Premier ministre entre 1981 et 1996. Devient en 1983 présidente de la Commission mondiale sur l'environnement et le développement. Directrice générale de l'OMS (Organisation mondiale de la santé) de 1997 à 2003. À l'échelle internationale, elle est particulièrement connue pour avoir donné son nom au rapport établi sous sa présidence par la Commission mondiale sur l'environnement et le développement.

6| THÈME : L'ORGANISATION TERRITORIALE DE LA FRANCE

CONNAISSANCES À MOBILISER

Ce thème fait appel, notamment, aux connaissances de droit public telles que requises par le programme des épreuves fixé par l'arrêté du 6 juin 2008. Celles qui sont à mobiliser pour traiter correctement ce thème sont, entre autres :

Droit constitutionnel

• Notions générales sur les institutions politiques.
• Les institutions politiques françaises actuelles ; la Constitution du 4 octobre 1958, l'organisation des pouvoirs publics, les rapports entre les pouvoirs, le bloc de constitutionnalité, le contrôle de constitutionnalité des lois.

Droit administratif et institutions administratives

L'organisation administrative et territoriale de la France
• Cadres juridiques et territoriaux de l'organisation administrative : centralisation, déconcentration et décentralisation.
• L'administration de l'État : administration centrale, services à compétence nationale, autorités administratives indépendantes, services déconcentrés, autorités déconcentrées (préfets de région, du département, sous-préfets).
• L'organisation décentralisée de la République : le statut juridique des collectivités territoriales, les collectivités à statut particulier ou spécial ; les différentes collectivités territoriales : les communes, les départements et les régions, les établissements publics de coopération intercommunale.
• Les personnes publiques spéciales : les établissements publics, les groupements d'intérêt public.

Références sitographiques

• Vous trouverez sur ce thème le rapport de 2013 de la Cour des comptes sur le site : www.ccomptes.fr/Publications/Lorganisation-territoriale-de-lEtat
• Mais comme ce rapport est très volumineux et détaillé, contentez-vous de la synthèse fort claire et didactique que vous trouverez dans la rubrique « En savoir plus » : Synthèses – L'organisation territoriale de l'État (PDF, 2,73 MB).

Bien qu'antérieures aux textes législatifs de 2014-2015, ces références gardent leur pertinence par rapport à la problématique de l'organisation territoriale de l'État.

AIDE-MÉMOIRE : ÉLÉMENTS CLÉS

Ancien Régime

L'État se construit progressivement en monarchie absolue. À la veille de la Révolution, l'intendant « de justice, police et finances » est un commissaire veillant à l'exécution des ordres du roi dans les généralités, lointain ancêtre des préfets.

Révolution et XIXe siècle jusqu'à 1982

- Création et stabilisation d'une administration unitaire et centralisée très hiérarchisée.
- 1790 : Découpage du territoire en départements, arrondissements, cantons, communes.
- 1800 : Création du préfet de département qui représente et fait exécuter la politique nationale. L'échelon administratif de référence est la préfecture ; les ministères disposent de leurs directions départementales ; dans les arrondissements : sous-préfectures, subdivisions...
- *Via* le préfet, l'État exerce sa tutelle sur les collectivités locales (communes, départements). Puis apparaîtra un niveau régional de coordination : l'inspecteur général de l'administration en mission extraordinaire (Igame) en 1948, puis le préfet de région en 1964, assisté du secrétariat général pour les affaires régionales (SGAR).

1982-1983 : Acte I de la décentralisation

Création de la région comme collectivité locale, transferts massifs de compétences vers les trois collectivités (région, département, commune), suppression de la tutelle *a priori* exercée par le préfet, création de deux contrôles *a posteriori* : de légalité par le tribunal administratif, budgétaire par la chambre régionale des comptes.

En 1992, la loi prend acte de cette évolution

« *L'administration territoriale de la République est assurée par les collectivités territoriales et par les services déconcentrés de l'État.* » Le pouvoir du préfet est renforcé ; mais les ministères gardent leurs antennes locales propres.

2003-2004 : Acte II de la décentralisation : compétences des collectivités locales accrues

2007-2010

Nouveaux transferts de compétences aux collectivités locales.
Dans le cadre de la loi organique relative aux lois de finances (Lolf) et de la révision générale des politiques publiques (RGPP), l'État s'adapte au nouveau contexte avec la réforme de l'administration territoriale de l'État (RéATE). Le niveau de référence passe à la région. Regroupés dans de nouvelles directions interministérielles, les services déconcentrés perdent le lien direct avec leur ministère. Le rôle du préfet est accru.
Le SGAR est renforcé. La préfecture de région pilote l'action de l'État, celle du département la met en œuvre. Le préfet de région a autorité sur les préfets de département (pouvoir d'instruction et d'évocation, affectation des crédits des budgets opérationnels de programme), sauf en matière de contrôle de légalité, de police des étrangers, d'ordre public.
Le nombre de directions régionales est réduit à 8 (au lieu de 23) : direction régionale des finances publiques (DRFIP), direction régionale des entreprises, de la concurrence, de la consommation, du travail et de l'emploi (Direccte), direction régionale de l'environnement, de l'aménagement et du logement (Dreal), direction régionale de la jeunesse des sports et de la cohésion sociale (DRJSCS), direction régionale de l'alimentation, de l'agriculture et de la forêt (Draaf), direction régionale des affaires culturelles (Drac), rectorat, agence régionale de santé (ARS).

Le préfet de région préside le comité de l'administration régionale (CAR) qui réunit préfets de département et chefs de service régionaux de l'État, et arrête le projet d'action stratégique de l'État dans la région.

Dans un département, sauf cas particuliers (Île-de-France, Corse, outre-mer), les services de l'État comprennent, outre la préfecture : la direction départementale des territoires (DDT) et de la mer (DDTM) dans les départements littoraux, la direction départementale de la protection des populations (DDPP) et la direction départementale de la cohésion sociale (DDCS), unifiées dans les départements de moins de 400 000 habitants, la direction académique des services de l'Éducation nationale (Dasen), la DDFIP, les services de la sécurité intérieure. Ils sont sous l'autorité directe du préfet (sauf les finances, l'éducation et l'inspection du travail).

Avec la RéATE, l'administration de l'État a perdu de sa lisibilité. Elle s'adaptera encore, notamment à la suite des nouvelles mesures de décentralisation.

Rappelons l'existence de la zone de défense et de sécurité, circonscription suprarégionale d'importance majeure, méconnue du grand public, à la charnière du militaire et du civil.

2014-2015 : Acte III de la décentralisation

- 2014 : Loi Maptam (modernisation de l'action publique et affirmation des métropoles).
- 2015 : Loi NOTRe (nouvelle organisation territoriale de la République)

RÉDIGER NOTE ADMINISTRATIVE ET NOTE DE SYNTHÈSE (CONCOURS INTERNE ET DE 3e VOIE)

PARTIE IV

1 | MÉTHODOLOGIE DE LA NOTE

NOTA BENE

- La méthodologie proposée ci-après concerne la note de synthèse.
- Elle est transposable, *mutatis mutandis*, à la note du concours interne, laquelle intègre, en outre, des propositions. Cette méthodologie complète les éléments fournis au chapitre 2 intitulé « Sur la forme : ce qu'attendent les jurys », auxquels il y a lieu de se référer.
- Rédigée en style « télégraphique » à l'instar d'un plan sommaire, elle vise à mettre les candidats aux concours interne et de 3e voie dans un état d'esprit favorable à une bonne appréhension des sujets proposés.
- Les épreuves d'admissibilité de chacun de ces deux concours comportent également « *[...] une ou deux questions qui peuvent être en rapport avec le dossier documentaire et permettant de vérifier les connaissances administratives générales du candidat et sa connaissance de la gestion des ressources humaines dans les administrations publiques* ».

Ce type de questions, qui correspond en substance à l'exercice de QRC - questions à réponse courte - du concours externe n'est pas abordé ici, le présent ouvrage traitant du volet dit usuellement « de culture générale » des épreuves d'admissibilité, approchées au prisme des thèmes retenus pour la session 2017 (concours à passer en février 2018).

Pour s'entraîner à répondre à ce type de questions, les candidats se reporteront utilement aux nombreux ouvrages disponibles traitant des QRC au concours des IRA.

■ PRÉSENTATION DE L'EXERCICE DE LA NOTE

Généralités

Pratiquement : un ensemble de documents d'un volume variable concernant un thème donné dont le candidat doit tirer une note répondant à des préoccupations contenues dans le sujet de l'épreuve.

Notion de synthèse : rassemblement en un tout cohérent des éléments de connaissance.

Valeur ajoutée : le document final a une valeur supérieure à la somme des idées initialement présentées dans les documents.

Épreuve permettant d'apprécier simultanément trois qualités du candidat mises en œuvre à l'occasion de l'exercice :

- l'aptitude à analyser ;
- l'esprit de synthèse ;
- la capacité à restituer clairement.

Notion de temps contraint pour sa production (rédacteur) et pour sa lecture (destinataire).

Résultat attendu : production d'un outil de quatre à six pages permettant la décision : concision, clarté, fiabilité.

Erreurs de conception à éviter

Ce n'est pas un résumé.

Ce n'est pas une dissertation : sauf indication spécifique contraire, la note restitue tout le dossier mais rien que le dossier (mais cela ne veut pas dire que des prérequis ne sont pas nécessaires - note de synthèse juridique ou économique -, ni qu'une bonne culture générale ne va pas faciliter le traitement du sujet).

LA PRISE DE CONNAISSANCE DU SUJET

- Décodage des mots essentiels et appréhension du sujet en vue d'une lecture ultérieure « sélective ».
- Plus ou moins grande précision du sujet.
- Existence de consignes dans le sujet pouvant aller jusqu'à l'imposition d'un plan général.
- Mise en situation plus ou moins prononcée (attention aux signes permettant la rupture d'anonymat de l'épreuve).

L'EXPLOITATION DES DOCUMENTS

Première lecture

Étape essentielle : prise de connaissance et repérage des documents.

Informations pertinentes sur les documents :

- nature (extraits d'ouvrages, textes de lois, articles, notes de synthèse) ;

- longueur, densité et structuration des textes ;
- précision du sommaire ;
- chronologie des textes ;
- ordre des textes ;
- importance relative (existence d'un « document central » ?).

But de cette étape : s'approprier le dossier.

Dès cette étape, repérage des thématiques : entre cinq et dix dans la plupart des cas ; autant de « dossiers » en plus de l'introduction et de la conclusion.

Indexation

Ordre de lecture : le « document central » d'abord s'il existe, éléments de chronologie.

Rentrer dans une lecture active : extraction des éléments utiles pour la note.

Indexation interne : pratique délicate du surlignement/stickers, mais à consommer avec modération.

Indexation externe : prise de notes sur les dossiers ouverts par thématiques/test de la pertinence des dossiers.

Détermination d'une problématique et d'un plan

Élaboration de la problématique : étape intermédiaire entre l'indexation et le plan :
- rechercher impérativement si cette problématique n'est pas induite par l'énoncé ou le dossier. Auquel cas s'y rallier impérativement ;
- une problématique classique et modulable : bilan, critique, proposition.

De la problématique au plan : préparation au brouillon d'un plan détaillé indispensable :
- ne pas craindre le plan « standard », deux paragraphes I et II, deux sous-paragraphes A et B ;
- veiller à l'équilibre de chacune des parties ;
- plan dynamique. Titres présentant des idées et non pas seulement des faits ;
- validation du plan : vérifier qu'il répond à la commande.

■ RÉALISATION DE LA NOTE PROPREMENT DITE

Restitution de la mise en situation – mise en forme

Introduction : l'accroche du lecteur en cinq phrases et, au plus, une demi-page

- Phrase d'attaque.
- Phrase pour poser le problème.
- Phrase pour situer le contexte.
- Phrase pour exprimer la problématique.
- Phrase d'annonce du plan : éviter une approche trop scolaire.

La longueur de l'introduction dépend de la longueur de la note (quatre à six pages) mais ne saurait excéder une demi-page.

Conclusion

- Débat sur la nécessité d'une conclusion dans une note de synthèse : cela peut dépendre du sujet. Si pas de conclusion, finir la note en fin de paragraphe II.B.
- En tout cas brève, pas d'élargissement du sujet comme en culture générale.
- Ce n'est pas la voiture-balai des idées que l'on a oublié d'exposer dans le développement.

Développement

- C'est le cœur du devoir, une rédaction originale, un style précis, concis et neutre sans jugement sur l'action publique.
- Une idée ou un groupe d'idées par paragraphe.
- Pas de doublons.
- Ne jamais renvoyer à un document du dossier ; seule possibilité : citation dûment présentée comme telle.
- Ne pas oublier les chapeaux et les transitions : après I et II et avant le paragraphe A ; ils jouent le rôle de l'annonce de plan dans l'introduction.
- Transition : entre I et II.

CONSEILS DE FORME

Durée des différentes étapes sur trois heures (valeurs moyennes) :

- lecture du sujet : 5 minutes ;
- première lecture : 10 minutes ;
- lecture active et prise de notes : 60 minutes ;
- recherche de problématique et construction du plan : 25 minutes ;
- rédaction de l'introduction : 10 minutes ;
- rédaction de la conclusion : 5 minutes ;
- rédaction du développement : 60 minutes ;
- relecture et correction : 5 minutes.

Indispensable : prêter une attention soutenue à la qualité de l'écriture et de l'orthographe.

Connaître quelques règles de rédaction administrative.

2| NOTE ADMINISTRATIVE DU CONCOURS INTERNE

■ ATTENTES DU JURY

Outre une ou deux questions (voir ci-avant en *nota bene*, à la fin de « Méthodologie de la note de synthèse »), l'épreuve écrite d'admissibilité consiste en la rédaction, à partir d'un dossier à caractère administratif, d'une note permettant de vérifier les qualités de rédaction, d'analyse et de synthèse du candidat, ainsi que son aptitude à dégager des solutions appropriées. C'est de cet exercice qu'il est traité ci-après.

■ SUJET PROPOSÉ : NOTE SUR LE RIFSEEP (RÉGIME INDEMNITAIRE DE LA FONCTION PUBLIQUE)

Nous sommes en 2016. Le régime indemnitaire des fonctionnaires connaît une innovation importante avec la mise en place du régime indemnitaire tenant compte des fonctions, des sujétions, de l'expertise et de l'engagement professionnel (Rifseep). Vous venez d'être affecté dans une préfecture, à la direction des ressources et moyens. Votre directeur vous demande de lui faire une présentation de ce nouveau système à l'aide des documents joints.

Composition du dossier

Le dossier complet des documents est disponible sur le site librairie.studyrama.com. Taper « Thèmes 2018 concours des IRA » dans la fenêtre « Rechercher » en haut à droite. Cliquer sur le fac-similé de la couverture du livre. Cliquer dans la rubrique « Compléments » située dans la colonne à droite de l'écran pour télécharger le dossier figurant en format PDF et comprenant les éléments ci après.

- **Document 1 :** Portail de la fonction publique sur le Rifseep
- **Document 2 :** Centre de gestion du département de Seine-et-Marne : application du Rifseep dans la fonction publique territoriale
- **Document 3 :** Circulaire du 5 décembre 2014 relative à la mise en œuvre du régime indemnitaire tenant compte des fonctions, des sujétions, de l'expertise et de l'engagement professionnel
- **Document 4 :** Réponse du secrétaire d'État chargé de l'enseignement supérieur et de la recherche à un sénateur
- **Document 5 :** Article du journal *Ouest France* : « À la mairie de Dinard, le Rifseep fait des vagues... »
- **Document 6 :** Article de *La Gazette des communes* : « PCR et Rifseep, les deux clés de voûte du nouveau système de rémunération »

Proposition de corrigé (plan détaillé)

Il s'agit d'une mise en situation « professionnalisante ». Pour autant, pour des raisons de clarté du propos et de l'exposé, vous devrez suivre un plan, apparent, en deux parties (préférable).

Le nouveau régime indemnitaire des fonctionnaires : le Rifseep

Rifseep signifie : régime indemnitaire tenant compte des fonctions, des sujétions, de l'expertise et de l'engagement professionnel. C'est un régime créé en 2014.

I. Un régime qui vise à plus de transparence et à plus d'égalité entre les fonctions publiques

A. L'objectif : mettre fin à un régime fragmenté et complexe de primes

C'est en effet l'objectif du décret n° 2014-513 du 20 mai 2014 portant création de ce nouveau système.

1. Une diversité nuisible à la lisibilité

Sous l'acronyme Rifseep se cache le nouveau dispositif indemnitaire de référence qui devrait, d'ici fin 2016, remplacer la plupart des primes et indemnités existantes, sans perte de rémunération pour les agents concernés. Il s'agit donc d'un régime indemnitaire composé de deux primes : d'une part, une indemnité de fonctions, de sujétions et d'expertise (Ifse), versée mensuellement, d'autre part, un complément indemnitaire annuel (CIA). Celles-ci sont cumulatives mais diffèrent dans leur objet comme dans leurs modalités de versement.

Il a vocation à devenir le nouvel outil de référence d'attribution des primes mettant ainsi fin à une hétérogénéité à la fois inégalitaire et illisible. Il permettra de simplifier le paysage administratif en réduisant sensiblement le nombre de régimes indemnitaires aujourd'hui existants.

2. Cette réforme s'inscrit dans un cadre plus large

Il s'agit d'une refondation du système de rémunération dans la fonction publique dont les « clés de voûte » sont d'une part le Rifssep et d'autre part la modernisation des parcours professionnels, carrières et rémunérations (PPCR) qui a été négociée entre le gouvernement et les organisations syndicales et prévoit la clarification du paysage indemnitaire (*via* le Rifseep), et surtout de corriger ce que les syndicats ont appelé les « dérives » de la précédente prime de fonctions et de résultats (PFR) dont la modulation était contestée.

B. Tendre vers un système applicable à l'ensemble de la fonction publique

1. La réforme concerne deux fonctions publiques sur trois

Les régimes indemnitaires de la fonction publique territoriale sont adossés sur ceux de la fonction publique de l'État. Ainsi est déterminé pour chaque cadre d'emploi de la fonction publique territoriale un corps de référence de la fonction publique de l'État. À titre d'exemple, le corps des administrateurs civils constitue le corps de référence du cadre d'emploi des administrateurs territoriaux.

Si un corps de référence de la fonction publique de l'État bénéficie du Rifseep alors chaque employeur territorial peut également le mettre en place pour le cadre d'emploi correspondant, par une décision de l'assemblée délibérante (nécessité d'une délibération). Aujourd'hui, ce dispositif ne s'applique cependant pas dans la fonction publique hospitalière.

2. Une application générale pour les agents titulaires

Le Rifseep a vocation à s'appliquer à tous les fonctionnaires de la fonction publique de l'État : toutes les filières (administrative, technique, sociale...) en bénéficient. Chaque agent est donc appelé à bénéficier du dispositif d'ici à la fin 2016.

Par exception, certains corps, en raison des spécificités de leurs missions et de leur régime de prime actuel, ne seront pas concernés. Leur identification est en cours avec chacun des ministères. Dès que, pour chaque ministère, cette liste sera stabilisée, soit avant la fin de l'année 2015, elle sera mise en ligne.

Cependant, au sein des services de l'État, le Rifseep ne peut être versé qu'aux seuls fonctionnaires. Les agents non titulaires, quel que soit leur statut (droit public, droit privé, contrat à durée déterminée ou indéterminée) n'en bénéficieront pas.

II. Un régime applicable à l'ensemble de la fonction publique, avec une mise en œuvre partenariale

A. Un système dont l'application dans le temps est rapide et qui est prévu sans conséquence négative pour les agents

1. Un calendrier serré à mettre en place

Nous sommes en 2016 (Bien noter cette date : vous répondrez donc comme aurait dû le faire, en 2016, un attaché de préfecture interrogé par sa hiérarchie). Le régime indemnitaire des fonctionnaires connaît une innovation importante...

Les échéances sont rapprochées puisque si la plupart des agents devront adhérer au nouveau dispositif au 1er juillet 2015, c'est la totalité de ceux-ci (ensemble des corps et emplois relevant de la loi du 11 janvier 1984) qui devra être intégrée au 1er janvier 2017.

Par ailleurs, chaque vague d'adhésion sera précédée d'une évaluation et d'un bilan de la mise en œuvre de la vague précédente. Ce bilan sera présenté au comité technique compétent.

Au niveau national, un bilan de la mise en œuvre du dispositif sera présenté au Conseil supérieur de la fonction publique de l'État.

2. Un système sans perte pour les agents, ce qui n'écarte cependant pas une contestation

La bascule dans le Rifseep n'a pas d'incidence directe sur le montant des primes perçues par chaque agent, le Rifseep remplaçant un certain nombre de primes et indemnités existantes. Dès lors, le niveau indemnitaire mensuel de l'agent est garanti jusqu'à son prochain changement de poste. Il n'y aura donc pas de perte de rémunération.

Le plafond global du Rifseep est par ailleurs déterminé sur la base des plafonds indemnitaires de l'ensemble des primes et indemnités allouées au corps bénéficiaire et intégrées dans le nouveau dispositif. Enfin, toutes les revalorisations indemnitaires s'effectueront désormais dans le cadre du Rifseep.

La nouvelle bonification indiciaire (NBI) est un dispositif spécifique qui ne peut être assimilé à une prime. Son intégration dans le Rifseep ne se fera donc pas de manière automatique. Elle est décidée corps par corps par le ministère gestionnaire.

Pour autant, et malgré ces différentes garanties, le Rifseep est contesté dans certaines collectivités territoriales.

B. Une procédure de mise en œuvre partenariale prévue par les textes

Une mise en œuvre dont le détail est prévu par la circulaire du 5 décembre 2014.

1. Un travail préparatoire important

Dans le nouveau système, le poste de chaque agent est rattaché à un groupe de fonctions donné (quatre groupes par exemple pour l'ensemble des corps relevant de la catégorie A). Cette répartition dans les différentes fonctions se fait au regard de trois critères fonctionnels objectivés portant sur l'encadrement, la technicité et les sujétions particulières. L'ensemble des primes et indemnités statutaires ou liées à l'exercice des fonctions perçues mensuellement par l'agent est aggloméré afin de constituer le montant mensuel de l'Ifse.

Sont exclus de ce montant :
• les dispositifs indemnitaires cumulables avec le Rifseep (l'indemnisation des activités de formation et de recrutement ou l'indemnisation des dépenses engagées au titre des fonctions exercées par exemple)... ;
• les versements à caractère exceptionnel (bonus de fin d'année...), par nature non reconductibles d'une manière automatique.

2. L'obligation d'associer les acteurs

La procédure d'adhésion demande la consultation des comités techniques de chaque ministère. Il appartiendra cependant au ministère de la Fonction publique (ainsi qu'à celui du Budget pour des raisons financières) de veiller à une cohérence interministérielle. Ces comités techniques sont également associés au suivi de la mise en œuvre de la réforme.

Ces fortes échéances doublées d'une volonté d'associer les acteurs ne sont pas sans répercussion. Déjà, pour certains corps de l'État l'application de la réforme a été repoussée dans le temps pour permettre un dialogue social plus approfondi. C'est par exemple le cas du CNRS pour lequel la date de mise en œuvre a été arrêtée au 1er septembre 2017, soit plus de neuf mois après la date initialement prévue.

3| NOTE DE SYNTHÈSE DU TROISIÈME CONCOURS

ATTENTES DU JURY

Outre une ou deux questions (voir ci-avant en *nota bene*, à la fin de « Méthodologie de la note »), l'épreuve écrite d'admissibilité consiste en la rédaction, à partir d'un dossier à caractère administratif, d'une note de synthèse sur dossier sur un sujet d'ordre général portant sur la place des pouvoirs publics et leur rôle dans les grands domaines de l'intervention publique (société, économie, emploi, santé, culture, territoires, relations extérieures...) permettant d'évaluer l'ouverture au monde des candidats, leur aptitude à l'analyse et au questionnement ainsi que leur capacité à se projeter dans leur futur environnement professionnel. C'est de cet exercice qu'il est traité ci-après.

SUJET PROPOSÉ : NOTE SUR LA LUTTE CONTRE LES DISCRIMINATIONS

Vous êtes affecté(e) à la préfecture du département XYZ et le préfet vous demande une note sur l'état du droit en matière de lutte contre les discriminations. À partir du dossier joint, vous répondrez à sa commande.

Composition du dossier

Le dossier complet est disponible sur le site librairie.studyrama.com. Taper « Thèmes 2018 concours des IRA » dans la fenêtre « Rechercher » en haut à droite. Cliquer sur le fac-similé de la couverture du livre. Cliquer dans la rubrique « Compléments » située dans la colonne à droite de l'écran pour télécharger le dossier figurant en format PDF et comprenant les éléments ci après.

- **Document 1 :** Communiqué de presse de la Commission européenne
- **Document 2 :** Extrait du site « Vie publique » : Qu'est-ce que le défenseur des droits ?
- **Document 3 :** Extrait du site du « Défenseur des droits » : Lutte contre les discriminations et promotion de l'égalité
- **Document 4 :** Article du journal *Le Figaro* : « En un an, les réclamations pour discriminations ont bondi de 23 % »
- **Document 5 :** Tract syndical : 54 % des réclamations adressées au défenseur des droits ont trait à l'emploi
- **Document 6 :** Article du journal *Le Monde* : « Les inégalités hommes-femmes »
- **Document 7 :** Extraits d'un rapport d'information sénatorial enregistré à la présidence du Sénat le 12 novembre 2014 relatif à la lutte contre les discriminations
- **Document 8 :** Extrait du site « Gouvernement.fr »

Proposition de corrigé (plan détaillé)

L'état du droit en matière de lutte contre les discriminations

Le dossier est d'un format bref (20 pages) et porte sur un sujet sur lequel le législateur est souvent intervenu mais qui concerne aussi la Commission européenne qui n'est pas inactive en la matière. Il n'y a pas réellement de « document pivot », c'est-à-dire faisant le tour de l'ensemble de la question. Cependant, le document 7 (rapport sénatorial) est celui qui couvre le plus large champ. Dès lors, commencer la lecture du dossier par ce document est pertinent.

Éléments d'introduction

(Phrase d'attaque tirée du dossier) « Le revenu salarial des femmes est inférieur de 24 % à celui des hommes. » Ce chiffre porte en lui l'inégalité qui peut exister entre les deux moitiés de l'humanité.
(Définition) La discrimination est le fait de séparer un groupe social (ou un individu) des autres en le traitant plus mal. C'est un fléau social, excluant des personnes « différentes » en raison de l'âge, du sexe, de l'origine, des convictions religieuses... et traitant de façon inégalitaire des individus qui se trouvent dans la même situation. C'est également un délit pénal.
(Contexte) Des avancées ont eu lieu et dès les années 1990, la Commission européenne a considéré que les dispositions du droit français d'alors ne suffisaient pas à garantir la conformité avec les directives européennes. Depuis, cette question est centrale dans les politiques publiques et occupe l'agenda gouvernemental et parlementaire. La France s'est dotée d'un dispositif juridique qui marque une volonté politique forte de combattre les discriminations, sous toutes leurs formes, malgré un bilan encore mitigé.

(Annonce de plan) Malgré l'influence du droit communautaire, la société française reste marquée par de profondes et multiformes discriminations (I). Si la réponse institutionnelle peut paraître satisfaisante, celle portant sur le volet pénal n'est pas à la hauteur des enjeux (II).

Sur la méthode, votre plan doit être apparent (au moins jusqu'aux A/B). Si vous disposez d'un peu de temps, faites des « chapeaux » - une phrase - entre le I et le A et entre le II et le A. De même, faites une phrase de transition entre le I et le II. Bien que la commande soit avec une mise en situation, vous pouvez faire une brève conclusion. Enfin, vous pouvez également (sans prendre de liberté vis-à-vis du sujet posé) présenter votre note en mettant en début de copie « Note à l'attention de M. le préfet du département XYZ », puis deux lignes en dessous : « Objet : état du droit en matière de lutte contre les discriminations ».

I. Malgré l'influence du droit communautaire, la société française reste marquée par de profondes et multiformes discriminations

A. Un aiguillon du droit communautaire ancien et constant

1. Ancien et régulièrement remis à jour

• Dès 1957 et le traité de Rome - depuis, les textes se succèdent avec des succès divers.
• Le suivi de la transposition des directives européennes de lutte contre la discrimination prises en 2000.
• Des procédures d'infraction contre la plupart des États membres.

2. Réactivé parce que la France est en retard en dépit d'avancées réelles

• Elle a transposé avec retard les directives européennes (procédures en manquement aujourd'hui clôturées).
• Pour autant, des avancées sont réelles : notamment avec la création du défenseur des droits qui remplace la Halde.
• Elle a pris de nombreux dispositifs législatifs dont la loi récente (22 décembre 2016) « Égalité et citoyenneté »

B. La France reste marquée par des phénomènes discriminatoires importants

1. Sur le plan quantitatif

• Une progression des réclamations auprès du défenseur des droits.
• Toute la société est touchée : fonction publique et secteur privé.
• Les inégalités touchent de nombreux aspects de la vie sociale (la loi reconnaît 25 types de discriminations).

2. Au-delà de la typologie possible des discriminations (caractère multiforme de celles-ci), un constat

• Surtout une discrimination face à l'emploi.
• Essentiellement une discrimination liée à l'origine.
• Les discriminations liées au sexe perdurent malgré de nombreuses mesures prises par les gouvernements successifs.

II. Si la réponse institutionnelle peut paraître satisfaisante, celle portant sur le volet pénal n'est pas à la hauteur des enjeux

A. Une réponse institutionnelle qui peut paraître satisfaisante

1. La pérennisation du défenseur des droits dans le paysage institutionnel

• Des pouvoirs réaffirmés (y compris auto-saisine) et une indépendance garantie.
• Des actions qui permettent de sensibiliser le public.
• Permet une connaissance affinée du phénomène (permet de différencier le ressenti de discrimination de la réalité du phénomène).

2. Pour autant, ce constat ne débouche pas sur des évolutions favorables

• Sensation de faire du surplace en matière de résultats.
• Nécessité pour le législateur de rédiger régulièrement de nouvelles lois.
• Amertume de la population qui subit ces discriminations : la situation n'évolue pas assez rapidement.
• Insuffisance des moyens des associations portant ces problématiques.

B. Parallèlement, la réponse pénale reste faible et ne semble pas à la hauteur de cet enjeu de société

1. La répression est prévue par les textes

• L'intervention du juge pénal est prévue par les textes et les manquements durement sanctionnés.
• Une réalité beaucoup plus nuancée car à part quelques affaires emblématiques, peu de condamnations.
• Des raisons multiples expliquent cet état de fait : manque de moyens au niveau de la justice et des associations, difficulté à apporter la preuve ou parfois crainte de « représailles ».

2. La nécessité de penser à de nouveaux axes

• Tout d'abord rationaliser un peu le droit car les dispositions sont nombreuses en la matière au risque de l'incohérence.
• Imaginer d'autres formes d'action inspirées des *class action* dans les affaires de discrimination.
• Développer les recours civils ou administratifs.

RÉVISER LES THÈMES DE 2017-2018 ET APPRENDRE À COMPOSER

PARTIE V

Les corrigés proposés sont du type concours externe ; ils seront utiles également pour les concours interne et de 3e voie, ainsi que pour les QRC et les épreuves orales.

1 | THÈME : POLITIQUES PUBLIQUES DE COHÉSION SOCIALE ET ÉGALITÉ DES CHANCES

■ SUJET : FACE À LA PRÉCARITÉ, QUELLES POLITIQUES DE COHÉSION SOCIALE ?

Comment aborder le sujet

Dès la fin des Trente Glorieuses, la lutte contre la précarité et la prise en charge des exclus ont fait l'objet de nombreux projets ou propositions de lois. Différentes politiques ont été mises en œuvre pour rompre la chaîne de la « *disqualification sociale* », définie pour la première fois par le sociologue Jacques Paugam, et dans laquelle on aura tendance à comptabiliser « pauvres », « cas sociaux » ou « inadaptés ».

Le revenu minimum d'insertion (RMI) de Michel Rocard, le droit au logement, la politique de la ville, la couverture maladie universelle (CMU) de Lionel Jospin, la loi de programmation sur la cohésion sociale de Jacques Chirac, le revenu de solidarité active (RSA) de Nicolas Sarkozy et Martin Hirsch ont été autant de contributions pour tenter de résoudre ce problème majeur.

Si on place ce sujet dans le contexte de la cohésion sociale, on peut aussi évoquer Robert Castel, directeur d'études à l'École des hautes études en sciences sociales, et son livre, *Les Mutations de la société française*, qui plante bien le décor : « *Parler de cohésion sociale est une manière de nommer les rapports d'interdépendance qui doivent unir tous les membres d'une société. Lorsque ces relations existent, on peut parler de société intégrée ou de "société de semblables" pour reprendre une expression de Léon Bourgeois... dont le livre* Solidarités *est l'ouvrage de référence du courant de pensée appelé "solidarisme" qui a inspiré les politiques sociales de la III*e *République. Une société de semblables est une société dans laquelle tous les individus qui la composent sont intégrés, c'est-à-dire qu'ils sont associés pour exister ensemble et pour former une communauté. Parce qu'une société moderne est une société différenciée, dans laquelle les écarts se creusent entre les rôles occupés par chacun en fonction des progrès de la division du travail, elle est au contraire menacée de dissociation* ».

Le corrigé proposé ici adopte un plan classique, en deux parties, et semi-apparent. Une première partie définit les politiques multidimensionnelles depuis une trentaine d'années pour mettre en œuvre un revenu et l'accès à des droits connexes, une seconde analyse le bilan qui reste mitigé, les avancées et les limites.

Les pièges à éviter

- Le discours malheureux sur la société d'assistés, le rocher de Sisyphe de notre siècle ou le puits sans fond de nos danaïdes démocraties.
- Le hors-sujet du type : un catalogue historico-social de tous les dispositifs depuis 30 ans.

Les fondamentaux à maîtriser

- L'État providence : perspective historique et comparaison européenne.
- Le système français de Sécurité sociale : principes, organisation, rôle des partenaires sociaux, gouvernance, risques couverts, financement, dépenses, maîtrise des coûts, différentes réformes.
- La lutte contre la pauvreté, les minima sociaux et l'aide sociale. Exclusion/insertion.
- La politique en matière de logement. Les politiques de lutte contre le chômage, le service public de l'emploi, dépenses passives/actives.

Proposition de corrigé rédigé

Introduction

Dans son ouvrage *Les Exclus*, dont la première édition date de 1974, René Lenoir écrit : « *La société de consommation laisse sur le bord du chemin trois catégories de personnes : les personnes âgées qui n'ont que le minimum vieillesse, les handicapés et les personnes marginalisées par une pauvreté transmise de génération en génération. Réunis dans une commune exclusion, ils représentent le dixième de la population française.* » En 1995, il déclarait avoir, au début des années 1970, « *découvert des personnes âgées qui mangeaient du pâté pour chats, des handicapés physiques sans aucune ressource et des inadaptés sociaux, eux beaucoup plus hétérogènes* ». Pauvreté, précarité, exclusion sociale désignent des situations que notre pays ne pensait pas avoir à affronter lorsque fut mis en place, en 1945, le système de protection sociale issu du programme du Conseil national de la Résistance.

Au-delà de l'ambiguïté parfois dénoncée de la notion (exclusion de quoi ? par qui ?), cette « nouvelle pauvreté » que les dispositifs traditionnels d'assistance et de protection sociale ne parviennent pas à traiter est intolérable dans un État moderne. Le rapport au Conseil économique et social « La grande pauvreté et la précarité économique » (1987) du père Joseph Wresinski, fondateur d'Aide à toute détresse (ATD Quart-Monde), définit la précarité comme « *l'absence d'une ou plusieurs des sécurités, notamment celle de l'emploi, permettant aux personnes et familles d'assumer leurs obligations professionnelles, familiales et sociales, et de jouir de leurs droits fondamentaux* ».

Le gouvernement de Rocard se saisira de la question et construira pour la première fois un vaste dispositif dans la loi du 1er décembre 1988 : « *Toute personne qui, en raison de son âge, de son état physique ou mental, de la situation de l'économie et de l'emploi, se trouve dans l'incapacité de travailler, a le droit d'obtenir de la collectivité des moyens convenables d'existence. L'insertion sociale et professionnelle des personnes en difficulté constitue un impératif national. Ce revenu minimum d'insertion constitue l'un des éléments d'un dispositif global de lutte contre la pauvreté tendant à supprimer toute forme d'exclusion, notamment dans les domaines de l'éducation, de l'emploi, de la formation, de la santé et du logement.* » Fut alors créé le revenu minimum d'insertion (RMI) qui deviendra, 20 ans plus tard, l'actuel revenu de solidarité active (RSA), largement modifié par la loi du 17 août 2015 relative au dialogue social et à l'emploi.

Depuis, une grande diversité d'acteurs (associations, service public de l'emploi, services de l'État, entreprises intermédiaires, collectivités territoriales) se sont engagés pour accompagner les bénéficiaires des mesures d'« insertion » destinées aux jeunes en difficulté, aux chômeurs de longue durée et aux familles précarisées, et faciliter leur insertion professionnelle.

Dans une première partie, nous définirons les politiques mises en œuvre depuis une trentaine d'années, puis nous en analyserons le bilan qui reste mitigé, ses avancées et ses limites.

I. Des politiques multidimensionnelles...

La protection sociale aménagée autour de la Sécurité sociale devait permettre de prévenir et, à défaut, de réparer les problèmes sociaux. Elle ne se préoccupait pas spécifiquement de pauvreté, et encore moins d'exclusion. La société salariale, avec l'ensemble de son système de protection et d'assurance (chômage, maladie, accident, vieillesse, etc.), croyait être capable de garantir à chacun des protections minimales contre tous les accidents de parcours. Mais la fin du plein-emploi, la progression du chômage, notamment de longue durée, ainsi que l'amplification des situations de pauvreté relevées au quotidien par les travailleurs sociaux ont conduit l'État à s'attaquer à ces problèmes et à innover.

Contrairement aux espoirs des Trente Glorieuses, non seulement la pauvreté a cessé de régresser, mais elle a recommencé à croître. En dépit des politiques mises en œuvre pour les plus démunis, elle touche un nombre croissant de citoyens en France et en Europe. Comme le précisait le fondateur d'ATD Quart-Monde, « *l'insécurité qui en résulte peut [...] avoir des conséquences plus ou moins graves et définitives. Elle conduit le plus souvent à la grande pauvreté quand elle affecte plusieurs domaines de l'existence qu'elle tend à se prolonger [...], qu'elle compromet gravement les chances de reconquérir ses droits et de réassumer ses responsabilités par soi-même dans un avenir prévisible* ».

L'exclusion est la marginalisation d'un individu ou d'un groupe qui perd peu à peu ses liens sociaux. Elle est la manifestation ou l'aboutissement de processus de fragilisation dû à de multiples facteurs individuels (histoire familiale, réseau social, niveau culturel et qualification) ou contextuels et sociaux (vicissitudes de l'emploi). Selon le sociologue Serge Paugam : « *Tous ceux qui sont nés dans la pauvreté ne connaissent pas des trajectoires équivalentes conduisant à l'exclusion mais cet engrenage peut toucher des catégories sociales fort différentes.* »

Les politiques de lutte contre l'exclusion sont, par nature, transversales. Elles touchent des domaines différents (du logement à l'emploi en passant par la politique de la ville). Ni vraiment catégorielles (elles ne ciblent pas explicitement les exclus ou les pauvres) ni sectorielles (elles ne relèvent pas d'un seul secteur comme l'éducation ou la santé), elles se veulent globales. Englobant de larges pans de l'action publique, elles évoluent vers une individualisation des prises en charge, une territorialisation des programmes et une prise en compte accrue des ressources des bénéficiaires.

A. Pour un revenu...

Une étude (« Le passé professionnel des bénéficiaires du RMI ») du Centre national de la recherche scientifique (CNRS) montre que l'allocation versée dès 1988 aux bénéficiaires est à examiner selon trois axes : un revenu de substitution servi à des personnes qui sont dans l'incapacité de se procurer d'autres revenus, un revenu de transition permettant de passer une phase difficile grâce au volet insertion, un revenu de substitution qui peut être temporaire ou un mode ultime d'indemnisation du chômage.

Plusieurs réflexions ont été conduites sur la Déclaration universelle des droits de l'homme : « *Toute personne a droit à un niveau de vie suffisant pour assurer sa santé, son bien-être et ceux de sa famille, notamment pour l'alimentation, l'habillement, le logement, les soins médicaux ainsi que pour les services sociaux nécessaires.* » On pense à l'allocation universelle (Rapport Belorgey de 1999), aux revendications du Mouvement français pour un revenu de base ou au revenu universel d'existence, proposition emblématique du programme de M. Hamon lors des présidentielles de 2017.

Depuis le 1er juin 2009, le revenu de solidarité active a remplacé le revenu minimum d'insertion (RMI). Il s'agit d'une prestation sociale qui existait sous deux formes, visant à garantir à chaque résident du territoire français un revenu minimum.
- Le RSA socle qui s'adresse aux personnes n'exerçant aucune activité et n'ayant pas ou plus de droit au chômage.

• Le RSA activité, qui n'existe plus depuis le 1er janvier 2016, concernait les personnes exerçant une activité même partielle mais percevant des revenus modestes. Il a été remplacé par la prime d'activité créée en 2015, allocation différentielle entre les revenus perçus de l'activité exercée et, *grosso modo*, le Smic. Cette prime, versée par les CAF, est financée par l'État. Elle est versée sous condition de ressources du foyer et comporte un montant étroitement lié aux revenus d'activité des bénéficiaires. En décembre 2016, elle concernait 4,94 millions de personnes et 4,34 milliards d'euros de crédits ouverts au budget de l'État pour 2017.

Indexé sur l'inflation, le RSA socle, qui subsiste, est un indicateur de l'exclusion la plus grave. Son montant mensuel maximum (arrondi) s'élevait au 1er avril 2017 à :
• personne seule : sans enfant 545 euros, avec un enfant : 805 euros, deux enfants : 966 euros, par enfant supplémentaire 214 euros ;
• pour un couple : 805 euros, avec un enfant : 966 euros, avec deux enfants : 1 127 euros, par enfant supplémentaire : 214 euros.

On comptait 1,5 million de bénéficiaires du RSA en 2011, et environ 1,82 million en 2017. Le nombre de bénéficiaires (foyers isolés ou non) diminue légèrement depuis 2016, ainsi que les masses financières correspondantes. Les allocataires du RSA socle non majoré passent de 1,66 million à 1,60 million de mars 2016 à mars 2017 (- 3,5 %). Le RSA socle majoré, est servi à 220 000 foyers en mars 2017, contre 233 000 un an auparavant.

Les départements ont une double responsabilité en matière d'insertion : le versement de l'allocation RSA ainsi que l'organisation et le financement des actions d'insertion. Selon l'Observatoire national de l'action sociale (Odas), les charges d'insertion étaient de 5,7 milliards d'euros en 2009. Elles sont montées fin 2016 à 10 milliards d'euros, dont 8,3 milliards d'allocations et près de 700 millions de charges d'insertion, essentiellement professionnelle.

Comme en matière de chômage, on observe des disparités fortes entre territoires, les plus touchés restant le Nord-Pas-de-Calais et les départements méditerranéens.

B. ... et l'accès à des droits connexes

Les droits connexes sont les aides de toutes natures accordées sous la seule condition de statut d'allocataire :
• le droit à l'insertion avec le contrat d'insertion et l'accompagnement des bénéficiaires dont les résultats font toutefois l'objet de critiques lourdes. Positionnant le bénéficiaire dans une relation inconfortable avec les services, le RSA est versé sous réserve du respect de l'obligation de s'inscrire dans un parcours d'insertion (se soigner, chercher du travail, se former). Ce suivi, conduit

par les travailleurs sociaux du département et des associations mandatées par lui, s'avère parfois bureaucratique, difficile à mettre en place voire inexistant ;

• le droit à la santé par l'aide médicale générale puis depuis 2000 par la couverture maladie universelle et la couverture maladie universelle complémentaire (CMU et CMU-C). La CMU a été une grande avancée, permettant un meilleur accès à la santé. Fin 2015, on comptait 2,5 millions de bénéficiaires et 5,3 millions d'inscrits à la CMU-C ;

• la protection universelle maladie (PUMa), parachève la logique initiée avec la CMU. Elle supprime la CMU de base au 1er janvier 2016, et garantit à toute personne qui travaille ou réside en France un droit à la prise en charge des frais de santé, sans démarche particulière à accomplir. Cette réforme vise à simplifier la vie des assurés. Ses grandes mesures ont pour objectif de :

- garantir un droit au remboursement des soins de manière continue, sans que les changements familiaux ou professionnels n'affectent ce droit,

- réduire au strict nécessaire les démarches administratives et les situations nécessitant de changer de caisse d'assurance maladie,

- garantir davantage d'autonomie et de confidentialité à tous les assurés. Ainsi, les personnes qui travaillent n'ont plus à justifier d'une activité minimale et les personnes sans activité sont prises en charge au seul titre de leur résidence stable et régulière en France (depuis au moins trois mois à l'ouverture des droits puis au moins six mois par an) ;

• le droit au logement : l'aide personnelle au logement (APL), dégrèvement de la taxe d'habitation.

Ces droits peuvent représenter jusqu'à 20 % des aides totales reçues par les bénéficiaires et on peut y ajouter les aides monétaires : bons d'achat, aides en nature (colis alimentaires par exemple), les aides tarifaires ou droits connexes indirects (exonérations, dégrèvements).

II. ... avec des bilans mitigés

Le bilan de ce dispositif est contrasté : le bien-fondé de la démarche n'est jamais contesté mais l'ampleur des problèmes qui restent à résoudre et la trop grande complexité des dispositions réglementaires sont souvent dénoncées. Malgré un engagement réel, les résultats restent souvent en demi-teinte parce que les actions d'insertion professionnelle n'ont pas été à la hauteur des attentes de leurs concepteurs. À sa création, le RMI était pensé comme une solution temporaire permettant d'attendre la reprise d'un travail. Malgré l'incitation financière et l'accompagnement, le dispositif a fait long feu dans un marché du travail particulièrement difficile.

A. Des avancées

La lutte contre la pauvreté est devenue un nouveau pan de la protection sociale aujourd'hui assise sur la citoyenneté et non plus sur la seule activité professionnelle. Les bénéficiaires ne sont plus considérés comme inadaptés ou asociaux, mais comme des citoyens dotés de droits économiques, civiques et sociaux, qu'il convient de faire valoir. L'expression « accès aux droits » met en exergue le principe que toute personne est titulaire de droits, que ces droits doivent être effectifs, et qu'ils doivent être revendiqués. Toute personne ne pouvant faire face à l'ensemble de ses dettes peut déposer un dossier auprès de la commission de surendettement pour bénéficier de son intervention auprès des créanciers. Elle a également accès au Fonds de solidarité logement (FSL) qui accorde des aides pour régler les charges locatives ou de fourniture d'énergie

De très nombreux intéressés sont mieux protégés. La forte croissance du nombre d'allocataires, due à la hausse du chômage au cours de la période, a fait du dispositif l'un des piliers de notre système de protection sociale et a permis de révéler l'existence de situations de pauvreté inconnues des acteurs publics. Des populations qui, jusque-là, étaient exclues des services sociaux ont ainsi pu être identifiées. Aujourd'hui, on assiste à une augmentation du nombre des travailleurs pauvres, *poor workers*, qui travaillent à temps plein et souvent à temps non complet et ne peuvent faire face à leurs dépenses quotidiennes.

Très présentes dans le domaine de l'insertion, les associations en sont des acteurs incontournables. Elles assurent une action diversifiée en faveur des exclus, depuis une activité « occupationnelle » jusqu'à l'aide à la création d'entreprise. Elles ont des tailles diverses, de quelques bénévoles jusqu'à des centaines de salariés. Les difficultés financières des conseils départementaux font peser aujourd'hui de lourdes menaces sur le maintien de ces emplois. Jusqu'où les départements pourront-ils faire face à leurs obligations dans ce domaine ?

Selon l'Odas (2016), « *le doute n'est plus permis. Sans évolution du mode de financement de leurs compétences obligatoires, les départements ne pourront plus, dans leur grande majorité, équilibrer leur budget dans un proche avenir. L'effort financier des départements consacré à l'action sociale continue de croître bien au-delà de l'inflation. Dans l'évolution de cette charge nette, le financement consacré à l'allocation RSA joue un rôle majeur. C'est pourquoi la recentralisation du financement du RSA, est plus que jamais justifiée* ». La nouvelle ministre des Solidarités et de la Santé précisait à sa prise de fonction en 2017 que la question de la recentralisation du financement du revenu de solidarité active sera évoquée avec les départements.

B. Des limites

Alors que le gouvernement Rocard, à la création du dispositif, avait œuvré pour ne pas donner l'impression d'encourager l'assistanat, exigeant que le versement du RMI soit assorti d'un contrat d'insertion, les gouvernements suivants n'ont cessé de faire le procès d'une mesure qui constituerait selon eux une « trappe à inactivité » enfermant les bénéficiaires dans une dépendance aux allocations, les incitant à rester hors du marché du travail. Parmi les nombreuses critiques nous en retiendrons trois.

1. « L'insertion est un système baroque et éclaté »

C'est l'expression utilisée par le rapporteur du Grenelle de l'environnement devant la mission parlementaire sénatoriale (2009). Il souligne la complexité extrême des dispositifs mis en place et leur grande instabilité. Les Conseils départementaux ont en effet organisé leurs dispositifs d'insertion en faisant appel à leurs nombreux partenaires, ce qui n'a pas simplifié la gouvernance territoriale de l'insertion.

2. Le soutien et l'accompagnement sont insuffisants

Le parcours de l'insertion est long et semé d'embûches. Il commence par l'insertion santé, la recherche d'un logement dans un contexte de crise immobilière et de rareté des logements sociaux, les tentatives de formation, les chantiers d'insertion pour arriver à des stages plus ou moins rémunérés, des emplois aidés ou de rares contrats à durée déterminée (CDD) ou d'hypothétiques contrats à durée indéterminée (CDI). Ainsi, une faible part des allocataires a bénéficié d'un réel accompagnement. Le faible taux de contractualisation (moins de 40 % des bénéficiaires) a conduit à l'échec du « volet insertion » du dispositif initial de 1988 instituant le RMI.

De même, si les missions locales d'insertion des jeunes (MLI) accompagnent le public jeune de toutes sortes de manières, on doit regretter que le RSA ne soit que très rarement accessible aux moins de 25 ans (moins de 20 000 aujourd'hui).

3. La gouvernance doit être améliorée

Au niveau de l'État, le cloisonnement administratif est préjudiciable à la lutte contre l'exclusion, qui est une problématique transversale.

Concernant l'articulation entre l'État et les collectivités décentralisées, le financement insuffisant de certains transferts de compétences pose de sérieux problèmes et le difficile dialogue entre État central et collectivités locales génère un manque de coordination et de cohérence d'ensemble.

Les projets de transferts des compétences des départements font également craindre des difficultés pour l'avenir. À qui transférer ces missions ?

Conclusion

Désormais les objectifs d'insertion et d'accès aux droits sociaux sont des priorités d'action publique. Cette politique concerne une grande part de nos concitoyens, à qui elle permet de subsister. Certes, elle comporte de nombreuses lacunes comme la complexité de l'arsenal législatif, l'émiettement et l'éclatement des compétences, les disparités géographiques de mise en œuvre des dispositifs, les insuffisances graves et les difficultés de réalisation du volet « insertion », une culture de gestion souvent défaillante, le manque cruel de coordination...

Malgré cela, elle est devenue une politique publique majeure, dont le bien-fondé n'est pas remis en cause. C'est une démarche qui reste à la fois à simplifier et à approfondir, ce qui reste un des impératifs nationaux.

SUJET : LES POLITIQUES DE LUTTE CONTRE LES DISCRIMINATIONS

Proposition de corrigé rédigé

Introduction

L'affirmation de la non-discrimination et son étroite corrélation avec le principe d'égalité font partie des fondements de nos démocraties modernes. La discrimination est le fait de séparer un groupe social (ou un individu) des autres en le traitant plus mal. C'est un fléau social, excluant des personnes « différentes » en raison de l'âge, du sexe, de l'origine, des convictions religieuses... et traitant de façon inégalitaire des individus qui se trouvent dans la même situation. C'est un délit pénal qui porte atteinte aux fondamentaux de notre nation et, au regard de la devise républicaine, pose la question de « l'égalité réelle » et de l'accès aux droits.

Des avancées, contenues dans la Déclaration des droits de l'homme et du citoyen de 1789, le préambule de la Constitution de 1946, l'article premier de la Constitution de 1958, la loi Pleven de 1972 relative à la lutte contre le racisme et celle de juillet 1989 ont posé le principe de non-discrimination. Cependant, dans les années 1990, la Commission européenne a considéré que les dispositions du droit français d'alors ne suffisaient pas à garantir la conformité avec les directives européennes.

Depuis, cette question est centrale dans les politiques publiques et occupe l'agenda gouvernemental et parlementaire, et la France s'est dotée d'un dispositif juridique qui marque une volonté politique forte de combattre les discriminations, sous toutes leurs formes. La loi de lutte contre les discriminations du 16 novembre 2001 a donné le coup d'envoi à maintes actions donnant plus de lisibilité à cette question sur le territoire national. Au-delà des outils législatifs et de la multiplication des acteurs, la lutte contre les discriminations implique la mobilisation urgente et massive des institutions et des citoyens.

Après une définition des discriminations et un panorama des politiques publiques mises en œuvre en France depuis le début du XXIe siècle, nous évoquerons les résultats de ce combat avec ses avancées mais aussi un bilan encore mitigé.

I. La lutte contre les discriminations

Cette lutte a nécessité une définition de son objet afin de permettre la mise en place d'une politique publique *ad hoc*.

A. Une notion définie récemment

1. Une définition légale et pénale

Outre ses connotations morales, psychologiques, sociologiques, etc., la discrimination est une pratique identifiée par le droit positif : c'est un délit résultant d'une différence de traitement opérée entre les personnes en raison de critères prohibés par la loi. Ces critères, définis pour la première fois en 2001, sont passés, en 2016, au nombre de 21. Ils visent une discrimination qui peut s'opérer tant à l'encontre de personnes physiques que de personnes morales (ces mêmes critères s'appliquant alors aux membres de ces personnes morales) « *à raison de leur origine, de leur sexe, de leur situation de famille, de leur grossesse, de leur apparence physique, de la particulière vulnérabilité résultant de leur situation économique, apparente ou connue de son auteur, de leur patronyme, de leur lieu de résidence, de leur état de santé, de leur handicap, de leurs caractéristiques génétiques, de leurs mœurs, de leur orientation ou identité sexuelle, de leur âge, de leurs opinions politiques, de leurs activités syndicales, de leur appartenance ou de leur non-appartenance, vraie ou supposée, à une ethnie, une nation, une race ou une religion déterminée* ».

Le code pénal punit de trois ans d'emprisonnement et de 45 000 euros d'amende toute distinction opérée à raison des motifs prohibés. Le code du travail prohibe les discriminations directes ou indirectes, mais sans les définir. Constitue également une discrimination toute distinction opérée entre les personnes morales à raison des mêmes critères concernant des membres de ces personnes morales.

2. Une notion qui se nourrit des sciences humaines

La discrimination directe se base sur un ou des critères prohibés. C'est un acte volontaire du discriminant contre un individu ou un groupe qui sont les discriminés. Exemples : le refus de location d'un appartement à un couple d'homosexuels, le refus d'un emploi à une personne de telle couleur de peau, ou en raison de son patronyme.

La discrimination indirecte, apparemment neutre, est répréhensible car susceptible d'entraîner une inégalité de traitement à l'égard d'une personne ou d'un groupe (sauf objectif légitime). Exemples : une pratique qui défavorise les travailleurs à temps partiel, alors que la majorité des salariés à temps partiel sont des femmes.

A contrario, la discrimination positive favorise l'accès à certaines ressources (éducation, emploi, logement, avantages sociaux, etc.) à des personnes appartenant à des catégories dont des membres subiraient ou auraient subi des discriminations.

B. Combattue grâce à un déploiement de politiques publiques

1. Un arsenal législatif

Premier outil législatif, la loi de 2001 déjà citée intègre dans le droit français les directives européennes et le traité d'Amsterdam. Puis, en 2002, une loi condamne le harcèlement moral et la discrimination dans l'accès au logement.

Une loi de 2005 pose le principe de l'égalité des droits et des chances, de la participation et la citoyenneté des personnes handicapées. Elle renforce l'accessibilité des personnes handicapées à tous les domaines de la vie sociale, notamment l'éducation et l'emploi. Cette préoccupation est reprise dans la loi de programmation pour la cohésion sociale.

En 2006, deux lois sont promulguées, d'une part sur l'égalité salariale entre femmes et hommes, et d'autre part sur l'égalité des chances. La pratique du « test de discriminations » comme moyen de preuve est légalisée, le CV anonyme est prévu dans les entreprises de plus de 50 salariés. Cinq objectifs principaux sont annoncés : favoriser l'emploi des jeunes de zones urbaines sensibles, renforcer la lutte contre les discriminations, encourager les parents à exercer leur autorité parentale, renforcer les pouvoirs des maires face aux délits et incivilités, créer un service civil volontaire permettant d'acquérir une formation civique et professionnelle.

En mai 2008, la législation complète la liste des discriminations interdites. En 2014, une loi sur l'égalité réelle vise à combattre les inégalités entre hommes et femmes dans les sphères privées, professionnelles et publiques. En 2016, on complète le droit pénal et le code du travail en y ajoutant un 21e critère de discrimination, fondé sur la précarité sociale. Dans le même temps, un projet de loi « égalité et citoyenneté » est défendu en 2016 par le gouvernement, avec trois priorités : citoyenneté et émancipation des jeunes, logement pour lutter contre la « ghettoïsation » de certains quartiers et égalité réelle.

2. La mise en place de structures ad hoc

La Haute Autorité de lutte contre les discriminations et pour l'égalité (Halde) créée en 2004 est chargée de traiter les situations de discrimination et de promouvoir l'égalité de traitement. Structure très importante, elle développe trois missions : informer, accompagner les personnes discriminées, et valoriser et diffuser les bonnes pratiques. Elle est intégrée au défenseur des droits qui, à compter de mai 2011, succède au médiateur de la République, au défenseur des enfants, à la Halde et à la Commission nationale de déontologie de la sécurité (CNDS). Parallèlement sont créés des préfets délégués pour l'égalité des chances qui assistent certains préfets de département pour la mise en œuvre de cette politique de cohésion sociale.

L'année 2006 voit la création de l'Agence nationale pour la cohésion sociale et l'égalité des chances qui développe quatre missions jusqu'en 2014 : l'intégration et la lutte contre les discriminations, l'intervention en faveur des quartiers prioritaires de la politique de la ville, la lutte contre l'illettrisme, le service civil volontaire. Elle durera huit ans.

En 2013 est créé le Comité interministériel de lutte contre le racisme, l'antisémitisme et la haine envers les personnes lesbiennes, gays, bi et trans.

En 2014, le Commissariat général à l'égalité des territoires (CGET) réunit les missions de la délégation interministérielle à l'aménagement du territoire et à l'attractivité régionale, du secrétariat général du comité interministériel des villes et de l'Agence nationale pour la cohésion sociale et l'égalité des chances.

En 2016, un éphémère « secrétariat d'État chargé de l'égalité réelle » est créé pour lutter contre toute forme de ségrégation et de garantir un accès effectif aux droits sur tout le territoire. Il prépare, pour le Premier ministre, les comités interministériels à l'égalité et à la citoyenneté, et assure le suivi des mesures prises.

Depuis mai 2017, c'est la secrétaire d'État chargée de l'égalité entre les femmes et les hommes qui prépare, anime et coordonne le travail gouvernemental en matière de parité et d'égalité entre les femmes et les hommes, de lutte contre les actes et la haine envers les personnes lesbiennes, gays, bi et trans. Elle veille à l'amélioration de la prise en compte de la maternité et de la paternité dans les parcours professionnels et au développement des modes de garde des jeunes enfants. Elle est associée à la préparation des mesures visant à assurer les droits des femmes, la lutte contre le harcèlement et contre les violences sexistes et sexuelles, et la protection effective des victimes de ces violences, et veille à leur application. Elle est associée par le ministre de l'Éducation nationale à la définition des actions pédagogiques en milieu scolaire et, avec le ministre du Travail et le ministre des Comptes publics, elle prépare les mesures relatives à l'égalité professionnelle et des rémunérations et à la mixité des métiers ainsi qu'à la lutte contre les discriminations en milieu professionnel. Elle contribue, dans les négociations internationales, à promouvoir les droits des femmes, l'égalité réelle, la lutte contre l'homophobie et la transphobie.

II. Un combat majeur

A. Une réelle avancée au niveau de la culture administrative

1. Une dynamique interministérielle centrale et locale

Le développement de cette lutte a permis des progressions substantielles. La loi de 2001 et le défenseur des droits en constituent les pôles majeurs. Mais cette lutte nécessite une mobilisation de tous les ministères.

Le Plan territorial de prévention des discriminations (PTPD) est un des axes prioritaires des nouveaux contrats urbains de cohésion sociale qui déclinent la politique de la ville en programmes d'actions opérationnels. Ce plan en est un axe transversal qui facilite et accompagne l'engagement des acteurs d'un territoire. Il concerne les domaines recelant des risques discriminatoires : éducation, emploi, logement, santé... en prenant en compte le critère de l'origine ethnique ou raciale et celui de l'origine géographique (lieu de résidence). Porté par des collectivités territoriales, il associe et implique d'autres acteurs publics et privés des territoires concernés : institutions, secteur associatif, monde de l'entreprise... Il est cofinancé par l'État et par les partenaires du contrat de ville. Il organise notamment une sensibilisation aux discriminations liées à l'origine (réelle ou supposée) dans l'emploi, le logement, l'accès aux soins, et à l'action sociale et judiciaire.

2. Un rôle déterminant de la Justice, de l'Intérieur et de l'Éducation nationale

Depuis 2014, un outil statistique adapté géré par les ministères de la Justice et de l'Intérieur permet de mesurer l'évolution des actes de discrimination ou de violences liés à l'orientation sexuelle, et de connaître les réponses pénales auxquelles ils ont donné lieu. L'Observatoire national de la délinquance et des réponses pénales publie des éléments quantitatifs sur les injures à caractère homophobe.

Un renforcement de la formation des professionnels est opéré : des formations à la prévention et à la détection des discriminations sont proposées aux magistrats, policiers, gendarmes et avocats. Les écoles supérieures du professorat et de l'éducation sensibilisent les acteurs éducatifs à la lutte contre toutes les discriminations.

L'amélioration de l'accueil des victimes mobilise la justice : les procureurs sont invités à traiter les plaintes pour actes homophobes avec la plus grande vigilance. Des trames d'audition leur en facilitent l'enregistrement.

L'Éducation nationale mène un travail de sensibilisation et de lutte contre les discriminations à l'école, et s'appuie sur un travail pédagogique adapté à l'âge des élèves. Les partenaires sociaux s'emparent du sujet. Le défenseur des droits mène des campagnes d'information et, dans la fonction publique, la charte pour la promotion de l'égalité et la lutte contre les discriminations (2013) fait l'objet d'un bilan annuel devant le Conseil commun de la fonction publique.

B. Mais un bilan encore mitigé

1. Beaucoup de chemin reste à parcourir

En 2012, et malgré ces efforts pour lutter contre les discriminations, l'Institut national des études démographiques (INED) dénombre 29 % des résidents de France métropolitaine qui déclarent avoir rencontré une situation discriminatoire au cours de leur vie dans l'un des secteurs du logement, de l'emploi, de la santé ou de l'accès aux services publics. Les plus touchés semblent être les enfants d'immigrés : 44 % d'entre eux déclarent avoir rencontré une situation discriminatoire au moins une fois dans leur vie.

L'origine est également un facteur discriminant : pour 66 % des demandeurs d'emploi, un nom à consonance étrangère peut être un frein pour trouver un travail, 62 % estiment que la couleur de peau peut être pénalisante et 43 % des victimes ont par la suite abandonné leur recherche d'emploi.

2. Dans des domaines bien ciblés

Selon le rapport annuel 2016 du défenseur des droits : « *Malgré le dispositif juridique mis en place au cours des quinze dernières années [...], la lutte contre les discriminations en France n'apporte toujours pas les résultats escomptés.* » Ce constat s'appuie sur l'évolution du nombre de saisines de l'institution (3 132 saisines en 2012, 5 203 en 2016). Les motifs les plus importants de réclamations concernent l'origine, la race, l'ethnie pour 23 %, la situation de handicap pour 21 %, l'état de santé pour 13 % et l'âge 7 %. La discrimination à l'embauche, si elle tend à s'estomper, reste une réalité en France. À compétences égales, le nom et l'origine peuvent obliger à envoyer quatre fois plus de CV pour décrocher un entretien (étude institut Montaigne, octobre 2015). Un sondage de l'Ifop de 2014 précise que 20 % des femmes actives disent avoir été confrontées à une situation de harcèlement au cours de leur vie professionnelle, et 20 % des femmes et des hommes déclarent connaître au moins une personne ayant été victime de harcèlement dans le cadre de son travail.

La méconnaissance de leurs droits par les victimes, peut-être due à la complexité des définitions légales et des procédures, explique sans doute aussi le faible nombre des saisines dans le cadre des lois en vigueur. Selon le défenseur des droits, ces difficultés d'accès aux droits posent la question du manque d'information sur les droits eux-mêmes et sur les dispositifs pour les faire valoir. Cette situation conduit certains à renoncer à leurs droits.

Conclusion : une prise de conscience aussi nécessaire qu'utile

Outre la loi, la lutte contre les discriminations exige des programmes d'action vigoureux. Notre État moderne s'est défini en affirmant l'égalité des humains et en abolissant les privilèges. La devise républicaine consacre solennellement le principe d'égalité. La lutte contre les discriminations doit donc constituer un enjeu majeur dans la construction de « l'Europe des citoyens ». Il s'agit non seulement d'assurer à tous les mêmes chances dans tous les domaines de la vie sociale, mais aussi d'établir un système susceptible d'écouter la parole des « désavantagés » et de favoriser leur autonomie.

La tâche est lourde car, au-delà des intentions, elle exige une volonté politique forte pour cerner les situations discriminatoires, promouvoir une prévention efficace et appliquer les sanctions sans faillir. Le corps social y a intérêt, comme le soulignait Claude Bébéar dans son rapport au Premier ministre en novembre 2004 : « *Le principe "d'égalité des chances" sonne creux à l'oreille de millions de personnes [car] il s'agit pour elles bel et bien d'un principe et nullement d'une réalité. Reléguées socialement et concentrées géographiquement, ces personnes sont les oubliés de l'égalité des chances.*

Révoltante sur le plan de l'éthique et de la morale, la discrimination des minorités visibles est aberrante sur le plan économique. C'est pourquoi lutter contre la discrimination n'est pas affaire de compassion mais plutôt d'intérêts bien compris. »

SUJET : L'ÉTAT, DE LA SOLIDARITÉ NATIONALE À LA COHÉSION SOCIALE

Plan détaillé

Introduction

Selon Durkheim (1858-1917), fondateur de la sociologie en France :

- dans les sociétés traditionnelles, la solidarité est « *mécanique* » : les individus se ressemblent, partagent très fortement les mêmes valeurs (notamment religieuses) et ont une forte conscience collective (croyances et sentiments communs). La solidarité exerce alors une contrainte sociale forte ;
- dans les sociétés modernes, la solidarité est « *organique* » : les individus sont différents, notamment dans leurs activités professionnelles, et ils deviennent interdépendants. La solidarité consiste alors à donner à ceux qui manquent (solidarisme de L. Bourgeois et de la IIIe République), les riches se sentant tenus de « rembourser une dette » aux pauvres.

Toujours selon Durkheim, dans son ouvrage *De la division du travail social* de 1893, la cohésion sociale est le fait d'une société où se manifestent la solidarité entre individus et la conscience collective.

Solidarité et cohésion sociale sont des termes parfois employés l'un pour l'autre. L'idée centrale de la solidarité est la redistribution, celle de la cohésion sociale est le lien social. « *Ainsi, avec la cohésion sociale, on pourrait faire l'hypothèse qu'il s'agirait surtout de faire "tenir ensemble" les différentes composantes de la société, en faisant de la lutte contre l'exclusion l'objectif central et de la participation, entre autres, un des moyens de l'action. On voit alors une différence entre la solidarité nationale, façon de résorber une inégalité socio-économique et la cohésion sociale, échange réciproque entre des membres d'une société* » (Alain Vulbeau, *Informations sociales*, n° 1, 2010).

Après la Seconde Guerre mondiale, l'État providence vise à assurer le bien-être des citoyens par un système basé sur la solidarité nationale. Au tournant du XXIe siècle, ce modèle de protection sociale glisse vers un modèle visant seulement à apporter des secours aux plus démunis, selon de nouveaux modes d'action.

I. La solidarité nationale de l'État providence

L'État providence désigne un interventionnisme garantissant à tous un niveau minimum de moyens d'existence par la protection sociale et la promotion du bien-être de la population dans de nombreux domaines qui ne peuvent être satisfaits par la seule action individuelle (éducation, santé, culture, recherche...). Il est basé sur une solidarité nationale garante de l'égalité entre les individus.

A. À l'apogée durant les Trente Glorieuses

Cette solidarité nationale est instituée à la fin du XIXe siècle en Allemagne par le chancelier Bismarck grâce aux cotisations sur les revenus du travail. Au Royaume-Uni, en 1942, le rapport de Lord Beveridge instaure une protection universelle minimaliste de tous les citoyens, financée par l'impôt.

Inspiré de ces deux conceptions, l'État providence est symbolisé en France par le plan de Sécurité sociale initié par Pierre Laroque dès 1945. Il met en place un système assurantiel financé par des cotisations et tend vers un système général, centralisé et global de Sécurité sociale. Les prélèvements obligatoires opèrent un transfert de richesses vers les démunis, permettant une prise en charge des risques sociaux (maladie, précarité, vieillesse, emploi, famille...). L'État intervient largement dans l'économie : il assure la généralisation des systèmes de Sécurité sociale et développe une politique volontariste de redistribution des revenus. D'où une hausse continue et importante des prélèvements obligatoires (44,6 % du PIB en 2015).

B. En péril depuis

Depuis les années 1970, le coût des interventions publiques, le débat sur leur efficacité, les difficultés à prendre en compte les nouvelles situations sociales ou individuelles remettent en cause cet interventionnisme de la puissance publique. En France, les réformes successives des régimes sociaux ont à la fois limité la dépense publique et lancé le débat sur l'avenir et les limites de la solidarité nationale. Pour Pierre Rosanvallon, sociologue, avec *La Crise de l'État providence* (1981), nous sommes aujourd'hui face à une crise à trois dimensions :

- une crise de solvabilité : dépenses en augmentation permanente, difficultés financières pour la prise en charge des laissés pour compte. Impôts et prélèvements sociaux de plus en plus lourds, difficiles à recouvrer et impopulaires ;
- une crise d'efficacité : puissance publique ne pouvant plus résoudre comme avant les problèmes socio-économiques, chômage en augmentation, mobilité sociale en diminution, inégalités qui se creusent ;
- une crise de légitimité : clarté, réalité et limites de la solidarité nationale en débat, dépenses publiques perçues comme impôts supplémentaires et complexes, non comme opportunités de redistribution.

De cela découlent des jugements sévères sur les systèmes de santé, d'éducation, sur la justice, la sécurité...

La décentralisation des compétences accentue aussi cet éclatement (exemple : aide sociale confiée aux départements, jugés plus proches). À cela s'ajoute le vieillissement de la population avec de lourdes dépenses pour financer retraites, santé et dépendance.

II. La construction d'une cohésion sociale

La crise quasiment continue depuis 1975, les bouleversements liés à la chute du bloc soviétique, la construction inachevée de l'Europe, la montée en puissance des pays émergents... ont contribué à mettre à mal ce modèle social fait de solidarité nationale sur fond d'essor économique. En difficulté pour assurer la solidarité nationale, l'État va alors s'efforcer de maintenir la cohésion sociale.

A. Une notion qui se précise peu à peu

Peu étudiée, cette notion de cohésion sociale doit être examinée dans un contexte de « crise ». Le sociologue Robert Castel, distingue trois zones de cohésion sociale :
- l'intégration (travail stable et insertion relationnelle solide) ;
- la vulnérabilité sociale (précarité du travail et fragilité des supports de proximité) ;
- la désaffiliation (absence de participation à toute activité productive et isolement relationnel).

L'illustration la plus radicale de cette désaffiliation est donnée depuis 2015 par les jeunes Français qui se veulent « djihadistes » et s'adonnent au terrorisme.

Le sentiment de déclassement affecte de plus en plus le corps social. Les classes moyennes se considèrent de plus en plus exposées à des changements et à des évolutions incontrôlées : perte de l'emploi, logements hors de prix, discriminations, insécurité, ascenseur social en panne...

Robert Castel précise : « *En parlant de cohésion sociale, on assiste à un glissement d'un modèle maximaliste de la protection sociale [...] à un modèle minimaliste visant à apporter des secours aux plus démunis, évolution qui va dans le sens de la dualisation de la protection sociale. Cette évolution risque de se poursuivre, car elle découle du fait que la dégradation du marché du travail ne permet plus un financement général des protections sur la base des contributions salariales et patronales. On peut lui trouver un mérite dans la mesure où continuent à relever de la solidarité nationale, désormais financée par l'impôt, ceux qui ne peuvent plus être assurés par le travail.* »

La cohésion sociale est une « *équation d'équilibre* » entre membres d'une société que l'individualisme caractérise de plus en plus. Après la notion de solidarité (Nicole Questiaux, en 1981, première titulaire d'un ministère de la Solidarité nationale), la cohésion sociale est devenue un objectif politique lisible dans l'intitulé du ministère compétent (Jean-Louis Borloo, en 2004, ministre de l'Emploi, du Travail et de la Cohésion sociale puis en 2010, Roselyne Bachelot ministre des Solidarités et de la Cohésion sociale).

Peu à peu, la cohésion sociale a défini un certain nombre de services ou de dispositifs (direction du ministère des Affaires sociales, nouveaux services des préfectures suite à la révision générale des politiques publiques). L'outil majeur de la politique de la ville s'appelle désormais Contrat urbain de cohésion sociale.

Les dépenses de protection sociale se sont élevées en 2014 à 32 % du PIB. Cette forte couverture des risques sociaux n'empêche cependant pas les Français de rester très préoccupés par la question des discriminations et des inégalités que la redistribution peine à réduire : ce sont toujours les classes moyennes et supérieures qui bénéficient le plus des services comme l'éducation ou la culture, alors que les politiques de l'emploi ne permettent pas aux plus faibles de retrouver une intégration professionnelle et sociale.

B. Une politique qui doit disposer de nouveaux modes d'action

Malgré les efforts déployés par les acteurs, l'exclusion ne recule guère. L'État navigue dans une mer de réformes perpétuelles qui tentent de prendre la mesure des nouveaux risques sociaux, dont celui de la nécessité de l'insertion des populations en situation d'âge avancé, de handicap ou de vulnérabilité.

Selon une étude de 2014 du Centre de recherche pour l'étude et l'observation des conditions de vie (Crédoc), 81 % des Français déplorent une cohésion sociale insuffisante. Ils expriment leur attachement à des valeurs de tolérance et mettent l'accent sur des modèles de politique sociale globale, non catégoriels, donnant la priorité à l'emploi, à l'éducation et au logement, combinés avec un fort souci de reconnaissance des responsabilités et capacités individuelles de tous. L'impression d'échec de l'intégration personnelle est d'abord liée à l'absence d'emploi, au ressenti de discriminations, au sentiment de ne pas avoir de droits, à la sensation de vivre dans une société peu unie.
- 45 % des Français se projettent à 10 ans dans une société où la majorité des groupes vivront séparés (plutôt que « ensemble ») et 72 % imaginent un pays où ces groupes seront tiraillés par « des tensions ».
- 55 % citent le chômage comme un problème grave mettant en échec la construction d'une société plus unie (ils n'étaient que 22 % en 2008).

- 34 % considèrent le logement comme une condition importante du « vivre ensemble ».
- 22 % réclament une éducation de qualité.

Le désengagement des plus faibles oblige à réinventer les politiques d'accompagnement. De nouveaux outils doivent être créés pour associer une solidarité de droits à garantir et une solidarité d'engagement à inventer, par la mobilisation conjointe des collectivités territoriales, du milieu associatif, des entreprises, des familles, et des citoyens. Cette visée repose sur trois logiques essentielles :

- un projet global où l'objectif de cohésion traverse l'ensemble des politiques publiques pour atteindre les diverses dimensions de la vie des gens. L'action sociale ne peut plus se contenter d'apporter des réponses spécifiques et sectorielles aux personnes fragilisées. Elle doit favoriser l'épanouissement de chaque individu par la revitalisation éducative, relationnelle, civique de son territoire. Ce décloisonnement doit concerner les politiques sociales et les autres comme celles des transports, de la culture, de l'éducation... ;
- un territoire qui doit définir ces politiques publiques et les partenariats à développer pour la contractualisation de projets entre les acteurs du développement de l'aire concernée. Les territoires sont, en effet, des lieux privilégiés pour des initiatives, de nouvelles formes d'organisation, des projets différents ;
- une participation dans laquelle toute personne, tout organisme public ou privé doit prendre part à la création, à la consolidation du lien social. Pour changer de regard sur les personnes fragiles, on affirme que la participation des bénéficiaires des politiques de solidarité n'est pas à concevoir à partir de leurs handicaps mais de leurs potentialités.

Conclusion

Un rapport de 2012 sur « Gouvernance des politiques de solidarité » pose que « *la solidarité nationale de droit portée par l'État providence et celle de la collectivité départementale, [...] si elles restent un ciment de notre République, ne sont plus aujourd'hui les garants uniques d'une véritable solidarité. La solidarité d'engagement ouvre un champ nouveau pour [les] politiques de cohésion tout en renforçant leur ancrage dans les valeurs fondatrices du Pacte social [...] du Conseil national de la Résistance* ».

L'intervention des pouvoirs publics est indispensable pour assurer la cohésion sociale, mais elle est insuffisante sans la mobilisation de tous les intéressés. Le rôle de garant de la cohésion sociale assumé par l'État n'a peut-être jamais été autant d'actualité qu'à l'heure actuelle où les conflits sociaux et les risques d'implosion sociale sont multiples. Il en va des principes d'unité et d'indivisibilité de la République ainsi que du respect des exigences du droit communautaire.

SUJET : POLITIQUE DE LA VILLE, POLITIQUE DE COHÉSION SOCIALE

Note technique

I. Une tentative déjà ancienne de réparation des fractures sociales urbaines

La politique de la ville a été inventée en réponse aux violences sociales. Elle s'est peu à peu structurée à partir de la fin des années 1970 et au début des années 1980 : montée des inquiétudes socio-économiques avec un chômage grandissant suite au choc pétrolier de 1973 et phénomènes récurrents de violences urbaines de plus en plus médiatisées.

Exemples : les violences de Vénissieux (mai 1981) sont à l'origine de la Commission nationale pour le développement social des quartiers (dite commission Dubedout). Des textes « fondateurs » sont alors élaborés, qui visent alors à trouver des réponses nouvelles et innovantes :
- 1981 : rapport Schwartz : « L'insertion sociale et professionnelle des jeunes » ;
- 1982 : rapport Dubedout : « Ensemble, refaire la ville » ;
- 1983 : rapport Bonnemaison : « Face à la délinquance : prévention, répression, solidarité ».

Différents dispositifs ont alors vu le jour, notamment les démarches de développement social des quartiers (DSQ) visant une amélioration des divers aspects de la vie quotidienne des quartiers. Les contrats DSQ seront inscrits dans les contrats de plan État région du IXe plan signé en 1984.

Les années 1980 sont celles qui donnent jour aux missions locales pour l'emploi des jeunes, aux zones d'éducation prioritaires (ZEP) et aux conseils communaux et départementaux de prévention de la délinquance. Un Fonds social urbain (FSU) est également créé et réserve une partie des crédits de l'État pour les projets de développement social urbain.

En réponse aux violences de Vaulx-en-Velin, en octobre 1990, le premier poste de ministre de la Ville est créé pour donner plus de poids à la politique de la ville. Il est confié à Michel Delebarre, personnalité du monde de l'habitat social. Des personnalités importantes et/ou fortement médiatisées lui succéderont, comme (dans le désordre) Bernard Tapie, Simone Veil, Jean-Louis Borloo, Claude Bartolone...

La crise des banlieues de l'automne 2005 donne lieu à la création de l'Agence pour la cohésion sociale et l'égalité des chances (Acsé).

II. Une mise en œuvre concertée entre État et collectivités locales

La politique de la ville comprend l'ensemble des actions visant à lutter contre les phénomènes d'exclusion des populations urbaines défavorisées, celles qui habitent les quartiers dits « sensibles » ou « en crise ». Même si, pour certains, et notamment pour la Cour des comptes, elle reste une « *politique incertaine* », elle obéit à certaines caractéristiques affirmées.

La politique de la ville est :
- une politique contractuelle, basée sur les « contrats urbains de cohésion sociale » naguère appelés « contrat de ville » dans lesquels l'État, la commune et l'EPCI s'entendent sur un certain nombre d'actions concrètes et s'en répartissent le financement ;
- une politique globale embrassant tous les aspects de la vie quotidienne ;
- et une politique interministérielle.

Son champ d'application concerne cinq domaines majeurs :
- la rénovation urbaine ;
- la sécurité et la prévention de la délinquance ;
- le développement social et culturel des quartiers ;
- le développement de l'emploi ;
- la revitalisation économique de ces mêmes quartiers.

Elle est traversée par des débats sur :
- les approches spatiales et sociales ;
- les échelles d'intervention (le quartier, la ville) ;
- les enjeux sur la place des habitants dans leur ville et leur quartier (la citoyenneté) ;
- mais aussi leur insertion sociale et professionnelle.

III. Une inflexion vers la prévention des fractures sociétales et la promotion de l'égalité des chances

La crise des banlieues de 2005 révèle violemment les discriminations et inégalités qui touchent les quartiers défavorisés, et en particulier les jeunes. Est alors adoptée la loi du 31 mars 2006 pour l'égalité des chances, qui propose plusieurs grands objectifs, plus ou moins « revisités » depuis lors.

L'emploi des jeunes résidant en zones urbaines sensibles (ZUS) ou connaissant des difficultés d'insertion sociale et professionnelle :
- développement de l'apprentissage et conditions d'accès privilégiées au contrat « jeune en entreprise » pour les jeunes issus des ZUS avec simplification du financement du contrat de professionnalisation ;

• création de nouvelles ZFU (zones franches urbaines, à fiscalité allégée pour les entreprises) afin de promouvoir l'emploi des habitants des quartiers en difficulté (au total, 100 ZFU).

L'égalité des chances et la lutte contre les discriminations :
• l'Acsé assure les actions de l'État dans les quartiers sensibles : lutte contre les discriminations, actions d'intégration, actions en faveur des habitants des quartiers en difficulté d'insertion sociale ou professionnelle, notamment immigrés ;
• renforcement des pouvoirs de la Haute Autorité de lutte contre les discriminations et pour l'égalité (Halde) qui peut prononcer des sanctions administratives ;
• légalisation des tests à l'improviste (*testing*) et mission donnée au Conseil supérieur de l'audiovisuel (CSA) de renforcer la diversité au sein de l'audiovisuel français.

Le renforcement du pouvoir des maires face aux incivilités : pouvoirs de constatation accrus des agents de police municipale pour certaines contraventions, pour lesquelles le maire peut proposer au parquet de recourir à une alternative aux poursuites ou, lorsqu'elles ont porté préjudice à un bien de la commune, proposer au contrevenant une transaction homologuée par le parquet.

Un service civil volontaire (aujourd'hui le service civique) qui permet aux jeunes de 16 à 25 ans d'acquérir une formation civique et professionnelle ainsi qu'une première expérience, en partenariat avec des organismes publics ou privés. Les missions d'accueil proposées par ces organismes sont agréées par l'État qui contribue à leur financement.

Une aide à l'exercice de l'autorité parentale.

Des mesures relevant des services sociaux et/ou judiciaires.

L'égalité des chances affirme que chacun, quels que soient ses origines, son sexe, ses croyances ou son mode de vie, doit avoir les mêmes chances de s'élever, par son propre mérite, dans la société. Le statut social des individus ne devrait plus dépendre des caractéristiques, notamment financières et sociales, des générations précédentes.

IV. Le rôle particulier du système éducatif

L'égalité des chances est un thème essentiel dans l'évolution démocratique de notre système éducatif républicain : d'une école pour l'élite (avant les lois Ferry), on est passés progressivement à une école pour tous, des « hussards de la République » à la « massification » de l'enseignement et à la « discrimination positive ».

En 2005, l'égalité des chances est la première notion mentionnée dans le code de l'éducation comme priorité nationale : « *Le service public de l'éducation [...] contribue à l'égalité des chances.* » L'École participe à ce qu'« *une aide personnalisée et un suivi dans l'école et au-delà de l'école soit apportés à chaque élève* » :

• le ministère de l'Éducation nationale permet aux établissements scolaires d'être à l'initiative d'un certain nombre d'actions, mais de plus en plus en partenariat avec les acteurs d'une même zone géographique, de vie... ;

• c'est la démarche même de « partenariat » qui devient essentielle dans la lutte contre les inégalités éducatives, culturelles (exemple : lutte contre les discriminations, respect filles/garçons, mise en application de la loi sur le handicap...).

V. Une traduction financière « lolfienne »

Cette exigence d'égalité des chances a une répercussion sur les finances de l'État. La Lolf répartit ainsi les dépenses publiques afférentes à cette politique en plusieurs programmes correspondant à la mission solidarité, insertion et égalité des chances (PLF 2016).

• Programme 304 : Inclusion sociale et protection des personnes.

• Programme 157 : Handicap et dépendance.

• Programme 137 : Égalité entre les femmes et les hommes.

• Programme 124 : Conduite et soutien des politiques sanitaires, sociales, du sport, de la jeunesse et de la vie associative.

SUJET : POUR UNE FRANCE QUI VIEILLIT, QUELLES POLITIQUES DE COHÉSION SOCIALE ?

Proposition de corrigé rédigé

Introduction

Le vieillissement, selon le démographe Patrice Bourdelais, reste trop encore aujourd'hui une construction sociale marquée par une représentation négative tenace introduite dès 1928 par Alfred Sauvy qui analysait ainsi le phénomène : « *Toute l'économie du pays serait bouleversée le jour où un trop grand nombre de vieillards serait à la charge de la société.* » Mais si cette période de la vie n'est pas systématiquement synonyme de perte d'autonomie, l'augmentation de cette population a des conséquences sur l'organisation sociale dans tous ses aspects et notamment sur le fonctionnement des services publics.

Après une définition de ce vieillissement « à la française » (I), nous évoquerons les politiques publiques qui doivent travailler à changer de regard pour permettre « un bien vieillir », un exercice réel des droits des personnes âgées (II).

I. La France qui vieillit

Il est temps que la France prenne conscience de l'enjeu que constitue la très forte croissance de sa population âgée. Le vieillissement est une réalité. Va-t-elle se transformer en autant d'opportunités positives ou devenir une catastrophe potentielle ? Les gains d'espérance de vie ont constitué un des plus grands progrès du XXe siècle qui en a connu un quasi-doublement grâce à la réduction énorme de la mortalité infantile, accompagnée de l'allongement de la vie après 60 ans. L'espérance de vie moyenne dans notre pays est passée de 47 ans en 1900 à 80 ans aujourd'hui ! Pour la France et pour nos pays modernes, le XXIe siècle sera le siècle du vieillissement.

A. Une définition complexe

Aristote parlait du seuil des 50 ans, Hippocrate, lui, assimilait la vieillesse à l'hiver, qu'il faisait commencer à 56 ans ! Cicéron puis saint Augustin la firent débuter à 60. Le grammairien Richelet au XVIIe siècle appelait vieillard « *un homme depuis 40 ans jusqu'à 70 ans. Les vieillards sont d'ordinaire soupçonneux, jaloux, avares, chagrins, causeurs, se plaignent toujours, les vieillards ne sont pas capables d'amitié* »... À la fin du XIXe siècle vint l'idée que les pouvoirs publics étaient en face d'un « problème » qu'il allait falloir prendre en compte pour l'avenir.

Aujourd'hui, la population française vieillit et continue de vieillir. En 1997, d'après l'Institut national de la statistique et des études économiques (Insee), un Français sur six avait plus de 65 ans, 15,3 % de la population. En 2017, les plus de 65 ans en constituent 19,2 %, trois points de plus qu'en 2007 et quatre points de plus que 20 ans auparavant. Toutefois, la proportion des 65 ans ou plus est légèrement plus faible que la moyenne européenne : 18,9 % au 1er janvier 2015 au sein de l'Union européenne, contre 18,4 % en France. L'Italie est le pays où le poids des seniors est le plus élevé (21,7 %)... l'Irlande est celui où il est le plus faible (13,0 %). Selon les mêmes sources, en 2050, 22,3 millions de personnes seront âgées de 60 ans ou plus, contre 12,6 millions en 2005, soit une hausse de 80 % en 45 ans.

Au XXIe siècle, les immenses progrès médicaux, sociaux et culturels expliquent cet accroissement de la proportion de ces âges dans la population générale. C'est le résultat de la transition démographique, qui se caractérise par une baisse de la fécondité, une augmentation de l'espérance de vie, et l'arrivée massive à l'âge de la retraite des premières unités de « baby-boomers » nées dans l'immédiat après-guerre.

En France en 2016 :

- l'indicateur conjoncturel de fécondité s'établit à 1,93 enfant par femme. Il était de 2,89 en 1946 de 2,79 en 1966 et de 2,49 en 1971 juste avant la fin du baby-boom ;
- l'espérance de vie à la naissance progresse de nouveau 85,4 ans pour une femme, 79,3 ans pour un homme. Au XVIIIe siècle, un peu moins d'un homme ou d'une femme sur trois atteignait l'âge de 60 ans ;
- le nombre de retraités du régime général s'élève, selon la Caisse nationale assurance vieillesse (Cnav), à plus de 14 millions dont 613 506 nouveaux cette année. Les projets de réforme évoqués par le président de la République n'étant pas encore connus, nous ne sommes pas en mesure d'en parler.

B. Une construction sociale marquée par des représentations négatives

La confusion entre vieillissement démographique, vieillesse et déclin, qui a marqué l'histoire de la démographie française depuis son créateur Alfred Sauvy, pèse sur ses représentations sociales. Cette réalité reste liée à des présupposés négatifs pour les intéressés et la collectivité. Elle est aujourd'hui aux antipodes des valeurs des sociétés modernes « branchées » liées à une jeunesse fortement valorisée et associée à des notions toutes positives : sport, activité, beauté, utilité dans le monde du travail, etc. Cette coupable et terrible lenteur de la prise de conscience du changement de la réalité de l'*âge* a ainsi freiné l'investissement social de cette tranche de vie de 60 à 80-85 ans, alors que de plus en plus de personnes en bénéficient de nos jours pour une durée équivalente à celle de la jeunesse ! Les seniors, ni productifs, ni utiles, ni dépendants, n'ont pas de place entre les jeunes, la génération active et les « vieillards » dépendants. La société, qui doit dépasser sa vision négative, voire « ségrégative » de la perte d'autonomie, n'a, dans le même temps, que peu de considération pour ces personnes qui vieilliront bien et plus longtemps.

Le terme français « dépendance » reste une notion pessimiste. Consacré par la loi du 24 janvier 1997 créant une « prestation spécifique dépendance », ce mot reste toujours particulièrement péjoratif. Il n'évoque qu'un état déficitaire définitif, non compensable, pesant sur l'entourage et la société, faisant de ces personnes une catégorie à part. En Europe, comme le signale le rapport Gisserot de 2007, les intéressés sont désignés, en Allemagne, par les services dont elles bénéficient, comme *pflegebedürftig* (celui qui a besoin de soins), dans les pays anglo-saxons, comme *people in care* (personnes qui bénéficient de soins).

Par ailleurs, les nouvelles stratégies en faveur de l'emploi des salariés âgés constituent une rupture par rapport aux modèles sociaux et aux pratiques antérieures. Aujourd'hui, la vieillesse n'est plus proche de la pauvreté ou de l'incapacité au travail.

II. Des politiques nouvelles

La longévité est une chance, c'est aussi un défi que la loi relative à l'adaptation de la société au vieillissement du 28 décembre 2015 participe à relever, avec un ensemble de mesures d'anticipation, de prévention et d'accompagnement. 8 % des plus de 60 ans sont dépendants et 20 % des plus de 85 ans. On compte 1,2 million de bénéficiaires de l'allocation personnalisé d'autonomie (APA) dont 60 % à domicile et 40 % en établissement. Pour atteindre leurs buts, les politiques gérontologiques doivent relever d'une approche globale administrative, médicale, sociale, environnementale... s'appuyant sur la pluridisciplinarité des acteurs. Elles impliquent une mobilisation interministérielle et une mobilisation intergénérationnelle de la totalité de notre société.

A. Interministérielles et territorialisées

Cette nouvelle législation interpelle et associe, notamment, un grand nombre de ministères, les assemblées départementales, les centres communaux d'action sociale, le milieu associatif, les familles et les intéressés eux-mêmes. Mais la seule question de la prise en charge de la dépendance n'est pas suffisante pour décrire l'ampleur du problème.

La loi veut mettre en synergie les différents acteurs nationaux : le ministre des Solidarités et de la Santé chargé de la prévention en matière médicale en priorité, mais aussi celui de la Cohésion des territoires pour la politique du logement, de l'habitat et pour celle de la ville, celui de la Transition écologique et solidaire par son secrétariat d'État aux Transports, celui du Travail pour le gisement d'emplois des métiers de l'aide à la personne (on en attend 300 000) qu'il faudra qualifier et former, celui de l'Économie pour les volets commerce, artisanat, consommation, économie sociale et solidaire, cette liste n'étant pas exhaustive.

Il s'agit de toute une série d'actions.

1. Pour l'État

• Permettre à tous l'accès à un dispositif de prévention individualisé.
• Aménager l'habitat, les villes et les territoires dans la dynamique « Ville amie des aînés » de l'Organisation mondiale de la santé (OMS), intégrer cette question dans les programmes locaux d'habitat ou d'urbanismes et les plans des déplacements et de transports. Depuis 2015, 20 millions d'euros ont été attribués pour finaliser le Plan national d'adaptation des logements à la perte d'autonomie. 80 000 logements privés seront rénovés d'ici à fin 2017.
• Développer l'offre d'habitat intermédiaire ou regroupé, moderniser les logements foyers, sécuriser les résidences services.
• Promouvoir la filière Silver économie créatrice d'emplois (secteur du logement, de l'aide à domicile, de l'industrie des nouvelles technologies au service de l'âge...).

2. Pour les départements

• Exercer leurs compétences sociales pour impulser une meilleure offre d'aide à domicile et dans les établissements.
• Revaloriser l'APA, augmenter le nombre d'heures d'aide à domicile, réduire le niveau de participation financière des intéressés.
• Soutenir le développement des services polyvalents d'aide et de soins à domicile et positionner les foyers autonomie comme acteurs essentiels de la prévention.

3. Pour les communes et leurs centres communaux d'action sociale (CCAS)

• Prendre en compte la génération des jeunes retraités actifs.
• Développer les politiques de solidarité de proximité en direction des seniors.
• Adapter les équipements publics (horaires et tarifs) aux besoins des usagers âgés.

B. Intergénérationnelles et de proximité

La prévention de la perte d'autonomie requiert l'interaction entre les différentes dimensions économiques, médicales et sociales. Ces actions sont à mener sur la durée, et seront d'autant plus efficaces qu'elles auront été préparées par une prise en compte du vieillissement favorisant l'intergénération, l'entraide et les solidarités.

Une étude menée en 2016 pour le compte du ministère montre que 63 % des Français jugent que c'est aux pouvoirs publics de prendre en charge les personnes dépendantes. Mais six sur dix d'entre eux se disent prêts à « épargner davantage en prévision », et privilégient une prise en charge directe du proche chez lui ou chez soi. Environ 21 % des personnes interrogées disent apporter déjà une aide régulière et bénévole à une personne âgée proche. Les relations intergénérationnelles représentent donc un atout majeur pour notre société. Le vieillissement devient un aiguillon salutaire pour repenser le bien vivre ensemble. La dimension intergénérationnelle doit être prise en compte dans les décisions politiques.

Des questions se posent dans notre quotidien :
- Comment mieux reconnaître l'engagement citoyen des personnes âgées, fervents soutiens de la solidarité familiale, qui sont plus de 5 millions à s'investir dans le milieu associatif ?
- Comment développer leur place dans la dynamique mémorielle et le recueil d'archives ?
- Comment concilier vie professionnelle et soutien à ses enfants (voire petits-enfants) ainsi qu'à ses parents ?
- Comment aménager l'espace public pour qu'il soit agréable, accessible et utile à tous, enfants, adolescents, adultes et aînés ?
- Comment soutenir les aidants qui accompagnent les personnes atteintes d'une grande perte d'autonomie ?
- Comment agir contre l'isolement et déployer sur le territoire des équipes citoyennes bénévoles ?
- Comment organiser les préventions individuelles (repérage des fragilités) et collectives (activités physiques et cérébrales) ?
- Comment protéger les plus vulnérables et réaffirmer leurs droits et libertés ?

Le bien vieillir est l'affaire de tous. Ces nouveaux axes et les principes de coordination qui leur sont attachés ne sont ni des gadgets ni des éléments périphériques de l'action publique et de ses financements. Ce sont des axes politiques centraux qui peuvent modifier l'approche « déficitaire » et finalement fataliste de la vieillesse et de la perte d'autonomie mais aussi optimiser l'effort public qui leur est et leur sera consacré.

Conclusion

Nous emprunterons ces mots pour terminer à Michel Loriaux de l'institut de démographie de Louvain : « *Toutes les institutions, toutes les règles d'organisation de transmission patrimoniale, de financement de la Sécurité sociale, en passant par les règles de limitation à l'embauche basées sur des critères d'âge devront être repensées pour mieux s'adapter aux conditions de l'intergénérationnel [...]. L'avenir n'appartiendra pas uniquement aux personnes âgées, ce qui serait contraire à l'idée même d'intégration des générations mais il ne se construira pas non plus sans elles et c'est là une chance à ne pas négliger.* »

2| THÈME : FINANCES PUBLIQUES ET INTERVENTION ÉCONOMIQUE

SUJET : BUDGETS PUBLICS ET INTERVENTIONS ÉCONOMIQUES DE MOYEN ET LONG TERMES

Proposition de corrigé rédigé

Introduction

Les budgets publics ont plusieurs objectifs qui ne sont pas forcément antinomiques : redistributifs, contracycliques mais aussi anticipatifs, c'est-à-dire devant permettre à un pays de se préparer à la compétition et à la concurrence internationales. C'est par exemple le cas des investissements éducatifs (plus de 7 % du PIB pour l'ensemble des collectivités publiques) dans une économie de la connaissance, sachant que l'OCDE a estimé qu'une année validée post-bac (ou équivalent) permettait d'augmenter la productivité des individus de 8 %.

Les politiques budgétaires sont un des leviers de l'action publique. Il est également possible d'avoir une politique monétaire (sauf en zone euro où ce rôle est dévolu à la BCE) et une politique réglementaire (par les textes, il est possible de favoriser tel ou tel secteur, voire limiter les importations).

Les budgets publics regroupent l'ensemble des recettes et des dépenses des organismes publics sur une période considérée (l'exercice). Formellement, ce sont des états prévisionnels qui doivent recevoir l'approbation des instances délibératives (Parlement, conseil régional, départemental ou municipal, conseil d'administration) des organismes considérés.

Les ressources sont constituées essentiellement de prélèvements obligatoires (impôts, taxes et cotisations sociales), c'est-à-dire des prélèvements que les personnes physiques ou morales ont l'obligation de verser sans obtenir de contreparties immédiates. Les dépenses publiques sont utilisées à la production de services non marchands, à la diffusion non marchande de certains biens (soins hospitaliers), à l'orientation des choix des acteurs économiques et au versement de revenus de transfert. La différence entre les recettes et les dépenses constitue le solde budgétaire qui peut être à l'équilibre, excédentaire ou déficitaire.

Cette simple définition montre que les éléments de moyen et long termes sont présents dans un exercice budgétaire. Les budgets publics interagissent avec l'économie et constituent un élément d'intervention de la puissance publique (I). Pour jouer ce rôle, sur moyen et long termes, les pouvoirs publics doivent cependant arrêter des choix clairs et lisibles par tous (II).

I. Les budgets interagissent avec l'économie et constituent un élément d'intervention de la puissance publique

Par puissance publique, on entend ici toutes les collectivités publiques élaborant des budgets.

A. Le budget n'est pas un acte neutre économiquement et politiquement

1. Le budget devrait marquer une volonté de privilégier certains secteurs

« *Gouverner, c'est choisir* », disait Pierre Mendès-France. Les budgets formalisent cette volonté d'orienter l'action publique. Pour les collectivités territoriales (région par exemple puisqu'il s'agit d'une de ses compétences), si un budget met l'accent sur la formation cela peut avoir, à terme, des conséquences sur l'employabilité des individus et le chômage des citoyens. De même, si une collectivité municipale met l'accent sur l'aménagement d'une partie de son territoire (avec les outils dont elle peut disposer comme une société d'économie mixte d'aménagement par exemple), elle redessine son territoire. Pour l'État, lorsqu'un budget contient des mesures favorables à la fiscalité écologique, instaure des mesures de crédits d'impôts pour les emplois à domicile ou met en place le CICE, les conséquences recherchées ne sont pas immédiates mais visent d'une part à faire évoluer les comportements et d'autre part à influer sur l'emploi et les investissements à moyen et long termes.

2. Mais, son usage, souvent contracyclique, est brouillé

La multiplicité des objectifs brouille souvent les choix exprimés et, devant l'urgence du rétablissement des finances publiques (exigé par Bruxelles mais aussi par 40 ans de déficits publics cumulés), l'État a souvent effectué des choix en contradiction les uns par rapport aux autres. Par ailleurs, le budget s'est régulièrement vu assigner des objectifs purement contracycliques au détriment d'objectifs de moyen et long termes. Il suffit pour cela de regarder la forte attrition des dépenses d'investissements dans le budget de l'État. Même au niveau des collectivités territoriales, la récente baisse des dotations de l'État a d'abord été compensée par une baisse des dépenses d'investissement (certes pas due à une concurrence – et c'est heureux car les collectivités territoriales représentent 75 % de l'investissement public).

3. Les pouvoirs publics possèdent cependant les outils d'une action à moyen et long termes

Pour l'État, les outils de type lois de programmation ou contrats de plan illustrent cette volonté de prendre des décisions qui engagent sur long terme. Cependant, dans la réalité, ils sont rarement respectés et font régulièrement l'objet d'un report dans le temps. C'est le cas des lois de programmation militaire qui ont pour raison de planifier l'équipement des armées françaises et qui n'ont que très rarement été respectées. Pour les collectivités territoriales, les partenariats publics-privés sont un outil d'investissement sur le long terme. Cependant, leur utilisation n'a pas toujours été optimale ainsi que le rappelle la Cour des comptes dans un récent rapport et les coûts pour les collectivités se sont avérés supérieurs aux prévisions.

B. Pour autant, le budget devrait traduire des choix dans l'intervention des pouvoirs publics, ce qu'il ne fait pas toujours

1. Tant au niveau de l'État...

C'est le cas du CICE précédemment cité, qui doit favoriser l'investissement des entreprises et constituer ainsi un levier de la politique industrielle, mais dont les résultats se font attendre alors même que la dépense budgétaire augmente. Les choix à long et moyen termes deviennent difficiles, les moyens de l'État diminuant et la complexité du monde (et les interactions des actions se complexifiant) augmentant. À ce titre, la forte croissance de la dette publique (presque 100 % du PIB) prive l'État de moyens d'action (la dette devient le premier poste de dépenses du budget de l'État).

Par ailleurs, il n'est pas certain que la volonté politique soit désormais réelle. Les gouvernements des débuts de la Ve République ont marqué par cette volonté de construire un outil industriel fort. Cette vision s'est concrétisée, par exemple, avec le projet Airbus, sans rentabilité immédiate mais avec l'émergence progressive d'un concurrent mondial à l'oligopole Boeing. Depuis, cette action publique a été critiquée et a reflué dans pratiquement tous les pays occidentaux. Pour autant, l'outil budgétaire reste un levier important de l'action publique et peut-être utilisé (exemple du désenclavement de régions par l'arrivée du TGV, émergence d'externalités positives pour les entreprises...).

2. ... qu'au niveau des collectivités territoriales

Ce qui est valable pour l'État est transposable aux collectivités territoriales. Les budgets d'interventions sociales augmentent (par exemple, plus de 50 % du budget de départements), ainsi que les charges de fonctionnement (plus de 75 % du budget des hôpitaux). Cela diminue d'autant les marges de manœuvre permettant de préparer l'avenir (l'endettement restant toutefois un levier, les collectivités locales demeurant plus faiblement endettées que l'État). Pour autant, le budget devrait être le moment de montrer les choix pour le long ou moyen terme (abandon ou non d'une ligne de tramway par exemple, ou report de la construction d'une station d'épuration des eaux usées).

Or, le sacrifice de cette dimension future est souvent opéré. D'ailleurs, certains gestionnaires se vantent de gérer leurs collectivités comme une entreprise, oubliant ainsi qu'une entreprise ne prend pas toujours en compte le long terme (dans l'histoire, la rentabilité des travaux haussmanniens à Paris n'est pas évidente ; pour autant, cette opération dirigée par les pouvoirs publics, y compris pour des raisons d'ordre public, apparaît désormais comme une réussite tant urbanistique que... touristique).

II. Pour jouer ce rôle sur moyen et long termes, les pouvoirs publics doivent arrêter des choix clairs et lisibles par tous

Cela n'est pas un problème comptable mais bien un problème de volonté politique et de choix à assumer.

A. La nécessité d'une action publique clairement définie

1. La multiplicité des choix nuit à la compréhension de ceux-ci

Au niveau de l'État, les niches fiscales sont un exemple de non-choix : elles sont multiples et parfois contradictoires entre elles. Elles s'accumulent et se stratifient dans le temps sans cohérence. Le seul point commun est le coût pour les finances publiques, critiqué par la Cour des comptes dans un rapport récent - ces niches, appelées « dépenses fiscales », donnent droit à des réductions d'impôts et voient leur coût avoisiner 72 milliards d'euros en 2015, selon le projet de loi de finances pour 2015, soit une hausse d'au moins 800 millions d'euros, hors crédit d'impôt pour la compétitivité et l'emploi (CICE). Cet exemple pose en parallèle la question de l'évaluation des politiques publiques, notamment par les juridictions financières ou par le Parlement.

Cette multiplicité est souvent le reflet de la préférence pour des politiques conjoncturelles alors même que les pouvoirs publics devraient porter également des politiques structurelles, c'est-à-dire visant à une modification à terme et profonde du fonctionnement de l'économie. Ce sont des politiques qui cherchent plus à influencer les conditions d'offre que de demande.

2. Le rôle moteur que devrait avoir l'État actionnaire pour orienter vers le moyen et long termes l'économie et la société

Historiquement l'État a facilité l'industrialisation de la France par son intervention parfois directe. Par ailleurs, deux grandes vagues de nationalisation ont eu lieu en 1946 et 1981, mettant aux mains de la puissance publique des moyens importants et des groupes de niveau mondial. Une volonté de faire, grâce à l'intervention de l'État, des « champions nationaux » capables d'être visibles et compétitifs au niveau international. Exemple du volontarisme du MITI japonais (sorte de ministère de l'Industrie et du Commerce) auquel les dirigeants français prêtaient un des motifs de la réussite de ce pays à l'exportation.

Avec l'Agence des participations de l'État, la puissance publique dispose d'un pouvoir non seulement sur de nombreuses entreprises cotées au CAC 40 mais également sur un aréopage de structures. Il est ainsi détenteur de leviers sur l'économie française (et accessoirement actionnaire qui peut percevoir des dividendes au budget général qui viennent en diminution du déficit).

B. Car les collectivités publiques et en premier lieu l'État doivent être les garants du moyen et long termes

Elles doivent piloter les choix structurants qui ne peuvent être portés par les seuls acteurs privés. C'est par exemple le cas des infrastructures routières qui participent de l'attractivité d'un pays et qui n'ont pas de rentabilité immédiate (exemple : lorsque Toyota s'installe à Valenciennes, ce n'est pas dicté par un goût prononcé pour les ciels du Nord mais bien parce que cette ville est au cœur d'un bassin de consommation de plus de 300 millions d'habitants rapidement accessibles par un réseau routier, autoroutier et ferroviaire dense).

1. Cela ne peut être laissé aux entreprises qui suivent d'autres objectifs

Il ne faut pas demander aux entreprises d'avoir une vision à long terme. Ce n'est pas une critique car elles innovent, créent de la richesse, répondent (ou anticipent) aux besoins des consommateurs. Par contre, elles n'ont pas à réfléchir à un projet de société à 50 ans comme cela a été le cas avec la réindustrialisation de la France au début de la Ve République.

La création du programme nucléaire (ou maintenant la question de son démantèlement) ou du projet aéronautique illustre ce volontarisme étatique. Aujourd'hui, le virage des énergies renouvelables ou celui de l'économie de la connaissance nécessitent une intervention des pouvoirs publics (la Corée du Sud, pays extrêmement pauvre au début des années 1960, est devenue une grande puissance informatique et des télécoms en deux générations grâce aux investissements réalisés par l'État, notamment dans le domaine scolaire).

2. Notamment en incitant les agents à modifier leurs comportements

La modification des comportements passe également par la politique réglementaire qui constitue l'ensemble des lois, règlements et normes imposés par les autorités publiques exerçant, directement ou non, une influence sur la structure économique. Il ne faut pas oublier que l'État influence ainsi non seulement les relations sociales, mais va également réglementer les comportements des entreprises et des particuliers.

3. Pour autant, les leviers d'action des pouvoirs publics ont aujourd'hui leurs limites

Les aides directes à l'investissement sont restées stables (0,75 % du PIB), mais sont désormais en grande partie distribuées par les opérateurs et les collectivités territoriales, ce qui en a fait perdre progressivement la maîtrise à l'État. L'État actionnaire a dû ralentir fortement le flux de ses opérations, tant en matière de cessions que d'acquisitions ; il prélève, pour abonder ses recettes non fiscales, un taux de dividende (56 % du résultat) plus élevé que la moyenne des entreprises du CAC 40 (50 %).

Les dépenses fiscales en faveur du financement de l'économie ont doublé en cinq ans entre 2005 et 2010, et se heurtent au butoir des déficits publics ; leur croissance éventuelle n'est plus soutenable et leur remise en question d'actualité. Les cofinancements (partenariats public-privé) ont paru constituer une alternative, mais cette possibilité s'essouffle en raison d'une moindre attractivité pour le secteur privé et de coûts élevés pour les collectivités territoriales. Les garanties accordées par l'État (124 milliards d'euros d'en-cours de dette garantie en 2011) ne peuvent plus être utilisées autant qu'autrefois car le niveau de leurs en-cours peut influencer négativement la perception qu'ont les investisseurs extérieurs de la solvabilité de la France.

Enfin, le secteur public financier (groupe Caisse des dépôts, Oséo, Coface, Banque postale, etc.), fortement sollicité, porte des risques croissants sans que sa gouvernance, le niveau de ses fonds propres et sa supervision prudentielle aient été notablement améliorés.

Conclusion

Si les pouvoirs publics sont fragilisés, ils ne peuvent se priver des leviers permettant d'influencer l'économie et la société sur les moyen et long termes. D'ailleurs, garants de l'intérêt général, ils doivent être porteurs de ce type de vision. La crise des finances publiques et les demandes sociales étant fortes, il est cependant difficile de faire prévaloir cette logique. À terme, une maîtrise de la dette devrait permettre de récupérer des marges de manœuvre de nature à réinvestir dans les projets d'avenir, d'autant que d'autres pays agissent.

L'inertie ou l'attentisme n'est pas ici gage de temporisation mais fait perdre un temps précieux dans une compétition internationale qui s'est exacerbée. La France, par sa tradition de l'interventionnisme public, a les moyens de réagir et la société française est ici peut-être moins frileuse que les pouvoirs publics le supposent. À eux, au travers des prochains budgets, de porter un projet à moyen et long termes pour notre pays.

L'intervention de l'État dans l'économie consiste en l'utilisation de la politique budgétaire comme instrument de politique économique et sociale. Au cours des années 1930, l'opinion publique et la classe politique se sont progressivement ralliées à cette conception. À ce titre, les théories développées par John Maynard Keynes justifient l'intervention de l'État et sont fondées sur quatre axes :

- augmentation des dépenses publiques et extension de leurs domaines d'intervention... ;
- rôle redistributif et incitatif de la politique fiscale... ;
- intervention directe de l'État dans l'économie, par la détention d'entreprises, la mise en place de monopoles publics et la planification indicative... ;
- conséquences favorables du déficit et de l'emprunt public sur la croissance économique et le système financier : en période de crise, une hausse des dépenses publiques, même non financée par les ressources courantes, permet de soutenir le pouvoir d'achat des consommateurs et la demande s'adressant aux entreprises.

Après la Seconde Guerre mondiale, l'intervention de l'État dans l'économie augmente sensiblement, notamment pour son financement (nationalisations, grands projets industriels). L'État s'attache à reconstruire le pays, puis à contrôler le rythme de la croissance économique. Depuis la crise des années 1970 et 1980, l'intervention de l'État est de plus en plus contestée, notamment du fait du caractère peu soutenable de l'accumulation de déficits publics.

■ SUJET : LES COLLECTIVITÉS PUBLIQUES, ACTIONNAIRES

Proposition de plan détaillé

Éléments d'introduction

La période actuelle connaît un reflux de la puissance publique et l'essor d'un libéralisme condamnant l'intervention de l'État dans l'économie. Mais la question reste pertinente. Elle l'est en France où la tradition interventionniste reste vivace. Elle l'est aussi chez nos voisins puisque Mme Theresa May, Premier ministre du Royaume-Uni, n'a pas exclu, remettant ainsi en cause le dogme de Mme Tatcher (influencée notamment par les écrits de Friedrich Hayek), une intervention des pouvoirs publics pour réindustrialiser le pays (le gouvernement anglais, lors de la crise des *subprimes*, avait procédé à une nationalisation conjoncturelle de certaines banques fragiles dérogeant ainsi aux règles qu'il s'était fixées).

Par collectivités publiques, il faut entendre classiquement l'État - avec le désengagement qui a suivi la dernière période de nationalisations en 1981 -, mais également les collectivités territoriales qui peuvent être actionnaires de sociétés participant ou mettant en œuvre des politiques locales - notamment d'aménagement.

I. Un actionnaire public non négligeable malgré une logique de retrait surtout perceptible au niveau de l'État

A. Un État qui est depuis longtemps actionnaire

1. Une tradition interventionniste ancienne et un périmètre large

- Historiquement, l'État a facilité l'industrialisation de la France par son intervention parfois directe.
- Par ailleurs, deux grandes vagues de nationalisations ont eu lieu en 1946 et 1981, mettant aux mains de la puissance publique des moyens importants et des groupes de niveau mondial.
- Une volonté de faire, grâce à l'intervention de l'État, des « champions nationaux » capables d'être visibles et compétitifs au niveau international.
- Exemple du volontarisme du MITI japonais (sorte de ministère de l'Industrie et du Commerce) auquel les dirigeants français prêtaient un des motifs de la réussite de ce pays à l'exportation.
- L'intérêt général n'est pas antinomique des intérêts d'actionnaire de percevoir des dividendes.

2. Une influence indéniable qui devait permettre le pilotage de l'économie

La participation publique est censée permettre :
• une influence au sein des organes de direction ;
• une protection des industries de pointe contre des prises de contrôle « hostiles », notamment dans le domaine de la défense (Thalès ou EADS) ;
• la réorientation de certaines activités ou l'investissement dans certains secteurs perçus comme essentiels, stratégiques ou d'avenir.

B. Des collectivités territoriales qui se dotent d'outils suite à des avancées jurisprudentielles et législatives

1. L'évolution des règles de droit

• Les règles législatives et jurisprudentielles de l'intervention des collectivités territoriales dans la sphère économique ont longtemps été contraignantes.
• La décentralisation a donné des prérogatives aux collectivités qui ont utilisé ces outils.
• Des nouvelles formes juridiques sont créées (sociétés d'économie mixte ou récemment les sociétés publiques locales par exemple), qui permettent aux collectivités d'agir sur le plan économique *via* ces structures, ce que font les plus importantes d'entre elles.

2. Dans les secteurs structurants ou d'avenir

• Soit des secteurs structurants comme l'aménagement ou les transports. Toutes les grandes collectivités locales ou intercommunalités utilisent ce type de structure.
• Soit des secteurs d'avenir comme les énergies renouvelables depuis peu (2015).

II. Pour autant, la question de l'actionnariat public est régulièrement posée

Il y a la crainte d'une mauvaise allocation des moyens et parfois d'une concurrence biaisée (d'où le regard des instances communautaires en la matière, qui n'hésitent pas à sanctionner la France sur la base des règles européennes).

A. Une question cependant plus prégnante au niveau central qu'au niveau des collectivités territoriales

1. Parce que l'État actionnaire a connu des déboires

• L'Agence des participations de l'État, créée en 2004, incarne l'État investisseur avec une participation dans 77 entreprises (dont 13 sont cotées en Bourse comme Renault, PSA, Airbus Group, Air France-KLM, EDF...) représentant quatre secteurs d'activité : transports, énergie, industries et services finances. Les gains engendrés grâce aux différentes participations s'élevaient à plus de 4 milliards d'euros en 2011.
• Pour autant, l'État actionnaire a connu des déboires (déconfiture du Crédit lyonnais révélant des contrôles lacunaires) et des prises de décision pas toujours avantageuses (exemple de la vente du réseau autoroutier au moment où ce dernier commençait à rapporter de l'argent à l'État : décision mauvaise pour les finances publiques et pour le contribuable-usager).

2. Parce que les nécessités budgétaires sont présentes

• Le Premier ministre en exercice en 2013 a déclaré sur le plateau du 20 heures de TF1 qu'il ne s'agissait pas de vendre des participations pour « *boucher des trous budgétaires* » mais pour financer des investissements. La réalité est plus complexe et la vente d'actifs est souvent perçue (mais pas annoncée) comme une opération de bouclage budgétaire.
• De grandes vagues de privatisation en 1993 par exemple sont venues participer à la diminution d'un déficit budgétaire qui avait crû alors que la France connaissait pour la première fois depuis les Trente Glorieuses une croissance négative.

B. À l'inverse, les collectivités territoriales interviennent de plus en plus dans l'économie

La Révolution française (décret dit d'Allarde, 1791) prônait la liberté du commerce et de l'industrie, limitant drastiquement l'interventionnisme local. La jurisprudence du CE 30 mai 1930 « Chambre syndicale du commerce de détail de Nevers » apporte un changement permettant celui-ci en fonction des « *circonstances particulières de temps et de lieu* ».

1. Parce qu'elles ont désormais les outils adaptés

• À partir de 1982, une nouvelle phase d'interventionnisme local s'est ouverte avec les lois de décentralisation.

• Aujourd'hui, 1 200 entreprises publiques locales tentent de concilier intérêt général et atouts de l'entreprise sous l'impulsion et la maîtrise des collectivités territoriales (CT). Ce sont par exemple les sociétés publiques locales (SPL) : SA avec un capital détenu par au moins deux collectivités ou SPLA (sociétés publiques d'aménagement) dont le champ est moins large que les SPL. De même, les sociétés d'économie mixte (SEM) ou SEM à opération unique (capital mixte modulable - 34 % à 85 % du capital pour les collectivités et dissolution en fin de mission).
• Enfin, une loi de 2015 relative à la transition énergétique permet aux collectivités d'entrer dans le capital de sociétés qui produisent des énergies renouvelables.

2. Parce qu'elles en ont besoin pour mener certaines politiques publiques

• Certes des critiques existent sur ces sociétés qui seraient un moyen d'échapper au carcan des marchés publics et permettraient de placer des « amis » à des postes lucratifs.
• En effet, « on n'administre bien que de près ». Or, c'est un outil qui permet d'envisager des projets à moyen et long termes. C'est notamment le cas en matière d'aménagement.

Conclusion

L'État se veut désormais plus stratège qu'actionnaire. Pour autant, il n'a pas à se priver de ce levier qui permet une action sur la durée. De même, pour les collectivités territoriales, les outils sont utilisés et font leurs preuves. Les élus locaux ont intégré l'intérêt de participer à des sociétés dont les collectivités sont au capital.

■ SUJET : FINANCES PUBLIQUES ET INTERVENTION ÉCONOMIQUE AU REGARD DES RÈGLES EUROPÉENNES

Proposition de plan sommaire

Introduction

La crise économique et financière de 2008 a fortement diminué le niveau d'investissement des opérateurs économiques, tant privés que publics. Dans ce cadre, l'intervention économique, à savoir l'utilisation des dépenses publiques pour relancer l'économie par des investissements stratégiques, est nécessaire. Pourtant, elle est freinée par l'existence de dettes souveraines excessives, qui nécessitent un assainissement des finances publiques en même temps qu'un choix stratégique des investissements publics. Ainsi, l'état des finances publiques conditionne les modalités et l'étendue de l'intervention économique de la puissance publique.

Or les États ont transféré des compétences importantes aux institutions de l'Union européenne, ce qui implique un encadrement par celle-ci de leurs choix en matière d'intervention économique. Il faut donc étudier dans quelle mesure les règles européennes encadrent l'intervention économique de l'État et des personnes publiques. À cet égard, s'il est régulièrement souligné que les règles européennes contraignent les États en matière d'intervention publique à court terme, il convient aussi d'insister sur le fait qu'elles facilitent également (et de plus en plus) une intervention publique fondée sur des stratégies structurelles d'investissements publics.

I. L'Europe a limité l'intervention économique publique en contraignant les politiques conjoncturelles

A. Dès le traité de Rome, le droit européen a voulu limiter les aides d'État

1. Articles 107 et 108 TFUE (ex-87 et 88 TCE) : les aides d'État sont par principe interdites « *sous quelque forme que ce soit, qui faussent ou qui menacent de fausser la concurrence en favorisant certaines entreprises ou certaines productions* ». Les dérogations sont listées limitativement, sauf cas dans lesquels le Conseil accorde une dérogation non prévue par l'article 107.

2. L'article 108 précise le régime et la procédure de contrôle de ces aides, sous l'égide de la Commission européenne.

B. La monnaie unique a obligé les États à respecter des contraintes nouvelles

1. La politique monétaire de l'UE oblige à un assainissement des finances publiques des États membres de la zone euro. La perte d'autonomie dans la conduite de leur politique monétaire est réelle, en raison notamment :

• du triangle d'incompatibilité de Mundell-Fleming selon qui, dans un contexte international, une économie nationale ne peut atteindre simultanément les trois objectifs suivants : régime de change fixe, politique monétaire autonome, libre circulation des capitaux (mais si l'un de ces objectifs est abandonné, ici la politique monétaire, les deux autres deviennent réalisables) ;
• des critères de convergence obligatoires (les États disposent néanmoins de certaines marges de manœuvre) ;
• de la politique monétaire qui n'est pas isolée de la politique économique, et ne prive pas les États de toute marge de manœuvre en la matière... mieux, la stabilité offerte par la monnaie unique est un atout.

2. La politique budgétaire reste une compétence exclusive de l'État, même encadrée par le mécanisme de surveillance multilatérale européenne consacrée comme une réponse à la crise des dettes souveraines.
• TSCG (traité sur la stabilité, la coordination et la gouvernance) dit pacte budgétaire européen avec sa règle d'or et la limitation du déficit structurel.
• Pacte de stabilité modifié et ses « six-pack » (règlements ou directive) dont l'un renforce la discipline budgétaire et un autre crée une surveillance multilatérale des budgets publics.
• Loi organique du 17 décembre 2012 qui transpose l'ensemble des mécanismes européens et crée le Haut Conseil des finances publiques.
• La politique budgétaire reste à l'initiative de l'État, même encadrée par le mécanisme de surveillance (exemple : investissements d'avenir ou « grand emprunt »).
• il n'existe pas de mécanisme de solidarité financière même si certains ont vu dans la création des « eurobonds » une amorce de fédéralisme budgétaire européen (théorie de la ZMO ou zone monétaire optimale).

II. L'Europe permet néanmoins un cadre favorable à l'intervention économique à visée structurelle

A. Les fonds structurels européens visent une cohésion sociale et territoriale via *une relance de l'économie et de l'emploi à l'échelle de l'Union européenne*

1. Le rôle significatif des fonds structurels d'investissement (Fesi)

• Le Fonds européen de développement régional (Feder)
• Le Fonds européen agricole pour le développement rural (Feader)
• Le Fonds européen pour les affaires maritimes et la pêche (Feamp)
• Le Fonds social européen (FSE)

Ces fonds constituent les Fesi (fonds européens structurels et d'investissement).

L'UE confie aux États membres la gestion des crédits destinés à la cohésion sociale et territoriale, au développement rural, aux affaires maritimes et à la pêche. Pour la période 2014-2020, l'enveloppe de la France est de 26,7 milliards d'euros dont 8,4 pour le Feder, 6 pour le FSE et 11,4 pour le Feader. Cette enveloppe se décline à travers 83 programmes. Ce sont donc des sommes considérables dédiées à l'économie des États membres que ceux-ci peuvent mettre en œuvre avec l'aide de l'Union européenne.

Il existe aussi le Fonds de cohésion (pour les États ayant le plus de difficultés économiques, dont le PNB est inférieur à 90 % du PNB européen moyen). La France n'y a pas accès.

2. La visée d'une bonne gestion à moyen et long termes et la stratégie « Europe 2020 »

La loi Maptam prévoit que, pour la programmation 2014-2020, la gestion des fonds sera confiée aux régions, totalement (Feder) ou partiellement (FSE). Une commission interministérielle de coordination des contrôles (CICC) est chargée d'auditer l'utilisation des fonds sur des échantillons régionaux.

La Cour des comptes a déjà insisté, dans son rapport de 2015 sur la gestion des fonds structurels, sur la nécessité de réduire le nombre d'indicateurs de l'efficacité de la gestion, et d'un « *véritable pilotage de la performance* ». La gestion des fonds pour la période 2014-2020 introduit un mécanisme intéressant : la « réserve de performance » (6 % des fonds du Feder et du FSE sont gelés jusqu'en 2019, et ne seront débloqués que si la gestion a été performante dans l'ensemble des programmes).

B. Le plan Juncker pour la relance de l'investissement renforce et complète cette stratégie

1. Un plan ambitieux d'investissement pour relancer l'économie, en trois piliers pour la période 2014-2017

- Un pilier financier *via* le FEIS (Fonds européen pour les investissements stratégiques).
- La création de plates-formes numériques (conseil technique et création du Fonds européen d'investissement).
- Un pilier réglementaire pour lever les obstacles à l'investissement.

2. Une portée concrète en France

3,6 milliards sont attendus. Exemples : la Banque européenne d'investissement a pris une participation de 50 millions d'euros dans le fonds « Capenergie 3 », qui investit dans la création de parcs éoliens, fermes photovoltaïques et méthaniseurs. La BEI a aussi financé à hauteur de 18 millions d'euros la dépollution de friches industrielles, de 123 millions pour l'installation du très haut débit en Alsace...

La Commission européenne a proposé de prolonger ce dispositif de soutien à l'investissement au-delà des trois ans prévus initialement et d'augmenter les capitaux consacrés au soutien aux petites et moyennes entreprises, afin de répondre à l'ampleur de la demande de financements.

Conclusion

Les règles européennes constituent plus un encadrement qu'une limitation de l'intervention économique. C'est ce que considère le Conseil d'État dans son rapport de 2015 sur « L'action économique des personnes publiques ». Deux points d'orientation principaux sont à relever pour l'avenir de l'intervention économique :

- l'assainissement des finances publiques doit être poursuivi ;
- une meilleure articulation des règles européennes et des politiques nationales d'intervention économique est à souhaiter.

SUJET : L'ÉTAT ACTIONNAIRE

Proposition de corrigé rédigé

« *L'État ne peut pas tout.* » Cette phrase désormais célèbre de Lionel Jospin lors de la fermeture d'une usine Michelin à la fin des années 1990 résonne encore dans l'esprit des Français comme un aveu d'impuissance alors même qu'ils attendent beaucoup de la puissance publique. Ils sont en cela le fruit d'une histoire dans laquelle l'État a souvent été le moteur du développement économique. Sans remonter à Colbert, la reconstruction de la France à l'issue de la Première, puis surtout de la Seconde Guerre mondiale, doit beaucoup à l'intervention de l'État dans la sphère économique. Que cela soit pour des raisons morales (entreprises ayant collaboré avec l'occupant Renault) ou pour des raisons stratégiques (nationalisations des banques), la puissance publique a pris une part importante dans le développement et la croissance des Trente Glorieuses.

Or, tout flux a son reflux. Les idées libérales qui ont commencé à prospérer avec l'avènement de Margaret Thatcher puis Ronald Reagan ont posé pour préalable le désengagement de l'État de la sphère économique. En France, cela s'est traduit par une série de mouvements parfois contradictoires (vagues de nationalisations en 1981, de privatisations en 1986, de *statu quo* - avec le célèbre « ni-ni » de François Mitterrand -, privatisations de 1993...). Le nouveau ministre de l'Économie, Bruno Le Maire, parle de se séparer d'actions détenues par l'État, à hauteur de 10 milliards d'euros, pour financer l'innovation.

Aujourd'hui, l'État intervient notamment par le biais de l'Agence des participations de l'État créée en 2004. Si l'État actionnaire a connu des périmètres différents qui sont révélateurs de la place accordée à l'État dans le système économique (I), il connaît aujourd'hui un double phénomène de reflux et de rationalisation pour éviter la détention d'un portefeuille parfois incohérent (II).

I. Si l'État actionnaire a connu des périmètres différents qui sont révélateurs de sa place dans le système économique...

A. L'émergence d'un État actionnaire est liée à un contexte plus favorable en France mais cependant commun à bon nombre de démocraties avancées

1. Un contexte historique favorable

En France, économie et État sont indissociables. La volonté royale de créer des manufactures concurrençant les « usines » lombardes ou des Pays-Bas avait pour objectif de diminuer les importations de ces produits coûteux pour la cassette royale. De même, le volontarisme de Napoléon III en matière industrielle et bancaire a également permis de jeter durablement les bases d'un capitalisme français.

Les différents conflits mondiaux ont accéléré cette tendance. Dans une France exsangue après la Libération (1944-1945), l'État se doit d'intervenir sur tous les fronts pour reconstruire le pays. Les grands projets sont portés par la puissance publique avec des réussites majeures. L'État est interventionniste sans que cela ne soit perçu comme une menace.

Les Français sont le fruit de cette histoire et ont donc fait de l'État un intervenant économique à la fois majeur et banal.

2. La France n'est pas le seul État dans ce cas

Ainsi, les Anglais ont suivi le même modèle avec les différents gouvernements travaillistes jusqu'à l'arrivée au pouvoir de Mme Thatcher en 1979 (jusqu'en 1990).

Aux USA (y compris sous M. Reagan de 1981 à 1989) le modèle est différent avec un État actif mais intervenant plus par le biais du budget fédéral que par la prise de participations dans certaines entreprises. Ainsi, en doublant le budget de la défense, Ronald Reagan a soutenu les industriels comme Boeing sans qu'il soit nécessaire d'envisager une quelconque nationalisation. Pour autant, son discours était anti-étatique.

La différence majeure tient au calendrier, les idées libérales soutenues notamment par l'économiste Friedrich Hayek prennent le pas dans les pays anglo-saxons avant de connaître un certain succès en France.

Avec « la route de la servitude », Hayek en 1974 critique une Angleterre où, à l'époque, alternaient sans cesse interventionnistes de gauche et interventionnistes de droite. Hayek, qui avait assisté quelques années plus tôt à la montée du péril hitlérien, accuse cette classe politique unanimement convertie au « planisme », qui s'imagine en rempart contre le totalitarisme mais qui, selon lui, lui ouvre grande la voie. En dédicaçant son ouvrage « aux socialistes de tous les partis », il dénonce la social-démocratie et le dirigisme économique qui, en empiétant sur la liberté individuelle, creusent le lit de la servitude des peuples.

B. Une évolution du périmètre qui a tendu, en France, à une réduction du rôle de l'État dans l'économie

1. Le périmètre diminue grandement du fait des vagues successives de privatisations

Celles-ci ont été effectuées soit pour des raisons idéologiques (émergence d'une « vague » libérale à travers le monde et prévalence d'un modèle anglo-saxon qui fait de l'État non la solution aux problèmes mais bien un problème) soit pour des raisons pragmatiques (faire rentrer de l'argent dans les caisses de l'État pour satisfaire au critère de déficit inférieur à 3 % du PIB mis en œuvre dans le cadre du traité de Maastricht). Dans ce cadre, l'État a parfois vendu des participations mais sans qu'une réflexion globale sur le périmètre des interventions soit menée. La vente d'actifs possédés par l'État a par ailleurs été controversée car des critiques ont émergé sur les prix de cession ou sur les acteurs bénéficiaires de ces cessions. Édouard Balladur, ancien Premier ministre, les a justifiées par la nécessité de faire émerger des « champions nationaux » capables de résister, voire de concurrencer, les entreprises étrangères dans la compétition mondiale.

2. L'État actionnaire ne doit cependant pas être vu comme le seul moyen d'intervention de la puissance publique entendue au sens large

Tout d'abord, il existe d'autres acteurs publics qui interviennent dans la sphère économique (certes pas par le biais de participations à des entreprises mais par le biais d'un soutien à l'activité : ainsi les collectivités territoriales représentent 70 % de l'investissement public en France).

De même, le rôle de la Caisse des dépôts et consignations (CDC) doit être souligné. Cet organisme méconnu des Français et créé en 1816 est au centre du financement de l'économie française. La CDC assure des missions d'intérêt général - par exemple la gestion des fonds d'épargne (livret A, LDD, etc.) et le financement du logement social par l'intermédiaire de ces fonds -, des missions de développement des entreprises - par exemple la société anonyme BPI France est détenue à 50 % par la CDC -, des missions de service et un rôle d'investisseur institutionnel qui s'est grandement renforcé depuis le milieu des années 2000 - la CDC est représentée au conseil d'administration des grandes entreprises, notamment du CAC 40, car elle détient notamment 6 % de Valeo ou 4 % des actions Danone.

À ce titre, des entreprises peuvent appartenir au secteur public sans être gérées par l'APE (par exemple Eiffage détenue en partie par la Banque publique d'investissement ou la Compagnie des Alpes détenue en partie par la Caisse des dépôts et consignations). De même la plupart des établissements publics à caractère industriel et commercial (Epic) ne sont pas gérés par l'agence.

II. … l'État actionnaire connaît aujourd'hui un double phénomène de reflux et de rationalisation pour éviter la détention d'un portefeuille parfois incohérent

L'État actionnaire a vu son portefeuille diminuer en même temps que l'État essayait, non sans mal, de le rationaliser.

A. Rationalisation et reflux ont été menés quasi simultanément

1. La création de l'APE pour incarner l'État actionnaire

L'Agence des participations de l'État (APE) est un service à compétence nationale créé en 2004. Elle incarne l'État actionnaire, investisseur en fonds propres dans des entreprises jugées stratégiques par l'État, pour stabiliser leur capital ou les accompagner dans leur développement ou leur transformation. Elle est sous la tutelle du ministre de l'Économie et des Finances. Son engagement : « *Assurer le suivi des participations, avec le souci permanent de la valorisation dans la durée du patrimoine des Français. En actionnaire de référence, patient mais exigeant, et en administrateur responsable, accompagner les entreprises dans leur développement, en veillant à la cohérence de leur stratégie, à la qualité de la gouvernance et au respect des meilleures pratiques en matière de responsabilité sociale et environnementale. En investisseur avisé, veiller à la juste rémunération des fonds propres et, dans la composition du portefeuille, à l'optimisation du rendement stratégique de l'euro public investi* » (site economie.gouv.fr).

2. La transparence induite

La création de l'APE a eu pour conséquence directe une volonté de donner une information claire sur le rôle de l'État actionnaire. Certes, l'article 142 modifié de la loi n° 2001-420 du 15 mai 2001 relatif aux nouvelles régulations économiques prévoyait que le gouvernement disposait tous les ans, à compter de 2000, d'un rapport relatif à l'État actionnaire (REA) – un « jaune budgétaire » transmis au Parlement pour information et contrôle constitué des quatre parties principales suivantes : analyser la situation économique des entités significatives contrôlées par l'État ; présenter les comptes combinés de ces entités et exposer fidèlement leur situation financière ; retracer les opérations de transfert au secteur privé réalisées ainsi que les produits encaissés par l'État ainsi que leurs utilisations ; dresser le bilan par l'État de sa mission d'actionnaire et apporter également des éléments concernant la stratégie commerciale et industrielle et la politique de l'emploi des entreprises publiques.

Cependant, publié jusqu'en 2003 par le service des participations du Trésor sous une forme succincte, le REA s'est sensiblement étoffé avec la création de l'APE en 2004. L'un des objectifs assignés à l'APE a été en effet l'amélioration de la qualité et de la régularité de l'information fournie par l'État actionnaire, au Parlement comme aux citoyens.

B. Un portefeuille qui manque parfois de cohérence et qui n'est pas toujours « rentable » pour l'État actionnaire

1. La crise de 2008 a bousculé la cohérence d'ensemble

Produit d'une stratification historique, le portefeuille détenu directement ou non par l'État est aujourd'hui à la fois étendu et très divers, tant au regard des secteurs d'activité concernés que du poids de l'État au sein des entreprises ou des formes juridiques existantes. Avec 81 entreprises relevant de son périmètre, l'APE est présente dans quatre secteurs d'activité : transports, énergie, services et finance, industrie.

Parmi les 13 entreprises actuellement cotées en Bourse, les niveaux de détention sont extrêmement variables comme la possibilité, ou non, de les faire varier : le législateur a fixé un seuil de détention publique de 50 % pour ADP. De même, la loi prévoit un seuil minimum de 70 % pour EDF et d'un tiers pour Engie. Les sociétés anonymes sont très largement majoritaires au sein du portefeuille de l'État actionnaire (près de 70 %) mais d'autres formes de statuts juridiques existent avec 6 établissements publics à caractère industriel et commercial (BPI France, SNCF Mobilités, RATP, SNCF Réseau, la Monnaie de Paris et Charbonnage de France), 3 établissements publics à caractère administratif, 14 établissements publics (principalement des grands ports maritimes et un établissement public international, l'aéroport de Bâle-Mulhouse-Fribourg) et 4 sociétés anonymes d'économie mixte.

2. Un actionnaire parfois peu exigeant

Le récent rapport du 25 janvier 2017 de la Cour des comptes pointe le bilan médiocre de la performance économique des entreprises à participation publique. En cause, notamment, les entreprises (dont EDF, Engie, SNCF ou Renault) relevant de l'Agence des participations de l'État (APE). Selon la cour, « *l'année 2015 fait ainsi apparaître, pour la première fois depuis la création de l'APE, un résultat d'exploitation et un résultat net combinés négatifs* ». Au-delà, les magistrats soulignent une rentabilité financière (résultat net sur capitaux propres) en constante chute entre 2010 et 2015 et la dégringolade de la valeur du portefeuille coté des entreprises relevant de l'APE. Au 31 décembre 2016, celle-ci s'élevait à 59,8 milliards d'euros, contre 87,6 milliards au 31 décembre 2010, soit une baisse de 29 %, lorsque dans le même temps le CAC 40 a grimpé de 28 %. Le tout emporté par l'écroulement des valeurs du secteur de l'énergie : EDF, Areva et Engie.

Pour les finances publiques, l'évolution du portefeuille de l'État a également été « *décevante* », selon la Cour des comptes. Sur la période 2010-2015, l'État a cédé pour 8,5 milliards d'euros d'actifs, investi 8 milliards et reçu 25,9 milliards d'euros de dividendes, et encore, cela tend à baisser d'année en année. Sur cette période, selon la Cour des comptes, la contribution au désendettement de l'État a été modeste : 2,3 milliards d'euros en six ans. La cour propose de « redimensionner » le portefeuille de l'APE.

Par ailleurs, le contrôle de l'État sur l'APE a été également critiqué. En tout état de cause, il y a conflits d'objectifs et d'intérêts permanents auxquels l'État actionnaire est en butte du fait de ses autres « casquettes » de régulateur, de client, de financeur, de politique...

Conclusion

Il peut y avoir une réflexion sur le périmètre d'intervention car l'État peut dégager des milliards de produits de cession en ajustant à la marge son portefeuille sans perte de son pouvoir d'influence, voire de décision. « *Le principal vice du système, c'est que l'État n'a ni vision ni projet. Il agit en permanence dans l'urgence* », résume un expert de la sphère publique.

SUJET : L'AGENCE FRANCE TRÉSOR

Note technique

Créée par un arrêté du 8 février 2001, l'Agence France Trésor (AFT) a pour missions de gérer la dette et la trésorerie de l'État. Elle est un service à compétence nationale placé sous l'autorité du directeur du Trésor et rattaché à Bercy. L'Agence France Trésor ne gère que la dette de l'État.

I. Les missions de l'AFT : gestion de la dette et de la trésorerie de l'État

A. Dette et trésorerie

La dette de l'État est le total des engagements financiers de l'État. Elle résulte du cumul des besoins de financement de l'État, c'est-à-dire de la différence, année après année, entre ses produits (recettes fiscales, produits de privatisations, etc.) et ses charges (dépenses budgétaires, prises de participation, etc.).

Il existe une dette négociable, c'est-à-dire contractée sous forme d'instruments financiers échangeables sur les marchés financiers (bons du Trésor et obligations) et une dette non négociable, correspondant aux dépôts de certains organismes (collectivités territoriales, établissements publics, etc.) sur le compte du Trésor et qui constitue, elle aussi, un moyen de financement de l'État.

L'AFT est chargée de pourvoir aux besoins de la trésorerie de l'État de sorte que celui-ci soit en mesure de respecter à tout moment ses engagements financiers : les prévisions d'encaissement et de décaissement de l'État et des correspondants du Trésor sont en permanence mises à jour et l'exécution des flux est surveillée pour faire face à tout besoin de trésorerie ponctuel. La stratégie de l'AFT est de se placer dans une perspective de long terme tout en restant proche du marché. Elle favorise la liquidité sur l'ensemble des produits qu'elle émet, dans un objectif d'innovation et de sécurité. Le flux quotidien de trésorerie sur le compte de l'État est de 22,3 milliards d'euros, ce qui conduit à gérer la trésorerie avec beaucoup de professionnalisme en raison de l'enjeu que cela représente pour les finances publiques.

B. Pour couvrir les besoins de financement de l'État, l'AFT émet des titres de durées différentes au nom de l'État

Pour couvrir les besoins de court terme (à moins d'un an), l'AFT émet des bons du Trésor à taux fixes et intérêts précomptés (BTF). La plupart des émissions à plus d'un an se font par des obligations assimilables du Trésor (OAT) qui sont des titres dont les intérêts sont post-comptés (le terme assimilable signifie que l'État peut émettre une obligation entièrement nouvelle ou rattacher une nouvelle émission à une tranche existante dont les caractéristiques sont exactement les mêmes, ce qui est plus simple). On trouve des OAT émises à moyen terme pour une durée comprise entre 2 et 7 ans et des OAT émises à long terme pour une durée allant de 7 à 50 ans.

L'État émet régulièrement des OAT dont le rendement suit l'inflation en France (depuis 1998) ou dans l'Union européenne (depuis 2001). Au total, 10 % des émissions annuelles sont indexées sur l'inflation. En janvier 2017 a été émise la première OAT verte d'un montant de 10 milliards d'euros destinés à financer la transition énergétique (avec un terme en 2039).

Les titres émis par l'État ont deux utilités pour les investisseurs : ils rapportent des intérêts mais ils peuvent aussi se revendre sur les marchés et générer des plus-values ou des moins-values.

Les taux des obligations d'État ont fortement baissé et sont passés pour les obligations à moyen et long termes de 5,27 % en 2000 à 0,63 % actuellement. Pour les titres d'une durée inférieure à 7 ans, les taux sont toujours négatifs en 2017. En revanche, pour une durée de 50 ans, le taux moyen était de 1,98 % en mai 2017.

II. Pour diffuser les titres d'État français, l'AFT a recours à des spécialistes en valeurs du Trésor (SVT), qui sont des banques sélectionnées tous les trois ans, selon des critères exigeants

En 2017, l'AFT a accrédité 16 SVT qui diffusent les titres auprès des investisseurs *via* de puissants réseaux. Quatre sont de grandes banques françaises (BNP Paribas, Crédit agricole-CIB, Natixis et Société générale), six sont des banques européennes (HSBC, Barclays, Commerzbank, Deutsche Bank, Royal Bank of Scotland et UBS), cinq sont des banques d'Amérique du Nord (Bank of America, Citigroup, Goldman Sachs, JP Morgan et Morgan Stanley) et une est une banque japonaise (Nomura). Ces banques achètent par avance des titres d'État à l'AFT en s'engageant à les revendre auprès des investisseurs institutionnels ou particuliers.

Pour la diffusion des titres français sur le marché primaire, la banque HSBC est la plus performante (nouvelles émissions) ; pour la revente des titres français sur le marché secondaire (anciennes émissions), c'est JP Morgan qui est la plus active.

A. Les sommes en jeu sont considérables car le besoin de financement de l'État est important

Il correspond en gros à la somme du capital que l'État doit rembourser au cours de l'année budgétaire + le montant du déficit prévisionnel inscrit en loi de finances. Ce besoin de financement de l'État est fixé chaque année par la loi de finances initiale. Pour 2007, le besoin de financement de l'État était de 102,5 milliards d'euros, puis avec la crise ce besoin est passé à 246,4 milliards d'euros en 2009 pour redescendre progressivement à 185,4 milliards pour 2017. Pour couvrir cette dette, l'AFT doit émettre chaque mois plusieurs emprunts. La dette brute de l'État et de ses opérateurs s'élevait fin 2016 à un total de 1 722,6 milliards d'euros. Sur le total de la dette brute de l'État et de ses opérateurs, la dette négociable de l'État représente une part écrasante de 94 %.

La dette négociable de l'État est détenue pour 57,7 % par des non-résidents en 2017, ce qui signifie qu'elle a été achetée sur le marché primaire par des investisseurs n'ayant pas la qualité de résident français au sens fiscal. Mais l'achat peut être fait par un investisseur étranger pour le compte d'un investisseur français, et les titres peuvent toujours être revendus sur le marché secondaire. Est-il négatif que la dette française soit détenue par les non-résidents ? Ce serait plutôt bon signe car cela montre que les obligations françaises attirent les investisseurs étrangers. La plupart des investisseurs qui achètent les titres d'État sont des investisseurs institutionnels : compagnies d'assurances, caisses de retraite et de prévoyance, gestionnaires d'actifs, fonds de pensions ou banques. Les investisseurs privés sont peu nombreux sur les marchés obligataires car les titres d'État ne sont que des valeurs de fond de portefeuille dont le rôle est de garantir une part de sécurité par rapport aux autres placements.

B. L'organisation de l'AFT

L'agence est composée de 41 agents de l'État occupant des fonctions tant opérationnelles (trésorerie, opérations de marché, contrôle des risques et post-marché ou informatique) que d'analyse (modélisation, économie et droit) et de communication.

Outre un directeur général, l'AFT compte un directeur adjoint et un secrétaire général. Pour mener à bien ses missions, elle est divisée en huit unités ou cellules : trésorerie, dette, post-marché, recherche opérationnelle, macroéconomie, communication et information, informatique, contrôle interne et contrôle des risques. Un comité stratégique, composé de dix hautes personnalités du monde de la finance, se réunit deux fois par an pour fixer les grandes orientations. En 2017, son président était M. Jacques de Larosière, ancien gouverneur de la BDF, ancien DG du FMI et président d'Eurofi. On a reproché à ce conseil de surveillance de ne faire siéger aucun représentant du Parlement.

Parmi les évolutions à venir, il est prévu que l'AFT gère désormais les émissions de titres destinés à couvrir les besoins de la caisse d'amortissement de la dette sociale.

3| THÈME : GESTION PUBLIQUE ET PERFORMANCE DANS LES SERVICES PUBLICS

SUJET : L'APPRÉCIATION DE LA PERFORMANCE DES SERVICES PUBLICS PAR LES JURIDICTIONS FINANCIÈRES

Proposition de corrigé

Introduction

L'article 15 de la Déclaration des droits de l'homme et du citoyen de 1789, « *la Société a le droit de demander compte à tout Agent public de son administration* », préfigure la place et le rôle des juridictions financières (Cour des comptes et chambres régionales des comptes). Sa version moderne pourrait être « s'assurer du bon emploi de l'argent public, en informer le citoyen » à un moment où celui-ci, nourrissant une défiance vis-à-vis des élus, a besoin d'être rassuré. Il est admis que dorénavant, les services publics doivent être délivrés de manière à respecter les trois principes d'économie (moyens alloués en temps utile, dans des conditions de quantité, de qualité et de coût appropriées), d'efficience (bon rapport entre les moyens et les résultats) et d'efficacité (bonne relation entre les objectifs et les résultats). Ces principes supposent, de la part des gestionnaires, la mise en œuvre de méthodes de gestion appropriées : la définition d'objectifs opérationnels, de préférence inscrits dans un plan stratégique pluriannuel, assortis d'indicateurs permettant leur suivi sur la base d'une mesure des activités et des résultats ; la hiérarchisation des priorités... la mise en œuvre la plus efficiente des moyens, en recherchant les modes d'approvisionnement, d'organisation ou de gestion les plus économes en ressources.

Si le citoyen par son vote porte l'appréciation ultime sur la qualité des services publics, encore faut-il que ce vote soit « éclairé ».

Fondées sur une approche portant plus sur la régularité, les juridictions financières ont évolué vers une appréciation de la performance des services publics (I). Dès lors, elles se sont dotées d'outils et de compétences nécessaires à l'accomplissement de cette mission (II).

I. D'une appréciation de la régularité des comptes publics à une appréciation de la performance des services

A. Le rôle de juge des comptes constitue la mission première des juridictions financières

1. Ce rôle n'implique ni évaluation des politiques publiques ni appréciation sur la performance des services publics

Le modèle juridictionnel de la Cour des comptes française - et des chambres régionales des comptes créées au moment de la décentralisation -, plus que bicentenaire, a fait ses preuves et essaimé dans de nombreux autres pays francophones. Mais il est au départ axé sur le contrôle du comptable public et le jugement des comptes. De cette mission de jugement, les juges financiers tirent leur qualité de magistrats.

Dotées régulièrement de nouvelles missions par le législateur ou la Constitution, les juridictions financières se sont efforcées d'évoluer pour renforcer leur propre efficacité et leur efficience. Elles conduisent leurs travaux avec une approche plus large que le seul angle comptable ou celui de la conformité à la réglementation de la dépense publique qui a longtemps été leur axe d'approche. Quand elles procèdent à l'évaluation d'une politique publique, elles comparent les résultats et les moyens qui lui sont consacrés aux objectifs qui lui sont assignés, répondant ainsi pleinement à la définition de l'examen de la gestion telle qu'elle ressort du code des juridictions financières.

En cela, si la mission de jugement reste d'actualité, elle est complétée de nouvelles missions dont celle portant sur l'appréciation de la performance.

2. Mais il fonde les prérogatives qui seront utiles à cette mission

Cette qualité de juge des comptes est à la base de prérogatives qui sont utiles et utilisées. C'est le cas du délit d'entrave prévu par le code des juridictions financières (aussi bien pour la Cour que pour les chambres régionales des comptes). Il s'agit d'une infraction pénale constituée par le fait de faire obstacle à l'exercice des pouvoirs d'investigation des magistrats des juridictions financières. Cette prérogative permet aux juridictions financières d'obtenir toutes les informations nécessaires à la rédaction de leurs observations et recommandations.

Il en est de même des pouvoirs d'investigation du juge financier qui, sans avoir l'étendue de ceux du juge d'instruction, lui permettent d'obtenir les données nécessaires pour formuler des observations étayées et fondées. Cela étant, dans la plupart des contrôles, les rapports entre les équipes de contrôle et les services contrôlés sont parfaitement professionnels et basés plus sur un débat partenarial que sur un mode inquisitorial.

Enfin, l'indépendance de l'institution tient aussi à celle de ses membres, les magistrats financiers étant inamovibles : à la différence des rapports des inspections placées auprès des ministres, les rapports produits par ces juridictions sont accessibles à l'ensemble des citoyens.

B. Les juridictions financières répondent ainsi aux changements de périmètre de l'action de l'État, aux mouvements de décentralisation et aux attentes des citoyens

1. La fin du contrôle a posteriori *et la nécessité d'un contrôle des comptes*

Les chambres régionales et territoriales des comptes (CRTC) ont été créées lors du mouvement de décentralisation, en 1982. En contrepartie de la libre administration accordée aux collectivités territoriales, le législateur a confié le contrôle *a posteriori* de leurs comptes et de leur gestion à ces juridictions indépendantes. C'est dans ce cadre que les chambres régionales des comptes ont, peu à peu, forgé les outils et méthodes permettant d'apprécier le service rendu aux citoyens. La Cour des comptes a pour sa part vu évoluer ses missions en s'adaptant aux changements de périmètre de l'action de l'État et en s'intéressant à des thématiques jusque-là peu ou non contrôlées (cas des associations faisant appel à la générosité publique comme les Restaurants du cœur ou la Ligue contre le cancer). Les récentes réformes donnant aux juridictions financières la possibilité de contrôler les cliniques privées sont également une illustration de cette extension des missions.

2. Les attentes sociales fortes en période de ressources contraintes

La Constitution dispose que la Cour des comptes, « *par ses rapports publics, contribue à l'information des citoyens* ». Afin de répondre à cette mission, la Cour rend publique une part croissante de ses travaux, qu'elle diffuse de plus en plus largement. Les rapports publics de la Cour sont mis en ligne sur le site internet des juridictions financières et annoncés sur ses comptes Twitter et Facebook. Les médias permettent également à chaque citoyen d'en prendre connaissance. Ils sont par ailleurs édités par la Documentation française. Il en va de même des observations des chambres régionales des comptes qui sont publiques (après réponses des ordonnateurs et présentation du document à l'assemblée délibérante).

La Cour peut publier ses observations définitives sous la forme de rapports thématiques, d'insertions à son rapport public annuel ou à son rapport sur la Sécurité sociale et, depuis 2012, de référés. Depuis 2014, des rapports particuliers sur les entreprises publiques sont également publiés. En 2017, la Cour a produit un rapport très critique sur l'État actionnaire. Ces publications permettent de donner une traduction concrète à l'article 15 de la Déclaration des droits de l'homme et du citoyen.

À titre d'exemple, la Cour s'intéresse à la performance du secteur éducatif. Après ses rapports de 2010 (« L'Éducation nationale face à la réussite de tous les élèves »), 2013 (« Gérer les enseignants autrement ») et 2015 (« Le suivi individualisé des élèves »), elle a publié un rapport thématique consacré au lycée. Relevant l'objectif quantitatif d'amener 80 % d'une classe d'âge au niveau du baccalauréat, elle a observé que le coût moyen d'un lycéen français est 38 % plus élevé que dans les autres pays de l'OCDE et que, sur le plan qualitatif, les résultats sur le marché du travail des bacheliers professionnels ressortent en France comme très moyens. Cet écart s'explique par un temps d'instruction reçu par les élèves beaucoup plus important, alors même que les heures d'enseignement dispensées par les enseignants sont plus faibles, et par une taille moyenne des structures plus petite. Le lycée français se caractérise par une offre de formation très diversifiée et une scolarité sanctionnée par un examen final, le baccalauréat, à la structure complexe et dont l'existence même est régulièrement remise en question.

II. Les juridictions financières se sont dotées des outils et compétences nécessaires à l'appréciation de la performance

A. L'adaptation par la création d'outils et le recrutement de compétences variées

1. La création d'outils permettant de répondre à cette thématique

La façon dont chaque année le RPA (rapport public annuel) de la cour est organisé - avec des exemples nationaux et locaux - est une illustration des changements intervenus. Ainsi, dans son rapport public annuel de 2011, la Cour des comptes a consacré un chapitre aux services publics de l'eau et de l'assainissement. Le rapport a présenté notamment les progrès réalisés ces dernières années en matière de transparence (contenu du rapport annuel du délégataire, transparence du prix de l'eau...), amélioration de la qualité de service rendu à l'usager, pilotage des services et contrôle de la performance, transparence dans le choix du mode de gestion et amélioration des conditions de négociation des contrats de délégation de service public.

De même, le rapport 2016 de la Cour des comptes a rappelé « *l'urgence de moderniser les services publics* ». Face aux multiples dysfonctionnements constatés dans des domaines très variés de l'action publique, les magistrats financiers préconisent d'anticiper davantage les besoins, d'identifier plus sérieusement les investissements réellement pertinents et de conduire la modernisation des services publics locaux ou nationaux en s'armant d'une méthode rigoureuse, d'un accompagnement au changement et d'un calendrier approprié. Ces bonnes résolutions sont « *à la portée des décideurs publics* », assure Didier Migaud, premier président de la Cour des comptes, qui les invite à « *faire preuve de détermination, accorder davantage d'attention aux résultats de leurs décisions et viser une plus grande efficience et une plus grande clarté de l'action publique* ». Selon lui, « *une dépense d'investissement n'est pas vertueuse par principe* », remettant ainsi en cause de nombreux discours en la matière.

Pour mener à bien cette mission, les juridictions se dotent d'outils d'analyse financière plus efficaces. Elles créent des guides d'enquêtes et, surtout, elles travaillent de concert dans des enquêtes interjuridictions qui permettent de mieux cerner les pratiques sur l'ensemble du territoire.

Exemples d'enquêtes communes publiées dans le rapport public annuel 2015 :
- les transports publics urbains de voyageurs ;
- l'avenir des stations de ski des Pyrénées ;
- les partenariats public-privé des collectivités territoriales.

Exemples d'enquêtes propres à une CRC publiées dans le rapport public annuel 2015 :
- les centres de gestion de la fonction publique territoriale en Rhône-Alpes et dans le Puy-de-Dôme ;
- les aéroports de Dôle et Dijon.

2. Des compétences diversifiées

Les d'outils ne suffisent pas. Il faut aussi des compétences humaines pour mieux apprécier la performance des services publics. Le recrutement initial ENA s'est ainsi diversifié. La présence de directeurs d'hôpitaux, de sous-préfets et préfets, d'ambassadeurs ou d'administrateurs territoriaux dans les juridictions financières est un gage de diversité qui permet de mettre à profit leurs connaissances en matière de politiques publiques et de mise en œuvre des services publics. De même, la mobilité des magistrats dans d'autres administrations (État, fonction publique hospitalière ou territoriale) s'inscrit dans cette nécessité d'être confrontés à la mise en œuvre, sur le terrain, de politiques au service des citoyens.

B. Une production désormais tournée vers cette appréciation

Même si les missions des juridictions se sont multipliées, cette approche est désormais essentielle et souvent centrale.

1. Une production contredite, nuancée et lisible par tous

Le caractère contradictoire de la procédure est un principe général posé en matière juridictionnelle que les juridictions financières appliquent également aux contrôles non juridictionnels (examens de gestion et contrôles budgétaires notamment).

Conformément à la loi, les contrôles de la cour et des chambres donnent lieu à des recommandations de mesures ou de réformes à destination des organismes contrôlés et de leurs autorités de tutelle. Ce faisant, les juridictions financières aident le gouvernement, le Parlement et les responsables publics à remédier aux dysfonctionnements constatés et, de manière générale, à améliorer l'efficacité et l'efficience de l'action publique.

Elles assurent un suivi rigoureux de la mise en œuvre de leurs recommandations, sur la base des comptes rendus que doivent fournir leurs destinataires. Le suivi porte sur les recommandations publiées au cours des trois dernières années, délai nécessaire à la conduite de certaines réformes. Il permet d'élaborer le principal indicateur de performance de la cour, au sens de la Lolf.

Plus des deux tiers des recommandations de la cour sont, partiellement ou totalement, suivis d'effets. Il en est de même pour les chambres régionales des comptes. D'ailleurs, au niveau local, les recommandations et le sort réservé à celles-ci doivent faire l'objet d'un rapport présenté aux assemblées délibérantes.

2. L'interdiction de porter une appréciation sur l'opportunité des politiques suivies

Le nouvel article L. 211-3 du code des juridictions financières est clair : « *L'examen de la gestion porte sur la régularité des actes de gestion, sur l'économie des moyens mis en œuvre et sur l'évaluation des résultats atteints par rapport aux objectifs fixés par l'assemblée délibérante ou par l'organe délibérant. L'opportunité de ces objectifs ne peut faire l'objet d'observations.* » En aucun cas les juridictions financières ne décident des politiques à suivre ou des services publics à mettre en œuvre (ou à supprimer). Elles chiffrent les coûts engendrés et mesurent, lorsqu'elles le peuvent, les écarts entre l'« annoncé » et le « réalisé ». Elles n'ont en aucun cas vocation à décider à la place des élus.

Conclusion

Les juridictions financières accompagnent les gestionnaires publics pour assurer le succès d'une gestion axée sur la performance. D'où l'intérêt de la pratique dorénavant admise des recommandations qui ne se substituent en rien aux gestionnaires mais qui orientent ces derniers vers une plus grande efficacité de leurs gestions. La cour et les chambres régionales et territoriales des comptes ne sont là ni pour plaire ni pour déplaire, mais pour dire ce qu'elles ont constaté à l'issue de leurs enquêtes, sans parti pris. Elles se veulent utiles. En portant une appréciation sur la performance des services publics, elles ambitionnent de permettre aux citoyens de disposer de services publics efficaces, à un coût raisonnable, gage de durabilité.

LES QUATRE MISSIONS DES JURIDICTIONS FINANCIÈRES (COUR DES COMPTES ET CHAMBRES RÉGIONALES ET TERRITORIALES DES COMPTES)

- Juger les comptes des comptables publics ce qui peut conduire à mettre en jeu la responsabilité personnelle et pécuniaire d'un comptable public (ou d'un comptable de fait, c'est-à-dire une personne qui manipule de l'argent public sans en avoir le droit) si un déficit ou un manquement ont été constatés, si une recette n'a pas été recouvrée ou si une dépense a été irrégulièrement payée...
- Contrôler « partout où de l'argent public est engagé »...
- Certifier (pour la cour) les comptes de l'État et du régime général de la Sécurité sociale. En outre, en vertu de la convention signée en 2013 par son président, le président du Sénat et celui de l'Assemblée nationale, la Cour certifie chaque année les comptes des deux assemblées. De plus, conformément à l'article 110 de la loi portant sur la nouvelle organisation territoriale de la République (NOTRe) la Cour des comptes conduit, en liaison avec les chambres régionales des comptes, une expérimentation de dispositifs destinés à assurer la régularité, la sincérité et la fidélité des comptes des collectivités territoriales et de leurs groupements.
- Évaluer, car la Cour assiste le Parlement et le gouvernement dans l'évaluation des politiques publiques. Elle cherche à vérifier si les résultats d'une politique publique sont à la hauteur des objectifs fixés, et si les moyens budgétaires sont utilisés de manière efficace et efficiente.

SUJET : COMMENT LA PERFORMANCE S'APPLIQUE-T-ELLE AUX SERVICES PUBLICS DEPUIS 2006 ?

Comment aborder le sujet

C'est un sujet technique qui peut rapidement devenir technocratique et ennuyeux. Il faut donc le rendre intéressant, grâce à des exemples concrets qui le rendront vivant. On veillera à être précis. Pour cela, on donnera quelques chiffres sans en fournir trop.

C'est un sujet qui nécessite de bien connaître l'organisation et le fonctionnement de l'administration, en particulier sa logique « lolfienne » puisque la Lolf a modifié radicalement (et dans un consensus politique qui est à noter) la manière de concevoir et de retranscrire budgétairement l'action publique.

Proposition de corrigé rédigé

Introduction

La réforme du budget de l'État a institué en France un système de gestion de la performance qui était en vigueur dans de nombreux pays développés depuis le milieu du XXe siècle.

La notion de performance renvoie aux résultats des athlètes et sportifs qui ne cessent de s'améliorer. Être performant, c'est atteindre ses objectifs, tenter de les dépasser, progresser.

Pour les services publics, la performance n'est pas une règle générale d'organisation dans la mesure où le but des administrations publiques est la satisfaction de l'intérêt général conçue comme une globalité qui obéit à des règles spécifiques relevant d'une autre sphère que le secteur privé.

La réforme du budget de l'État impulsée par la loi organique relative aux lois de finances (Lolf) du 1er août 2001 a mis en place un système de gestion de la performance en France. Ce texte a été appliqué progressivement entre 2002 et 2006, les administrations de l'État sont passées dans un nouveau système inspiré par le concept de « nouvelle gestion publique » (*new public management*) qui applique au public les méthodes du privé pour améliorer le rapport coût-efficacité.

La recherche de la performance et l'évaluation seront de plus en plus utilisées pour mesurer l'efficacité des politiques publiques et leur capacité à atteindre les objectifs fixés.

Cette démarche s'appréhende au travers de différents « indicateurs de performance » dont le choix n'est pas neutre. Elle se traduit concrètement par des normes législatives et réglementaires conçues pour que leur application accroisse de plus en plus la qualité du service par rapport à son coût. La Cour des comptes y veille.

I. Les niveaux de performance appliqués aux services publics

Les services publics mesurent la performance grâce à la détermination d'indicateurs. Un indicateur est un instrument de mesure qui donne de l'information ; une variable qui permet de mesurer des changements.

Choisir un indicateur, c'est choisir les méthodes de recueil de l'information selon la source : analyse documentaire, observation, mesure, enquêtes, etc. Il faut plusieurs indicateurs pour évaluer les aspects d'un même critère mais limiter leur nombre pour que la recherche de performance reste réalisable.

La mortalité est un critère de l'état de santé des nourrissons, le taux de mortalité infantile est un indicateur ; la pauvreté est un critère de la situation de précarité, un de ses indicateurs est le revenu mensuel moyen ; la fréquentation des salles de cinéma est un indicateur de l'activité culturelle d'une population.

La performance est mesurée selon trois niveaux d'indicateurs correspondant à des objectifs : les indicateurs pour le citoyen, pour le contribuable et pour l'usager.

A. Les indicateurs pour le citoyen : des objectifs d'efficacité socio-économique

En janvier 2006, date d'application généralisée de la Lolf, les indicateurs pour le citoyen étaient les plus nombreux : 54 % du total. Depuis 2012, ils ne représentent plus que 47 %. Il s'agit d'indicateurs très généraux, faciles à comprendre. Dans les services comme la police ou la gendarmerie, on relève l'évolution du nombre de crimes et délits ou le nombre d'accidents de la route, de tués ou de blessés. Dans l'Éducation nationale, le taux d'accès au baccalauréat ou le taux de réussite des élèves de milieux défavorisés sont des indicateurs pour le citoyen car il s'agit de mesurer la performance des politiques publiques. Dans l'administration pénitentiaire, le nombre de détenus par cellule mesure la surpopulation carcérale...

B. La seconde catégorie d'indicateurs concerne le contribuable : des objectifs d'efficience de gestion

Ce sont des indicateurs plus précis qui renvoient à un coût qui doit être payé par le budget de l'État. Les spécialistes parlent d'indicateurs d'efficience, ce qui renvoie au rapport qualité-prix ou encore au rapport coût-efficacité. Les indicateurs du contribuable ne représentaient que 28 % du total des indicateurs en 2006, actuellement, ils représentent 34 % soit quasiment le tiers du total. Ils sont appliqués dans toutes les fonctions support avec des spécialisations plus ou moins grandes : efficience de la gestion immobilière, de la fonction achats, de la gestion des ressources humaines. Bercy a établi une circulaire généralisant un indicateur d'efficience informatique et bureautique mesurant la performance des services.

C. La troisième et dernière catégorie d'indicateurs de performance renvoie à l'usager : des objectifs de qualité de service

C'est une approche plus compliquée car il s'agit d'introduire une démarche qualité dans les services publics qui doivent être performants non pas d'une manière théorique mais pour que l'usager soit satisfait. Les indicateurs de l'usager sont les moins nombreux, ils représentaient 18 % du total des indicateurs en 2006, actuellement, le taux est remonté à 19 %, soit environ un cinquième.

Le service public de la justice en est un exemple concret. Pourtant protégées par le principe d'indépendance de l'autorité judiciaire, les juridictions sont soumises à des indicateurs qualitatifs comme le délai moyen de traitement des procédures par type de juridiction ou encore l'ancienneté moyenne du stock. Un travail très fin a dû être accompli afin de mesurer ces délais par type de juridiction, et cela aboutit à classer les juridictions des plus rapides aux plus lentes. Ce critère des délais est également utilisé pour mesurer la délivrance des cartes d'identité ou des passeports par les préfectures, ce qui a généré des progrès considérables. De la même façon, l'utilisation de l'informatique est fortement demandée par les usagers, d'où un taux de pénétration des téléprocédures qui permet de mesurer la progression des relations modernes avec les usagers. Le Quai d'Orsay mesure le taux de fréquentation de son site internet, ce qui lui permet de vérifier le caractère utile des données mises en ligne pour informer les usagers. Dans le domaine des transports, l'état des infrastructures terrestres ou ferroviaires permet de mesurer ce qui est mis à la disposition des usagers. Mais ces indicateurs de l'usager comportent des lacunes : on ne peut pas demander leur avis à tous les usagers, il est difficile de mesurer le taux de satisfaction des usagers du ministère de la Défense et il serait quelque peu « délicat » de distribuer des fiches d'évaluation aux détenus pour leur demander s'ils sont satisfaits de leurs conditions de détention.

Toute cette batterie d'indicateurs ne relève pas d'une science exacte et sans faille. Ainsi au moins 5 % des indicateurs sont modifiés chaque année, ce qui ne facilite pas le travail de mesure, mais le taux d'indicateurs nouveaux tend à baisser et reste stable en 2017. Au final, pour 2017, 93 % des indicateurs permettent de mesurer d'une année à l'autre l'évolution de la performance, ce qui représente une amélioration par rapport à 2015 où ce taux n'était que de 79 %. Ce sont eux qui permettent d'appréhender le niveau de réalisation des exigences portées par chaque critère. Chaque indicateur constitue une « bonne pratique » et représente ainsi un objectif à réaliser et le système d'ensemble constitue un progrès d'autant plus que la performance sert à mieux contrôler les services publics.

II. L'utilisation de la performance comme système de gestion

La mesure de la performance a une incidence directe et concrète sur :
- la préparation du budget de l'État et son adoption par le Parlement ;
- le management des services de l'État ;
- l'implication des agents publics.

Il est à noter qu'après la mise en œuvre de cette logique de performance au niveau de l'État lui-même, c'est aussi à ses opérateurs qu'elle a été appliquée.

A. Des projets annuels de performance sont joints au projet de loi de finances

Ainsi, pour l'année 2017, les 50 missions constituant l'unité de vote du budget de l'État, sont réparties entre 171 programmes qui constituent l'unité ministérielle d'exécution (contre 173 en 2016). La rationalisation du dispositif de performance, engagée dans le cadre triennal 2015-2017, s'est concrétisée par la réduction de 20 % du nombre des objectifs et de 24 % du nombre des indicateurs entre les PLF 2014 et 2017. Le dispositif de performance est ainsi constitué, pour le PLF 2017, de 380 objectifs et de 737 indicateurs. Plus lisible et recentré sur des indicateurs plus pertinents, il se veut un outil efficace destiné à l'analyse des résultats des politiques publiques financées par l'État, au service du Parlement.

La mesure de la performance s'opère selon un calendrier fixé par l'article 41 de la Lolf. À la fin du mois de mai, chaque responsable de programme dépose son rapport annuel de performance (RAP) qui est joint par le gouvernement au projet de loi de règlement faisant le bilan de l'année écoulée, et donnant lieu à un travail parlementaire relevant des commissions des finances des deux assemblées.

Sur la base de ce travail, les assemblées ont voté fin juillet 2017 le projet de loi de règlement relatif à l'année 2016. Puis elles ont organisé un débat d'orientation sur les finances publiques à partir des arbitrages du premier ministre pour l'année budgétaire 2018. Ce nouveau calendrier signifie que désormais le vote de la loi de finances s'effectue après le calcul des résultats de chaque service public : avant d'attribuer les crédits de l'année N +1, on vérifie, en toute transparence, l'utilisation qui a été faite des crédits qui avaient été alloués pour l'année N -1.

Ce système de gestion de la performance est aussi un instrument de management public. Sa mise en place a profondément remanié l'organisation de l'administration avec un rôle clé attribué aux différents responsables de programmes qui sont, le plus souvent, des directeurs d'administrations centrales. Ils ont un pouvoir de gestion sur les responsables de budgets opérationnels de programme (BOP) qui interviennent à un échelon déconcentré, le plus souvent régional. Mais la marge de manœuvre est utilisée au niveau du programme ce qui montre bien que le système de gestion de la performance est fortement centralisé.

Deux directions du ministère des Finances sont compétentes pour piloter la mise en œuvre de la performance : la Direction du budget et la Direction générale des finances publiques.

La première est compétente pour tout le travail de préparation du budget et cadre l'ensemble avec des circulaires extrêmement précises, notamment lors des conférences de performance qui se déroulent en avril de l'année N -1 : les responsables de programmes s'y confrontent avec « Bercy » pour se mettre d'accord sur les points à améliorer afin d'être plus performants. Depuis 2014, s'y ajoutent des conférences fiscales dont le but est de vérifier la pertinence des dépenses fiscales (mesures ayant pour effet de réduire ou de différer les impôts et les taxes payables par les contribuables). En 2016, des conférences sur l'immobilier de l'État ont également été créées. Ce sont des discussions entre le responsable de la fonction financière de chaque ministère et les responsables de la fonction immobilière de Bercy. L'objectif est d'obliger chaque ministre à avoir une politique immobilière cohérente.
La seconde effectue le suivi de l'exécution budgétaire et dispose d'une connaissance très fine des dépenses, retracées par le progiciel Chorus. Le contrôle de gestion est l'aboutissement de la performance car les services chargés du contrôle interne ont la responsabilité de calculer les résultats concrets.

B. La performance est aussi celle des agents publics

Au sein de l'administration de l'État une prime de fonctions et de résultats a été instituée en 2007. Pour 2011, elle a concerné 55 000 agents qui se sont partagé un bonus de 362 millions d'euros soit une moyenne de plus de 6 500 euros par agent concerné. Ce nouveau système fournit aux agents un intéressement divisé en une part fixe et une part variable.

Un décret de mai 2014 remplace la prime de fonctions et de résultats (PFR) par le Régime indemnitaire tenant compte des fonctions, des sujétions, de l'expertise et de l'engagement professionnel (Rifseep). L'objectif est de simplifier le régime indemnitaire, de garantir l'équité entre les fonctionnaires et de faciliter la mobilité (grâce à une meilleure visibilité des primes et indemnités). Il comporte deux parts : l'Ifse (indemnité de fonctions, de sujétions et d'expertise - versée tous les mois) et le CIA (complément indemnitaire annuel). Une circulaire précise les modalités de mise en œuvre du nouveau régime indemnitaire.

La mise en œuvre de ce nouveau régime est encore en cours, puisque c'est le principe de l'adhésion qui a été retenu et prolongé jusqu'au 1er janvier 2019. L'objectif de simplification, peu évident de prime abord, sera à évaluer à l'avenir, lorsque la plupart des corps et emplois auront adhéré au mécanisme. Concernant l'équité et la mobilité, leur effectivité ne dépend pas que de la complexité des anciens régimes indemnitaires, mais aussi de pratiques managériales à moderniser.

Le rapport Silicani de 2008 sur l'avenir de la fonction publique admettait que le traitement du fonctionnaire puisse comporter une part, allant jusqu'au tiers, récompensant les agents les plus performants. *A contrario*, le rapport Pêcheur de 2013 assure que « *la part des primes dans la rémunération globale des fonctionnaires est devenue trop élevée, avec plus de 28 % en moyenne dans la fonction publique de l'État* ».

C. L'extension du champ d'application de la performance

À partir de 2009, la performance a été étendue aux opérateurs de l'État (universités, établissements publics, musées et autres 550 organismes) qui doivent respecter un plafond d'emplois en application de l'article 64 de la loi de finances pour 2008. Cette obligation permet de savoir que pour 2017, les opérateurs comptent un peu moins de 400 000 emplois (ETPT) contre un peu plus de 1,9 million (ETPT) pour l'État. Les opérateurs sont obligatoirement rattachés à un programme et doivent appliquer les mêmes règles de performance que l'État. Les administrations de Sécurité sociale sont également soumises à un système de gestion de la performance depuis 2006 avec des programmes de qualité et d'efficience en vigueur dans les quatre grandes branches de la Sécurité sociale.

Seules les collectivités territoriales et les établissements publics locaux sont dispensés d'appliquer le système de gestion de la performance, ce qui explique un important travail de contrôle pour les chambres régionales des comptes.

III. La certification des comptes de l'État et de ses opérateurs par la Cour des comptes

L'objectif de qualité des comptes publics constitue une exigence de valeur constitutionnelle.

Aux termes de l'article 47-2 de la Constitution et de l'article 58-5 de la loi organique de 2001 relative aux lois de finances, la Cour des comptes assiste le Parlement dans son rôle de contrôle de l'exécution des lois de finances et de l'application des lois de financement de la Sécurité sociale. Pour ce faire, la Cour est chargée de certifier la régularité, la sincérité, et la fidélité des comptes de l'État, des organismes de Sécurité sociale, ainsi que de ses opérateurs, lesquels doivent également être associés aux objectifs de maîtrise des dépenses publiques en raison de l'enjeu financier qu'ils représentent pour le budget de l'État (PLF 2017 : sur un total de 50 milliards d'euros, les subventions pour charges de service public représentent plus de la moitié avec 28,1 milliards d'euros... et les ressources fiscales affectées 9,2 milliards). Cette certification est accompagnée de réserves permettant d'élaborer des plans d'actions adaptés visant à améliorer le pilotage de la performance au sein des services concernés.

À titre d'exemple, le 31 mai 2017, la Cour des comptes a déposé son rapport sur la certification des comptes de l'État au titre de l'exercice 2016. Elle y émet quatre réserves substantielles (contre cinq pour l'exercice 2015) qui posent le problème de fiabilité des comptes de l'État :
- les limites générales dans l'étendue des vérifications : le système d'information financière de l'État (Chorus) mis en place à partir de 2011, est inadapté, générateur d'erreurs ou de risques d'erreurs... ;
- les anomalies relatives aux stocks militaires et aux immobilisations corporelles : des difficultés importantes demeurent, qui se rapportent aussi bien au recensement et à l'évaluation des stocks et des matériels militaires de l'État qu'à l'évaluation de ses infrastructures civiles et militaires... ;
- les anomalies relatives aux immobilisations financières : la cour n'est pas en mesure de se prononcer sur l'évaluation d'une part significative du patrimoine financier de l'État... ;
- les anomalies relatives aux charges et aux produits régaliens : des insuffisances significatives continuent d'affecter le contrôle et l'enregistrement en comptabilité des données relatives aux charges de personnel, aux charges d'intervention et aux produits régaliens.

La Cour des comptes dispose de quatre types d'attitudes dans la certification des comptes de l'État :
- décider que les comptes ne sont pas en état d'être certifiés ;
- refuser de certifier les comptes car ils présentent de graves irrégularités ;
- délivrer une certification sans réserve ;
- accorder une certification des comptes avec un certain nombre de réserves mettant en évidence des points qui doivent être améliorés dans la présentation des comptes et leur régularité et leur

sincérité. C'est l'option choisie par la Cour des comptes avec un nombre de réserves qui diminue d'année en année, et qui servent de guide aux services de l'État pour améliorer la fiabilité des comptes. On est passé de 13 réserves en 2007 sur les comptes de 2005 à 5 depuis 2013 puis 4 en 2016.

La cour certifie les comptes du régime général de la Sécurité sociale depuis la loi organique du 2 août 2005. Les comptes des universités sont certifiés par les commissaires aux comptes depuis la loi Pécresse de 10 août 2007, ceux des établissements publics depuis la loi HPST du 21 juillet 2009. Pour ce qui concerne la certification des comptes des collectivités territoriales, l'article 110 de la loi NOTRe prévoit une expérimentation sur la base du volontariat avec un premier exercice de certification fixé à 2020. 50 collectivités ont posé leur candidature parmi lesquelles un panel de 25 a été retenu par le ministre de l'Économie et des Finances, le ministre de l'Aménagement du territoire, de la Ruralité et des Collectivités territoriales et le ministre de l'Intérieur, sur avis du premier président de la Cour des comptes.

Conclusion

L'application de la performance aux services publics suscite des critiques récurrentes qui remettent en cause sa portée, sinon sa légitimité, et qui prennent pour cible le culte du résultat ainsi que la mobilisation à outrance des indicateurs de performance. Ces critiques sont développées dans trois champs distincts :

- dans le champ intellectuel, elles portent sur le périmètre de l'évaluation et les conditions de son acceptabilité sociale : le fait de mesurer et de classer des individus est en cause ;
- dans le champ scientifique : l'économie, la sociologie, la science politique entretiennent des rapports complexes avec l'évaluation ;
- dans le champ institutionnel : son potentiel critique est un frein à son développement.

La recherche de la performance a une part d'ambiguïté : légitime quand il s'agit d'agir au meilleur rapport coût/efficacité, elle devient dangereuse quand elle est poussée au point de « pressurer » les agents ou les administrés et de confiner au « harcèlement ».

Pour autant, les services publics doivent consolider et développer la recherche de la performance dans le management stratégique, et généraliser l'évaluation et la définition de critères et d'indicateurs qui doivent transcrire le projet politique, avec une prise en compte du critère efficience. Il y a là un facteur de progrès et d'amélioration auquel les services publics ne sauraient échapper, surtout en période de crise.

SUJET : LA PERFORMANCE DANS LA GESTION DES AGENTS PUBLICS

Proposition de plan sommaire

Introduction

La recherche de la performance des administrations est un impératif ancien, démocratique et financier, déjà inscrit dans la Déclaration des droits de l'homme et du citoyen de 1789 :

- « *Tous les citoyens ont le droit de constater [...] la nécessité de la contribution publique [... et] d'en suivre l'emploi.* »
- « *La société a le droit de demander compte à tout agent public de son administration.* »
- « *Tous les citoyens [...] sont également admissibles [... aux] emplois publics selon leur capacité et sans autre distinction que celle de leur vertu et de leurs talents.* »

Au 31 décembre 2015 (chiffres Insee de mars 2017), la France comptait 5,6 millions agents publics : 2,5 pour l'État et ses opérateurs, 1,9 pour la fonction publique territoriale et 1,2 pour la fonction publique hospitalière. La gestion de cette imposante ressource humaine fait l'objet de méthodes où la performance joue un rôle accru (RGPP, MAP). Le management doit améliorer l'efficacité de la dépense en l'orientant vers l'atteinte des résultats (Lolf). Cela implique une évaluation de la performance collective du service et de la performance individuelle de l'agent.

Le sujet est traité en trois parties : la recherche de la performance collective (I), les modes de gestion des agents rénovés par l'évaluation (II) la rémunération au mérite comme incitation à la performance (III).

I. La recherche de la performance collective

A. Des missions définies et des méthodes participatives : la gestion prévisionnelle des emplois, des effectifs et des compétences (GPEEC)

1. Réduire l'écart besoins/ressources en effectifs/compétences, en fonction d'objectifs visant non plus le meilleur service (la perfection) mais le meilleur rapport coût/efficacité (la performance est une notion relative). Cela suppose une évolution culturelle.

2. Impliquer les agents dans l'action collective : orientations et évolutions sont mieux appropriées par les agents si l'élaboration est partagée (production = acte collectif et non juxtaposition d'activités individuelles)

B. Les responsabilités des cadres dans leur fonction managériale

1. Le *manager* crée une synergie de groupe : communication, cohésion interne et externe (vis-à-vis de la hiérarchie, des partenaires...).

2. Il assure à l'agent une reconnaissance (pas seulement *via* la rémunération, mais aussi par la prise en compte de son projet d'évolution personnelle).

II. L'introduction de l'évaluation dans la gestion des agents publics

A. Les méthodes d'évaluation régulière de la performance des agents publics

1. L'importance de l'entretien annuel d'évaluation

- Procédure, méthode.
- Impact et suivi.

2. La mesure de la performance individuelle et collective au sens de la Lolf

- Indicateurs liés aux programmes.
- Volet performance des BOP...

B. Vers la révision des dispositions statutaires ?

1. Des modes de gestion plus modernes qui s'inspirent du secteur privé

- Importance de la formation professionnelle.
- Développement de la mobilité, etc.

2. L'augmentation du nombre de contractuels, d'auxiliaires et de vacataires

- Vers un recrutement différent ?
- Vers des CDI et CDD ?

III. Les difficultés de la rémunération au mérite

A. Les primes destinées à récompenser la performance des agents publics

1. La mise en place progressive du Rifseep (Régime indemnitaire tenant compte des fonctions, sujétions, de l'expertise et de l'engagement professionnel) clarifie le système des rémunérations indemnitaires et remplace le système PFR (prime de fonction et de résultats) depuis 2014 progressivement jusqu'en 2019. Mise en place de deux primes :
- l'IFSE (indemnité selon les fonctions, les sujétions et l'expertise selon l'emploi occupé dans un groupe de fonctions) mensuelle et évolutive au minimum tous les quatre ans ;
- le CIA (complément indemnitaire annuel) versé annuellement selon l'engagement professionnel et plafonné.

2. Le retour à un système plus classique avec le protocole PPCR (parcours professionnel carrières et rémunérations) vise à :
- permettre de dérouler une carrière au moins sur deux grades ;
- privilégier la rémunération indiciaire et la réintégration des primes dans le traitement de base ;
- assurer une négociation salariale triennale obligatoire et un bilan d'étape annuel.

B. Les difficultés d'asseoir une politique de primes dans la fonction publique

1. Dans un contexte budgétaire contraint, les primes sont très limitées et on leur préfère des récompenses non financières (formations, avancements...).

2. Les réticences des agents publics à réduire la part fixe du traitement : la crainte de l'arbitraire des évaluateurs.

Conclusion

L'introduction de la performance dans la gestion des agents publics est un axe de modernisation (RGPP, MAP) qui se heurte à des difficultés qui freinent sa généralisation. C'est notamment le cas pour la GPEEC car seulement 10 % des collectivités territoriales en sont dotées. Le rapport Pêcheur indiquait dès 2013 que les démarches dans ce domaine étaient « *trop éparses et trop peu systématiques* ».

■ SUJET : LE CONTRÔLE PARLEMENTAIRE DE LA PERFORMANCE : LES PAP ET LES RAP

Proposition de corrigé rédigé

Introduction

L'initiative des lois de finances appartient au gouvernement. Le président de la Cour des comptes le soulignait dans son intervention de novembre 2011 relative aux dix ans de la Lolf (loi organique des lois de finances) : il existait un « *déséquilibre dans les relations budgétaires entre le gouvernement et le Parlement* » et le débat sur la loi de règlement était vide de contenu. Déjà, Edgar Faure qualifiait le débat budgétaire sous la Ve République de « *liturgie, litanie, léthargie* ». Il était donc nécessaire de procéder à une réforme de la procédure budgétaire. C'est en ce sens que la Lolf de 2001, appliquée de façon complète dès 2006, a permis de renouveler la coopération institutionnelle entre le gouvernement et le Parlement, désormais synonyme de transparence accrue et d'amélioration en matière de démocratie budgétaire.

S'agissant de la performance, élément déterminant de la modernisation de l'action publique, des outils de mesure ont été créés à l'usage du Parlement : ce sont les PAP (projets annuels de performance joints au projet de loi de finances de l'année) et les RAP (rapports annuels de performance joints au projet de loi de règlement), dont le contenu et la finalité sont précisés aux articles 51-5 et 54 de la Lolf. Ils permettent au Parlement d'apprécier la cohérence et l'efficience des choix budgétaires. L'apport de ces nouveaux instruments d'évaluation des politiques publiques à travers un rôle renouvelé du Parlement est manifeste. Néanmoins, il demeure des perspectives d'évolution, et la question se pose de l'efficacité et de l'impact de la mesure de la performance en regard de l'objectif de compression des dépenses publiques et d'amélioration de l'action publique.

I. les PAP et les RAP, des outils pour une mesure pertinente de la performance publique par le Parlement

A. Le contenu et la finalité des projets annuels de performance

Les projets annuels de performance ou les « bleus » budgétaires sont annexés à la loi de finance et contiennent :
- la finalité de la politique publique et les ressources qui y sont consacrées ;
- les marges de progrès des services administratifs ;
- des indicateurs d'impact à différentes échéances ;

• les réformes et les leviers d'action à partir desquels les responsables de programmes comptent améliorer la performance du programme ;
• les dépenses fiscales rattachées au programme ;
• une justification des crédits et des emplois au premier euro ;
• enfin, il est procédé à une analyse des coûts des politiques publiques (programmes et actions) afin de déterminer, en prévision, les ressources mobilisées pour atteindre les objectifs. Les objectifs et les indicateurs s'apprécient en termes d'efficacité socio-économique, de qualité de service, et d'efficience de gestion.

Cette présentation permet une meilleure lisibilité des dispositifs de droit commun et dérogatoires pour la représentation nationale. Ainsi, tous les moyens consacrés à une même politique sont disponibles et connaissables selon une même grille d'analyse. Les PAP constituent ainsi des outils d'explicitation des crédits soumis au vote du Parlement. Il s'agit d'assurer une bonne information de la représentation nationale pour apprécier la sincérité du projet de loi de finances en déclinant les différents objectifs et indicateurs de performance correspondant aux crédits de chaque programme et en expliquant les déterminants de la dépense en les justifiant.

Pour chaque « programme » budgétaire, un projet annuel de performances (PAP) est ainsi annexé au projet de loi de finances. Il précise notamment le responsable du programme, les objectifs poursuivis, les coûts associés, les résultats obtenus dans le passé et attendus pour l'année à venir. Ces résultats sont mesurés au moyen de 635 indicateurs de performance qui sont regroupés en trois catégories :
• les indicateurs de qualité des services publics sont les indicateurs pour l'usager (19 % du total des indicateurs), supposés refléter les attentes de leurs usagers, qui peuvent reposer sur des enquêtes de satisfaction... ;
• les indicateurs d'efficacité socio-économique ou indicateurs du citoyen (47 %), supposés refléter les attentes de la population, mesurent l'impact des politiques publiques au regard des grands objectifs que sont, par exemple, la qualité de l'environnement, la santé, l'emploi ou la sécurité publique... ;
• les « indicateurs d'efficience de la gestion » ou indicateurs du contribuable (34 %), supposés refléter les attentes de ceux qui payent leurs impôts, qui rapportent les résultats plus directs des programmes à leur coût.

B. Le contenu et l'utilité des rapports annuels de performance

Ce sont les documents annexés au projet de loi de règlement des comptes et du rapport de gestion. Ils offrent la possibilité aux parlementaires de comparer la prévision et l'exécution budgétaire, et l'engagement sur les objectifs et les résultats constatés.

Ils sont présentés selon une structure identique à celle des PAP, pour une bonne comparaison et appréciation de la qualité de la gestion des politiques publiques. Ils constituent la contrepartie de la liberté de gestion attribuée à chaque responsable de programme par la Lolf.

Les RAP sont présentés par mission et comprennent un bilan stratégique de chaque programme, l'évaluation de la réalisation des objectifs et indicateurs de performance, l'exécution des crédits et des emplois, leur justification au premier euro, l'analyse des coûts et le bilan de l'évolution pluriannuelle de l'exécution (qui rend compte de l'avancée des réformes).

L'analyse des résultats se fonde sur l'évolution des indicateurs ; ainsi, les pistes d'amélioration sont identifiées. Les RAP ont pour finalité principale de fournir à la représentation nationale les résultats atteints par les services au niveau de chaque objectif et de chaque indicateur chiffré. Ces résultats peuvent être atteints à 100 % ou à 50 %, ce qui permet de mesurer très précisément les difficultés des administrations publiques de l'État. Les RAP sont utilisés dans la préparation du budget suivant et servent à fonder la décision financière suivante, c'est-à-dire l'attribution des crédits aux missions.

C. Des pouvoirs d'évaluation et de contrôle accrus dans une logique d'amoindrissement du parlementarisme rationalisé

Le Parlement détient désormais un pouvoir d'amendement accru, prévu dans les dispositions de l'article 47 de la Lolf. En effet, il dispose de la faculté de ventiler et redéployer des crédits entre les programmes d'une mission, souvent en regard de l'exécution de l'exercice précédent, en tirant les leçons issues de l'analyse des PAP. Il lui est également permis de créer un programme sous réserve de ne pas entraîner une augmentation des dépenses ou une diminution des recettes, conformément à l'irrecevabilité financière prévue à l'article 40 de la Constitution. Cette faculté tempère le monopole détenu par le gouvernement en ce qui concerne l'initiative de la loi de finance.

II. Les RAP et les PAP, des instruments de gestion perfectibles pour les budgets futurs

A. Une indispensable rationalisation des indicateurs et des objectifs

La première critique des PAP et des RAP a concerné le nombre d'indicateurs de performance. Jean Arthuis le soulignait, dans le rapport d'information déposé au nom de la commission des finances en 2005 : il convient de ne pas verser dans un « *culte des indicateurs* » en lieu et place d'une « *culture de la performance* ».

En effet, le bilan est mitigé en ce qui concerne la pertinence des indicateurs consacrés à l'activité (nombre de dossiers instruits, de personnes formées...) au détriment de ceux consacrés aux résultats. Par ailleurs, la performance d'une politique publique s'apprécie de manière qualitative et non exclusivement quantitative. Or, la qualité d'un service public ou la satisfaction des usagers relèvent d'une appréciation subjective difficilement mesurable, les risques d'interprétations multiples rendant cette tâche très délicate. Par conséquent, il conviendrait de renforcer la pratique et la prise en considération des commentaires d'objectifs et de résultats au sein des RAP et lors du débat sur la loi de règlement.

Des améliorations récentes ont été apportées comme l'insertion dans les PAP et les RAP de 2016 d'une rubrique spécifique consacrée aux marchés de partenariats en raison de leurs implications budgétaires pluriannuelles. Cela illustre une adaptation progressive du contenu des documents budgétaires aux nécessités de modernisation de l'action publique.

B. Pour une meilleure utilisation des résultats d'exécution dans la prise de décision publique

Il est à regretter que la revalorisation de l'examen de la loi de règlement et des RAP qui l'accompagnent n'ait pas abouti à une prise en compte plus prégnante des résultats obtenus. Il semble que, malgré leur caractère peu opérant, certains indicateurs ou dispositifs soient cependant réutilisés lors de l'élaboration du budget suivant. On sait que les RAP servent à la Cour des comptes pour dresser un constat des résultats de l'exécution budgétaire, car ils sont la base d'un raisonnement sur l'évaluation des politiques publiques.

Conçus à l'origine comme exclusifs, les indicateurs des PAP et des RAP sont aujourd'hui le maillon central d'une chaîne qui comprend les 10 indicateurs de richesse mis en place par la loi du 13 avril 2015 pour mesurer la qualité de la croissance « au-delà du PIB », les 90 indicateurs de missions créés en 2011, les 736 indicateurs de performance des programmes et des milliers d'indicateurs opérationnels

Certains de ces indicateurs continuent de présenter des insuffisances. Ainsi, l'analyse menée en 2017 sur le budget 2016 par la cour sur les indicateurs de qualité de service des PAP et des RAP a mis en évidence que ceux-ci prenaient peu en compte l'opinion des usagers et étaient mal coordonnés avec les engagements pris par l'État en matière d'accueil dans le cadre du référentiel Marianne. Ces indicateurs présentent néanmoins une information riche et sous-utilisée, à la fois par les ministres et le Parlement dans le contrôle de l'action des responsables de programmes.

En 2017, le rapport de la Cour des comptes sur le budget 2016 note un « *rôle du Parlement et des gestionnaires affaibli par des sous-budgétisations croissantes* ». Les sous-budgétisations importantes (3 milliards d'euros) et les décisions de dépenses nouvelles intervenues dès le début de la gestion ont conduit à une exécution particulièrement heurtée qui s'est écartée de la programmation de la loi de finances. La gestion budgétaire 2016 s'est caractérisée par la mise en réserve de montants de crédits élevés, renforcés en cours d'année par des surgels portant notamment sur les reports, une utilisation très étendue de la procédure des décrets d'avance, et la définition de cibles de fin de gestion distinctes des crédits ouverts. Ces mécanismes privent en partie l'autorisation parlementaire de sa signification.

C. Vers une consolidation de l'évaluation des budgets et des comptes : l'extension des RAP et des PAP aux collectivités territoriales

La diversité des modalités de fonctionnement et d'organisation des collectivités locales a rendu impossible la transcription à l'échelon local des principes de la Lolf. Or, le budget de l'État ne représentait plus que 40,5 % de la dépense publique totale en 2016, les collectivités absorbant pour leur part 19,7 % de la dépense publique et 9,2 % de la dette en 2016. Par conséquent, les principes de performance et les règles du budget par objectifs devraient également être appliqués aux finances locales. Certes, il existe une différence entre le budget d'une petite commune et celui d'une collectivité de grande taille comme un département qui a, en général, un budget supérieur à 1 milliard d'euros par an. La fixation d'un seuil au-dessus duquel le principe de performance serait obligatoirement applicable fait son chemin dans l'esprit des contribuables.

Au vu de ce constat, l'évolution souhaitable consisterait à élaborer, sur le modèle des RAP et des PAP, des instruments de mesure de la performance des politiques publiques locales. Cette évolution va dans le sens de l'exigence communautaire de consolidation des comptes publics (administrations publiques locales, de Sécurité sociale, de l'État).

Conclusion – ouverture

Au-delà des progrès accomplis, et de ceux qui restent à faire, il est important de considérer que les dispositifs évoqués ont un impact sur l'appréciation portée par les divers investisseurs (sur les marchés obligataires, pour financer la dette) sur notre gestion des finances publiques. C'est de cette appréciation que dépend la fixation des taux d'intérêt appliqués, et partant, la charge de la dette dans le budget de l'État.

Cette corrélation met en lumière l'importance que revêt la mesure de la performance au sein des services publics et de nos administrations, en tant qu'elle garantit la légitimité et la viabilité de nos politiques publiques et des institutions qui les mettent en œuvre.
C'est tout le débat sur la gouvernance publique qui est ainsi ouvert.

■ SUJET : L'IMPÉRATIF DE LA PERFORMANCE DANS LA CONSTRUCTION DU BUDGET

Proposition de corrigé

Introduction

L'impératif de la performance dans la gestion publique répond à l'objectif démocratique des articles 14 et 15 de la Déclaration des droits de l'homme et du citoyen qui établissent, d'une part, que « *tous les Citoyens ont le droit de constater par eux-mêmes ou par leurs représentants, la nécessité de la contribution publique [...] et d'en suivre l'emploi [...]* », d'autre part, que « *la Société a le droit de demander compte à tout Agent public de son administration* ».

L'actuel contexte de contrainte budgétaire oblige l'État à exploiter au mieux ses ressources, et des réformes françaises et européennes ancrent ce principe. Ainsi, cet impératif relève à la fois d'initiatives nationales avec, en France, la mise en place de la loi organique relative aux lois de finances (Lolf) depuis 2001, effective depuis 2006, et, de contraintes européennes, avec le programme de stabilité.

I. Un impératif résultant de la Lolf

La Lolf met en place une logique de performance avec des objectifs, des résultats et des contrôles. Ce mécanisme est lié à la mise en place d'un chaînage vertueux dans la construction du budget et à des méthodes utilisant des indicateurs spécifiques pour suivre la performance.

A. Le chaînage vertueux

Le chaînage vertueux réside dans l'enchaînement entre les résultats de l'exécution de l'année N -1 et les prévisions de l'année N +1. La Lolf prévoit que le projet de loi de finances de N +1 ne peut être mis en discussion qu'après le vote de la loi de règlement de N -1. Le travail de construction du budget s'organise alors en quatre phases.

La première phase consiste en des réunions techniques entre les représentants de la direction du budget (les budgétaires) et les représentants des ministères dépensiers. Les ministres peuvent également participer mais généralement c'est le secrétaire général du ministère qui s'en charge, en tant que responsable de la fonction financière dans le ministère. Celui-ci a une autorité sur tous les responsables de programme. Ces réunions ont deux utilités : faire le point de l'exercice clos et se mettre d'accord sur le calendrier de la procédure. Cette première phase se déroule au cours des mois de janvier et de février et aboutit à la rédaction du rapport annuel de performance de chaque programme joint au projet de loi de règlement.

La deuxième phase est organisée autour de conférences budgétaires. Depuis 2006 se déroulent ainsi des conférences de performance. Ce sont des discussions entre les budgétaires et les représentants des ministères. Elles portent sur le projet de loi de finances, donc sur les prévisions de dépenses du ministère prenant pour base les résultats obtenus au cours des années précédentes. L'objectif pour les ministères est de pouvoir stabiliser voire augmenter leurs dépenses. *A contrario*, la direction du budget recherche des gisements d'économies. À noter que, depuis 2014, ont été mises en place entre Bercy et les ministères dépensiers des conférences fiscales qui portent sur les dépenses fiscales (mesures ayant pour effet de réduire ou de différer les impôts et les taxes payables par les contribuables). L'objectif est de remettre en cause chaque année les dépenses fiscales pour essayer de les réduire. En 2016, des conférences sur l'immobilier de l'État ont été également créées entre Bercy et les autres ministères pour obliger chaque ministre à mettre en place et appliquer une politique immobilière cohérente. Ces conférences se déroulent pendant les mois de mars et d'avril.

La troisième phase est marquée par des conférences de répartition et les arbitrages, qui se déroulent en mai et en juin à partir de l'intervention du Premier ministre. Celui-ci, dans un premier temps, va envoyer des lettres de cadrage à chaque ministre, qui lui fixe ses objectifs. Les crédits devront cependant s'adapter aux demandes du Premier ministre. Les arbitrages feront appel au directeur du budget puis au ministre des Finances puis au Premier ministre. Les crédits sont répartis entre les différents programmes. Cette phase se termine par l'envoi des lettres de plafond par le Premier ministre, envoyées fin juin, début juillet (août 2017 pour le budget 2018, en raison du calendrier électoral). Chaque ministre connaît le montant exact des crédits dont il disposera ainsi que son plafond d'autorisation d'emplois libellé en équivalent temps plein travaillé (ETPT). Une fois ces décisions prises, le gouvernement fournit au parlement un rapport (prévu par la Lolf) sur l'évolution de l'économie nationale et sur les orientations des finances publiques. Ce rapport liste les missions et programmes du budget de l'année suivante ainsi que les indicateurs de performance. Il donne lieu dans chaque assemblée à un débat d'orientation sur les finances publiques d'où la performance des services de l'État n'est pas absente.

La dernière phase consiste dans la mise au point du budget. C'est une phase longue organisée pendant les mois de juillet, août et septembre. Bercy va recalculer le volet recettes de la loi de finances et commencer à produire les bleus et les autres documents budgétaires obligatoires. En septembre, le Conseil d'État sera saisi pour avis. Cette saisine a deux utilités :
- déceler s'il y a un problème juridique et d'incompatibilité avec le droit européen ;
- signaler la présence de cavaliers budgétaires.

Cette période se termine par le Conseil des ministres qui adopte le projet de loi de finances. Ainsi, ces phases assurent la recherche continue de performance grâce aux conférences organisées et au chaînage vertueux mis en place. Différentes méthodes viennent compléter ce mécanisme.

B. Les méthodes utilisées

Pour permettre la recherche permanente de performance, des indicateurs sont développés. La performance est ainsi mesurée selon trois niveaux d'indicateurs correspondant à des objectifs : les indicateurs pour le citoyen, pour le contribuable et pour l'usager.

Les indicateurs pour le citoyen mesurent l'atteinte des objectifs d'efficacité socio-économique. En janvier 2006, date d'application généralisée de la Lolf, les indicateurs pour le citoyen étaient les plus nombreux : 54 % du total. Depuis 2012, ils ne représentent plus que 47 %. Il s'agit d'indicateurs très généraux, faciles à comprendre. Dans les services comme la police ou la gendarmerie, on relève l'évolution du nombre de crimes et délits ou le nombre d'accidents de la route, de tués ou de blessés. Dans l'Éducation nationale, le taux d'accès au baccalauréat ou le taux de réussite des élèves de milieux défavorisés constitue un indicateur pour le citoyen car il mesure la performance des politiques publiques. Dans l'administration pénitentiaire, le nombre de détenus par cellule mesure la surpopulation carcérale... Dans le PLF 2017, un indicateur environnemental cible par exemple comme objectif que 43,5 % des masses d'eau du territoire soient en bon état écologique.

Les indicateurs concernant le contribuable sont articulés à des objectifs d'efficience de gestion. Ils renvoient au coût qui doit être payé par le budget de l'État. Les spécialistes parlent de rapport qualité-prix ou encore de rapport coût-efficacité. Les indicateurs du contribuable ne représentaient que 28 % du total des indicateurs en 2006, actuellement, ils représentent 34 % soit quasiment le tiers du total. Appliqués dans toutes les fonctions support avec des spécialisations plus ou moins grandes, ils mesurent l'efficience de la gestion immobilière, de la fonction achats, de la gestion des ressources humaines. La direction du budget a établi un indicateur d'efficience informatique et bureautique mesurant la performance des services. Le PLF 2017 prévoit par exemple dans le domaine de la justice que la dépense moyenne de frais de justice par affaire faisant l'objet d'une réponse pénale ne dépasse pas 280 euros.

La troisième et dernière catégorie d'indicateurs de performance renvoie à l'usager avec des objectifs de qualité de service. C'est une approche beaucoup plus compliquée car il s'agit d'introduire une démarche qualité dans les services publics qui doivent être performants non pas d'une manière théorique mais pour que l'usager soit satisfait. Les indicateurs de l'usager sont les moins nombreux, ils représentaient 18 % du total des indicateurs en 2006, actuellement, le taux est remonté à 19 %, soit environ un cinquième. Dans le domaine culturel, par exemple, le PLF 2017 prévoit que 43 % des enfants et des jeunes en âge scolaire bénéficient d'une action éducative *via* une structure subventionnée par le ministère de la Culture et de la Communication. Dans le domaine de la justice, les délais de jugement constituent également des indicateurs de la qualité de la bonne administration de la justice.

Ces différents indicateurs marquent l'impératif de performance dans toutes les phases de construction annuelle du budget. Mais cet impératif est également présent dans les lois de programmation pluriannuelle des finances publiques (PFP) qui résultent de la réforme constitutionnelle de 2008. La quatrième loi de PFP date de décembre 2014 et cadre le budget de l'État pour trois ans. La cinquième, qui couvre la période 2018-2022, est donc rédigée en même temps que la loi de finances 2018.

Pour préparer la LPFP, Bercy organise des conférences de sécurisation qui fixent les crédits de chaque mission pour trois ans, mais le périmètre de ce « budget triennal » de l'État ne comprend pas les intérêts de la dette ni le paiement des charges de retraite des agents de l'État car ce sont des dépenses impossibles à maîtriser.

La loi organique du 17 décembre 2012 relative à la programmation et à la gouvernance des finances publiques sert ainsi à :
- instituer un nouvel organisme : le Haut Conseil des finances publiques qui donnera un avis, une expertise sur les prévisions du gouvernement ;
- transposer les normes du traité sur la stabilité, la coordination et la gouvernance (TSCG) en particulier la règle d'or de l'article 3 ;
- fixer le mécanisme de correction dans lequel les états peuvent être sanctionnés.

Ces réformes en lien avec l'agenda européen révèlent l'impact des contraintes européennes sur l'impératif de performance dans la construction du budget.

II. Un impératif résultant des contraintes européennes

Les contraintes européennes génèrent la rédaction d'un programme de stabilité déposé chaque année fin avril auprès de l'Union européenne, comme la loi de programmation des finances publiques qui fixe un budget triennal pour l'État. Le programme de stabilité est ainsi un élément incontournable dans la recherche de performance dans les finances publiques. Cette performance passe également par une volonté de contrôle et de transparence marquée par le nouveau rôle joué par le Haut Conseil des finances publiques (HCFP).

A. L'importance du programme de stabilité

Le pacte de stabilité et de croissance joue un rôle essentiel dans les contraintes rendant impérative la recherche de performance. C'est un mécanisme reposant sur deux règlements de 1997 selon lequel les États doivent se plier à des critères initialement prévus pour l'entrée dans la monnaie unique :

- les taux d'intérêt qui ne doivent pas s'éloigner de plus ou moins 2 % de la moyenne des trois meilleurs résultats ;
- les taux d'inflation ne doivent pas s'éloigner de plus de 1,5 % de la moyenne des trois meilleurs résultats ;
- le déficit public ne peut pas être supérieur à 3 % du PIB ;
- la dette publique ne doit pas être supérieure à 60 % du PIB.

Ce pacte est devenu de plus en plus difficile à respecter depuis 2003 mais les États n'ont pas été sanctionnés, notamment la France et l'Allemagne qui avaient un déficit supérieur à 4 % du PIB. Le pacte a donc été assoupli et, suite à la crise des dettes souveraines, le droit s'est adapté à cette nouvelle situation avec trois nouvelles mesures :

- le 6-pack : cinq règlements et une directive communautaires sont entrés en application en décembre 2011 afin de renforcer le pacte de stabilité et de croissance ;
- le traité de 2012 sur la stabilité, la coordination et la gouvernance (TSCG) introduit une nouvelle règle d'or pour les États membres en fixant le maximum autorisé de déficit structurel. Dans le déficit public on distingue les causes conjoncturelles (prix des matières premières, inflation...) qui sont subies et les causes structurelles (qui résultent de l'organisation de chaque État). Si un État respecte la norme de dette de 60 % du PIB, le déficit structurel pourra atteindre un maximum de 1 % du PIB. Si un État ne respecte pas la norme de 60 % du PIB, il peut présenter un déficit structurel de maximum de 0,5 % du PIB ;
- le 2-pack (2 règlements qui sont entrés en application en 2013) impose aux États de la zone euro un calendrier budgétaire commun avec un cycle annuel de surveillance budgétaire multilatéral : chaque État doit déposer son plan budgétaire annuel à Bruxelles avant le 15 décembre de l'année N -1 et la Commission européenne lui donne son avis avec possibilité de demander à l'État de réviser ses chiffres.

Concrètement, le programme de stabilité constitue l'aboutissement d'un cycle européen qui est le semestre européen : pendant les six premiers mois de chaque année, les États membres alignent leurs politiques économiques et budgétaires sur les règles et les objectifs arrêtés au niveau supranational. Le semestre européen fournit ainsi un cadre de cohérence en permettant aux États de débattre de leurs programmes économiques et budgétaires et à la Commission de suivre les progrès accomplis à des moments précis de l'année. Ses objectifs sont de garantir des finances publiques saines en évitant les dettes publiques excessives, de prévenir les déséquilibres macroéconomiques excessifs, de soutenir les réformes structurelles pour créer davantage d'emplois et de croissance, et de stimuler l'investissement.

En avril, les États membres présentent en même temps à la Commission européenne :

• leurs programmes de stabilité (PS) (pays de la zone euro) ou de convergence (pays hors zone euro). Dans le contexte de surveillance par les pairs, ces documents visent à assurer une discipline budgétaire plus rigoureuse et à présenter la stratégie budgétaire des États à moyen terme, afin de garantir la viabilité de leurs finances publiques ;

• leurs programmes nationaux de réforme (PNR), qui constituent l'instrument clé de la stratégie Europe 2020 et présentent les réformes qu'ils entendent conduire dans les domaines contribuant à la croissance (marché du travail, recherche et développement, éducation, etc.), en accord avec les objectifs définis au niveau communautaire.

En mai, la commission procède à l'examen de ces programmes et présente aux États membres ses recommandations spécifiques par pays, qui font l'objet de discussions au niveau des ministres et peuvent éventuellement être modifiées, avant d'être approuvées par le Conseil européen puis formellement adoptées par le conseil. L'adoption formelle par le conseil fin juin ou début juillet des recommandations spécifiques par pays marque la fin du « semestre européen » et le lancement du « semestre national », qui est celui de la mise en œuvre par chaque État membre de ces recommandations, qu'il s'agisse de mesures budgétaires ou politiques.

Ces contraintes européennes ont également poussé en France à la création d'un organe national indépendant chargé de rendre des avis sur les prévisions et les finances publiques.

B. Le rôle du Haut Conseil des finances publiques (HCFP)

Le Haut Conseil des finances publiques (HCFP), « organisme indépendant placé auprès de la Cour des comptes », a été créé par une loi organique de 2012 relative à la programmation et à la gouvernance des finances publiques et installé en 2013. Il est composé de 11 membres :

• le premier président de la cour des comptes qui préside le HCFP ;

• 4 magistrats de la cour des comptes (2 hommes et 2 femmes) ;

• 4 parlementaires (*idem*) ;

• 2 personnalités qualifiées (directeur de l'Insee, et une personne désignée par le Conseil économique social et environnemental).

Les mandats des membres sont, selon l'autorité qui les a désignés, non renouvelables ou renouvelables une fois.

Le Haut Conseil donne un avis sur les prévisions macroéconomiques sur lesquelles sont basés les projets de lois de finances, de financement de la Sécurité sociale, de programmation des finances publiques et sur les programmes de stabilité. Il se prononce aussi sur le PIB et la croissance potentiels retenus dans les projets de loi de programmation. Il rend un avis sur la cohérence entre le solde structurel prévu pour les années N et N +1 et la trajectoire pluriannuelle du solde structurel inscrite dans la loi de programmation.

Le Parlement, sur proposition du gouvernement, est souverainement libre de suivre ou non les avis du Haut Conseil. Le pouvoir réel du HCFP réside dans sa capacité à exprimer publiquement des avis convaincants qui sont largement repris dans les médias, les travaux parlementaires et les analyses de la situation de la France réalisées par les organismes privés et les organisations internationales. Le gouvernement et le Parlement ne peuvent pas les ignorer et sont donc conduits à établir des prévisions plus réalistes. L'enjeu est ici de concilier une performance budgétaire avec le principe de sincérité pour construire un budget cohérent.

La création de ce conseil marque ainsi une étape supplémentaire pour une recherche de performance qui doit prendre en compte un impératif de transparence et de sincérité.

Conclusion

L'impératif de performance se nourrit ainsi à la fois de la qualité des retours d'expérience et de la pertinence dans la construction des budgets futurs. Si la Lolf a pu développer une approche de la performance, celle-ci est néanmoins encore sujette à des améliorations. Les objectifs et indicateurs pourraient être rationalisés, recentrés sur l'efficience de la gestion et pourraient être déclinés au niveau des budgets opérationnels de programme (BOP). Cela permettrait de mettre en place un véritable contrôle de gestion, encore très limité dans les services de l'État. La comparaison des résultats entre les services déconcentrés devrait permettre d'évaluer leurs responsables et d'aligner leurs résultats sur les plus performants.

Du reste depuis 2008, le rapport Silicani a mis en avant l'objectif de performance dans la gestion publique. Cette recherche ne doit cependant pas être faite au détriment d'une certaine qualité de service public pour les citoyens. Car, ainsi que le rappelle en 2013, le rapport Pêcheur, « *les services publics produisent de la sécurité, de la solidarité, de l'utilité économique, de la régulation. Bref, ils produisent du lien social et de la cohésion économique* ».

4| THÈME : LE SYSTÈME ÉDUCATIF, DU PREMIER DEGRÉ À L'ENSEIGNEMENT SUPÉRIEUR

SUJET : L'ÉDUCATION, UNE AFFAIRE D'ÉTAT ?

Comment aborder le sujet

Le sujet est une question à laquelle on pourrait répondre par « oui » ou par « non ». Mais il est rare que les choses soient si simples. Retournez la question : si l'éducation n'est pas une affaire d'État, de qui est-elle l'affaire ? Beaucoup d'idées vous viennent alors : les parents, la famille, les associations, les religions, la télévision, la vie sociale elle-même... Et toutes ces idées sont bonnes, à exploiter.

Mais vous n'oublierez pas que l'épreuve est une « *composition sur un sujet d'ordre général portant sur la place des pouvoirs publics et leur rôle dans les grands domaines de l'intervention publique (société, économie, emploi, santé, culture, territoires, relations extérieures...) permettant d'évaluer l'ouverture au monde des candidats, leur aptitude à l'analyse et au questionnement ainsi que leur capacité à se projeter dans leur futur environnement professionnel* ». C'est donc dans ce cadre qu'il vous faut travailler.

Dans une composition de psychologie, de sociologie ou de sciences de l'éducation, vous traiteriez le même sujet très différemment en mettant l'accent sur d'autres éléments et en taisant certaines données ici indispensables, et réciproquement. Ici, vous êtes face à un sujet de culture générale politique et administrative. Pensez-y si vous ne venez pas d'une filière « droit public ».

Ne restez pas dans la description des choses, mais donnez à la question une réponse qui conclura un raisonnement « balancé », lui-même soutenu par un questionnement du type :
- Quoi : qu'est-ce que l'éducation ? Qu'entend-on par l'État ?
- Qui : quels acteurs ? Quels usagers ?
- Quand : y a-t-il une histoire et des dates significatives ?
- Comment : quelles méthodes sont utilisées ?
- Pourquoi : par exemple, pourquoi y a-t-il débat aujourd'hui ?

L'essentiel sera d'argumenter votre point de vue.

Votre réponse sera « balancée » (voir les conseils de méthodologie : comment donner son avis ?) du type : « Oui, mais pas seulement » ou bien : « Hier comme ceci, aujourd'hui comme cela », ou encore : « Il y a débat entre telle ou telle thèse »... Le corrigé ci-après n'est qu'une proposition parmi d'autres possibles, tout aussi légitimes.

Les pièges à éviter :
- la passion pour un débat intemporel nourrissant de nombreuses controverses ;
- le hors-sujet du type : trop exclusivement psychologique ou encore moralisant ;
- le catalogue des multiples réformes ou réformettes, mouvements sociaux et politiques, problèmes catégoriels qui font ou ont fait débat.

Les fondamentaux à maîtriser :
- les principales dates (voir corrigé) ;
- les apports de la décentralisation (*idem*) ;
- les grands chiffres (*idem*).

Proposition de corrigé rédigé

Au sens étymologique, le mot « éducation » vient du latin *e-ducere*, littéralement « conduire au-dehors ». Il s'agit d'apprendre aux enfants et aux jeunes gens à sortir du giron familial pour avancer à la fois dans leur vie personnelle et dans la société, en relative autonomie. Il faut donc leur fournir les éléments nécessaires : l'instruction, les connaissances élémentaires et le sens des relations et des codes sociaux.

Dès la Révolution française, Danton déclarait : « *Après le pain, l'éducation est le premier besoin du peuple.* » Proposant à l'État de se faire l'organisateur d'une éducation « *commune* », c'est-à-dire nationale, il voulait que celle-ci l'emporte sur les actes éducatifs de la sphère familiale et, plus largement, privée. Ce débat est présent dans tous les pays et sous tous les régimes. Dès lors enjeu sociétal, l'éducation devient un enjeu social et politique.

Elle est bien une affaire d'État, et le demeure toujours, étant parmi les plus importantes en matière de politiques publiques. Mais dans cette affaire, l'État n'est pas seul : sa politique d'éducation a impliqué pour lui, et implique toujours, un partenariat, de plus en plus fort, avec d'autres acteurs.

*

Tout au long de l'histoire du pays, les gouvernants se sont préoccupé de l'éducation, et la République s'est organisée pour la prendre en mains.

Si l'on trouve, au Moyen Âge, quelques initiatives du souverain ou du clergé en faveur de certaines écoles, c'est bien la Révolution qui introduit en France l'idée d'une éducation pour tous. Elle mettra un siècle à se concrétiser, dans un contexte assez mouvementé.

Plusieurs jalons marquent cette lente montée vers la mise en place d'une éducation nationale. La loi Guizot, en 1833, impose à chaque commune importante de se doter d'une école de garçons. Mais ce sont les lois de Jules Ferry, ministre de l'Instruction publique dans les années 1880, qui posèrent les fondations de l'école actuelle. À partir des réflexions doctrinales et politiques incarnées par Jean Macé ou Paul Bert, ces lois seront mises en œuvre par Ferdinand Buisson, nommé par Jules Ferry, directeur de l'enseignement primaire.

Gratuite, donc accessible à tous, l'école doit permettre de s'élever dans la société. Laïque, elle défend la philosophie des Lumières et la science contre l'obscurantisme religieux ou superstitieux. Obligatoire, elle sera un ferment de la cohésion patriotique de l'État nation.

Corrélativement, c'est aux pouvoirs publics qu'il appartient de réunir les moyens de la faire fonctionner. C'est aux communes, parfois réticentes, qu'il reviendra de mettre une « maison commune » à la disposition des instituteurs qui seront eux-mêmes formés dans des écoles *ad hoc*. Ceux-ci seront nommés les hussards noirs de la République, car le contexte d'alors est celui d'un combat contre les conservatismes de l'Église et de ceux qui redoutent l'émancipation des masses. Ces tensions s'exacerberont lors de la séparation des Églises et de l'État.

Pendant la première moitié du XXe siècle, l'école primaire, tout comme l'enseignement technique balbutiant, ainsi que les collèges, les lycées et l'université, connaîtront des évolutions assez limitées. Mais à partir des années 1950, le *baby-boom* et la scolarisation massive dans le secondaire et le supérieur viendront bousculer les dispositifs en place qui connaissent, depuis, de nombreux mouvements et soubresauts.

Si la légitimité de l'intervention publique ne fait, globalement, plus de doute, elle est discutée dans ses modalités. Dès l'après-guerre, le rapport Langevin-Wallon inspirera les gouvernements successifs. Il propose de démocratiser l'enseignement, d'allonger la scolarité et d'aller vers une école unique ouverte aux pédagogies nouvelles.

De fait, les réformes seront incessantes. La loi Debré, en 1959, met en place des contrats avec les écoles privées, dont l'État rémunère les enseignants si elles ont le programme scolaire du public (écoles dites sous contrat).

Dans les années 1960, la scolarité obligatoire passe à 16 ans. En 1975, le principe du collège unique est instauré par la loi Haby. Après mai 1968, l'université est réformée par un début d'autonomie et un accroissement de moyens pour sa démocratisation, car la massification du secondaire et du supérieur se poursuit. Ainsi, dans les années 1980, le ministre Chevènement affiche l'objectif de conduire au baccalauréat 80 % d'une classe d'âge.

En 2007, la loi Pécresse, relative aux libertés et responsabilités des universités (LRU), organise l'autonomie des universités.

Mais l'éducation reste un domaine politiquement sensible. La querelle de la laïcité ne s'est jamais vraiment éteinte. Elle resurgit en 1984 avec le projet du ministre Savary de créer un service unique de l'éducation, projet vite retiré devant une énorme mobilisation des tenants de l'école privée. Elle réapparaît dans les années 2000, avec le débat sur le voile islamique, débouchant sur une loi de mars 2004 qui interdit le port ostensible de signes religieux à l'école. Pour d'autres raisons, en 1986, le mouvement lycéen a fait tomber le ministre Devaquet.

Les aménagements des programmes ou du calendrier scolaire laissent parfois les familles et les enseignants eux-mêmes quelque peu désorientés. De fortes controverses touchent la pédagogie officielle (apprentissage de la lecture par la méthode globale) ou alternative (exemple : méthode Freinet). Malgré toutes ces évolutions, des sociologues comme Bourdieu et Passeron voient dans l'école une machine à reproduire le schéma social existant. De fait, la panne actuelle de l'ascenseur social ne manque pas d'interroger.

L'État consacre pourtant à l'éducation des moyens considérables : selon les catégories de la Lolf (loi organique relative aux lois de finances) votée en 2001 et d'application généralisée en 2006, la mission Enseignement scolaire, la mission Recherche et la mission Enseignement supérieur cumulent 35 % des crédits du budget de l'État.

Le ministère de l'Éducation nationale (MEN) est l'outil de cette politique publique. D'autres ministères, plus modestes, peuvent y contribuer, comme celui chargé de la jeunesse et des sports, créé par le Front populaire. Selon les inflexions gouvernementales, des ministères spécifiques peuvent être créés : Réussite éducative, Enseignement supérieur et Recherche, ou encore Haut Commissariat à la jeunesse. D'autres administrations peuvent intervenir, de manière plus marginale mais souvent médiatisée : le ministère de l'Intérieur avec une police de proximité « éducative » dans le cadre de la politique de la ville (gouvernement Jospin), le ministère chargé de l'écologie pour une éducation au développement durable, celui de la Justice *via* ses centres éducatifs ouverts ou fermés.

Le MEN dispose d'un personnel nombreux : 1 million de personnes, soit la moitié des effectifs de la fonction publique d'État, ou encore un cinquième de l'ensemble des fonctionnaires. Sur ce million, les trois quarts sont des enseignants, formés à l'université, dans des instituts spécialisés ou dans de grandes écoles. Leur proximité avec le quotidien des enfants et des familles leur confère une grande responsabilité éducative, tant d'instruction que d'orientation des élèves. Les autres personnels sont essentiellement dédiés aux fonctions administratives. Cette masse d'agents publics a fait dire au ministre Allègre que le MEN était un « *mammouth* » qu'il fallait « *dégraisser* ».

Outre les capacités personnelles des enseignants, la machine administrative du MEN, très structurée, constitue à la fois une force d'impulsion et de contrôle. Le ministre est représenté en région par le recteur d'académie. Autorité déconcentrée, celui-ci dirige la politique éducative en s'appuyant, dans chaque département, sur les services du DASEN (directeur académique des services de l'Éducation nationale). Très hiérarchisée, cette administration veille à l'application des programmes décidés par le ministère, impulse d'éventuelles innovations ou adaptations et gère, *via* les inspecteurs, la notation des enseignants et des agents administratifs d'État, ainsi que leurs affectations. Les effectifs du MEN sont fortement syndiqués et leurs organisations professionnelles très actives.

*

L'activité de l'ensemble de ces services fortement centralisés est d'une très grande diversité, allant de la création d'une école maternelle de quartier au regroupement des universités dans une perspective mondialisée. Ces responsabilités complexes conduisent l'État à ne pas agir seul en matière d'éducation, mais en partenariat avec d'autres acteurs, au premier rang desquels figurent les collectivités locales.

Celles-ci ont un rôle traditionnel que la décentralisation a considérablement accru tant en matière d'investissement que de fonctionnement. Si la pédagogie et les programmes restent une prérogative d'État, les lois Defferre (1982-1983) confient aux collectivités territoriales la compétence de construction et de travaux en matière de locaux : les communes pour les bâtiments des classes maternelles et primaires, les départements pour ceux des collèges, les régions pour ceux des lycées et l'État pour les universités. Ainsi, la carte scolaire se trouve, *de facto*, cogérée par l'État et les collectivités locales.

L'acte II de la décentralisation, en 2004, poursuit ce processus avec le transfert des personnels techniques et ouvriers du secondaire (TOS, devenus depuis ATTEE : adjoints techniques territoriaux des établissements d'éducation) aux départements et régions, les personnels médico-sociaux et les gestionnaires des établissements restant encore fonctionnaires de l'État. Outre l'immobilier, les collectivités sont également mobilisées pour le fonctionnement du service public de l'éducation. Deux exemples l'illustrent : la mise en place d'un service minimum d'accueil dans les classes en cas de grève massive des enseignants ou l'obligation faite aux communes d'organiser pour la rentrée 2014 les activités périscolaires prévues par la loi Peillon réformant les horaires et les rythmes de l'école (obligation remplacée en 2017 par le libre choix des communes de maintenir ou non ces activités liées à la semaine de 4,5 jours d'école).

Mais les collectivités ne sont pas les seuls partenaires de l'État en matière éducative. Les familles ont leur rôle à jouer, de même que le monde associatif, et ces partenariats sont renforcés dans certaines circonstances particulières.

Le rôle des familles est majeur, non seulement au plan de la psychologie de l'enfant, mais aussi dans l'accompagnement de son parcours scolaire. Dynamisées de part et d'autre, les relations parents-enseignants peuvent créer une complémentarité positive (un bulletin de liaison existe et les contacts sont encouragés). À une échelle plus large, les grandes associations de parents d'élèves contribuent aussi à orienter le fonctionnement de l'école. Elles pèsent d'un poids politique réel au niveau national en pratiquant un intense *lobbying* auprès du MEN. Au niveau local, elles sont associées aux conseils d'administration des EPLE (établissements publics locaux d'enseignement) et peuvent s'impliquer dans quelques activités comme les voyages scolaires. Mais cela reste, concrètement, très limité, d'autant plus qu'une certaine conflictualité peut vite apparaître entre les impératifs des professionnels et les pratiques des familles (exemple : port du voile par des mères de famille accompagnantes).

Un autre partenariat important est celui des associations dites « d'éducation populaire ». Souvent liées historiquement à l'école publique, soit pour l'aider, soit pour lui faire contrepoids, elles participent aussi à l'acte éducatif global, chacune avec leurs orientations spécifiques. Certaines sont de dimension nationale comme la Ligue de l'enseignement ou les mouvements scouts, d'autres de taille plus modeste comme les foyers ruraux ou les maisons des jeunes et de la culture. Créées pour s'adresser aux enfants des familles volontaires, elles sont souvent gestionnaires délégués des centres aérés ou de loisirs mis en place par les municipalités, et deviennent, par là, plus ou moins dépendantes de ces dernières.

Dans certains cas, des partenariats particuliers sont noués autour de diverses actions éducatives spécifiques. C'est le cas avec les entreprises pour des opérations ou des stages de découverte du monde économique, avec le monde médical pour la prise en charge des jeunes handicapés, avec des associations spécialisées pour la scolarisation des enfants du voyage, ou pour tout autre projet éducatif propre à tel ou tel établissement.

*

En conclusion, il apparaît que l'État domine très largement, depuis un siècle et demi, le système éducatif de la République. C'est un domaine où les attentes sont grandes et évolutives, puisqu'il s'agit non seulement d'adapter la jeunesse aux évolutions actuelles de la société, mais plus encore de la préparer à affronter ses exigences de demain. Ainsi, de multiples manières, la responsabilité de l'État s'inscrit au cœur des destinées individuelles et collectives.

Les attentes concernent l'éducation en tant que vecteur du lien social : est-elle un vecteur de l'égalité des chances ? Agit-elle comme il convient pour un vivre ensemble citoyen et non communautariste ? Mais surtout, une question préoccupe aujourd'hui l'opinion publique, et les médias s'en font l'écho : l'enseignement est-il vraiment efficace ? Le niveau des élèves monte-t-il ou baisse-t-il ? Dans un monde ouvert, les classements comme PISA (programme international pour le suivi des acquis des élèves) sont scrutés par les responsables nationaux. Or la place de la France y est médiocre. Le souci de développer les « compétences » des élèves rejoint celui de leur future employabilité et, plus largement, celui des performances économiques et du rayonnement de la France. La réforme du système éducatif est donc, en réalité, une nécessité d'État constamment renouvelée.

SUJET : COMMENT MESURER LA PERFORMANCE DU SYSTÈME ÉDUCATIF ?

Proposition de plan détaillé

Introduction

Héritier d'une école fondée par des hommes attachés à la défense des principes républicains mais aussi soucieux de créer une institution efficace, capable d'alphabétiser, de former, d'élever leurs concitoyens, le système éducatif français du XXIe siècle recherche désormais la performance, c'est-à-dire une forme nouvelle d'efficacité teintée de rentabilité. En admettant que cette performance soit à la fois possible et souhaitable, comment peut-elle être mesurée ?

L'entreprise est ambitieuse, le système éducatif concernant plus de 14 millions de jeunes et plus de 2 millions de professionnels. Elle est en outre périlleuse, car elle touche des domaines qui ne sont pas toujours quantifiables. Elle est de plus sensible car tout citoyen est concerné directement ou indirectement par ce système. Elle est enfin délicate, aucune définition de cette performance n'existant, ce qui signifie que les critères adoptés pour l'évaluer peuvent être subjectifs, réducteurs ou incomplets.

Malgré ces observations, le système éducatif est évalué. Il l'est d'une part grâce à la mise en œuvre d'un certain nombre d'enquêtes (I) et d'autre part lorsque ses résultats sont confrontés à des attentes (II).

I. La performance du système éducatif se mesure par des enquêtes

A. À l'échelle nationale

Des enquêtes menées à l'échelle nationale et internationale permettent d'évaluer les performances du système éducatif, mais aussi de mesurer ses retards et ses dysfonctionnements. Leur organisation reflète une volonté réelle de repérer les réussites et les insuffisances, mais aussi de satisfaire des observateurs soucieux d'avoir en France une école efficace, adaptée au monde moderne, comparable aux écoles des autres grands pays.

1. Des tests objectifs

Les tests objectifs concernent l'Éducation nationale, plus précisément l'enseignement primaire et l'enseignement secondaire. Dans un souci d'efficacité, l'Éducation nationale s'est dotée d'une DEPP (Direction de l'évaluation, de la prospective et de la performance) qui a pour mission de contribuer à l'évaluation des politiques conduites par le ministère de l'Éducation nationale. Cette direction est notamment responsable depuis 2003 de la conduite de cycles d'évaluations. Il s'agit d'évaluer par des épreuves standardisées les niveaux de connaissances et de compétences d'élèves à la fin de l'école et à la fin du collège.

2. Un état des lieux annuel

Depuis 1991, l'Éducation nationale dresse chaque année un état des lieux de l'école. Elle mobilise 30 indicateurs (dépenses, conditions d'accueil, durée de la scolarisation, formation des enseignants, compétences acquises...) pour évaluer les performances de l'école.

Dans ce bilan, la question financière est sensible : la dépense intérieure d'éducation (qui comprend toutes les dépenses effectuées pour l'éducation depuis les activités d'enseignement jusqu'à l'administration ou aux frais de transport) est en effet de 147,8 milliards d'euros en 2015, soit 8 440 euros par jeune, ce qui représente 6,8 % du PIB. L'État est le premier financeur de l'éducation (57 %) devant les collectivités territoriales (24 %).

Enfin, il est à noter que le 28 janvier 2014, le ministre de l'Éducation nationale, Vincent Peillon, installe le Conseil national d'évaluation du système scolaire (Cnesco), décision qui traduit clairement la volonté des pouvoirs publics d'évaluer ce système, donc de le faire progresser.

B. À l'échelle internationale

Des études permettant de comparer la performance des systèmes éducatifs sont menées par différents organismes internationaux : OCDE, Unesco, Eurydice (réseau d'information sur l'éducation en Europe)... Pour la France, c'est la DEPP qui a la charge d'organiser ces études sur le territoire national. Les études récentes les plus significatives sont l'enquête PISA et l'enquête PIRLS.

1. L'enquête PISA (Programme pour le suivi des acquis des élèves)

Elle évalue tous les trois ans les acquis des jeunes de 15 ans dans divers domaines. La dernière enquête, menée dans 72 pays, date de 2015. La France, classée 27e, apparaît comme un pays de moins en moins capable de faire réussir les enfants qui ne sont pas issus de milieux privilégiés. En outre, ses résultats en mathématiques régressent et ses performances en matière de compréhension de l'écrit ou dans le domaine des sciences ne sont pas très bonnes.

La publication de ces résultats synonymes de contre-performance, inquiétants pour le grand public, peut-elle avoir une incidence sur la politique engagée par le MEN (ministère de l'Éducation nationale) ?

2. L'enquête PIRLS (Progress in international reading literacy study)

La dernière enquête, réalisée dans 54 pays ou provinces, date de 2011. Comme pour l'enquête PISA, les résultats de la France ne sont pas bons : 520 points, loin derrière la moyenne européenne (534) ou celle de l'OCDE (538). En outre, ils sont en recul par rapport à l'enquête précédente.

L'enquête PIRLS, qui touche des élèves de l'école primaire, confirme l'impression laissée par l'enquête PISA menée auprès d'élèves de collège. Les questions posées par ces travaux concernent l'efficacité d'un système éducatif qui se veut résolument républicain, mais qui n'a sans doute pas réussi à évoluer de façon à accompagner les élèves les plus faibles vers la réussite, tout en étant soucieux de conduire les meilleurs vers l'excellence.

II. La performance du système éducatif se mesure à sa capacité à répondre à des attentes

A. Elle se mesure à sa capacité à atteindre des objectifs déterminés par le système éducatif lui-même

1. Dans les lycées

Deux exemples montrent cette volonté de mesurer leurs performances par des indicateurs chiffrés :

• exemple de la loi Jospin du 10 juillet 1989 qui fixe l'objectif d'amener 80 % d'une classe d'âge au baccalauréat. En 2016, le pourcentage de bacheliers par rapport à leur classe d'âge est de 78,6 %, pourcentage qu'il ne faut pas confondre avec le pourcentage de réussite au baccalauréat, qui est de 87,9 % ;

• exemple des « indicateurs de performance des lycées ». Il s'agit de trois indicateurs qui prennent en compte la réussite des élèves au baccalauréat et leur parcours dans l'établissement. Ils permettent de classer les lycées en tenant compte de paramètres multiples. Depuis 2015, le MEN valorise tout particulièrement les bacheliers les plus performants en offrant aux meilleurs d'entre eux la possibilité d'intégrer une filière sélective.

2. Dans les universités

En accordant aux universités une plus grande autonomie que celle dont elles disposaient précédemment, la loi LRU les met face à de nouveaux défis liés à cette forte décentralisation et les contraint à s'engager sur la voie de la recherche de la performance. Dans cette perspective, les universités doivent établir des référentiels permettant de mesurer leur degré de performance et leur progression en la matière.

B. Elle se mesure à sa capacité à atteindre des objectifs fixés par la société

La société française se sent concernée par son système éducatif. Elle le veut performant ce qui signifie dans l'esprit du grand public :

1. Un système éducatif qui prépare au monde du travail, c'est-à-dire qui forme les jeunes en fonction des besoins. Or, les statistiques semblent montrer une faible performance en la matière :
• mars 2017 : taux de chômage des jeunes de moins de 25 ans : 23,7 % ;
• 2016 : taux de jeunes de 18 à 24 ans ayant quitté l'école sans diplôme ou avec seulement le brevet des collèges, et qui ne sont pas en situation de formation : 9,2 %.

La France est pour l'instant loin des objectifs de la Stratégie 2020 de l'Union européenne. Il s'agit d'une politique visant cinq objectifs dont « *un taux d'emploi de 75 % parmi la population âgée de 20 à 64 ans* » et « *une amélioration des niveaux d'éducation (réduire le taux d'abandon scolaire et accroître la frange de population ayant un diplôme de l'enseignement supérieur)* ».

2. Un système éducatif réputé à l'échelle internationale, c'est-à-dire qui soit mondialement reconnu et qui attire les étudiants étrangers. Là encore, les performances de la France sont contrastées :
• dans le classement de Shanghai de 2017, seuls trois établissements français se trouvent dans les cent premiers : l'Université Pierre-et-Marie-Curie (40e), l'Université Paris-Sud (41e) et l'École normale supérieure (69e). Les universités françaises contestent les critères retenus pour réaliser ce classement qui existe depuis 2003 et qui évalue les performances des établissements d'enseignement supérieur mondiaux avec des critères fondés essentiellement sur la recherche. C'est pourquoi ces universités sont rassurées par le classement lancé par l'Union européenne le 13 mai 2014, baptisé U-Multirank, dans lequel en 2017 elles sont évaluées à un niveau comparable à celui des grandes universités britanniques. Ces classements ont une incidence sur la réputation des universités et sur l'attractivité qu'elles peuvent avoir sur des chercheurs étrangers ou sur des étudiants ;
• la France accueille plus de 300 000 étudiants étrangers. Elle est à la quatrième place des destinations préférées des étudiants étrangers, derrière les États-Unis, le Royaume-Uni et l'Australie. 51 % de ces étudiants viennent en France pour la qualité de la formation qu'ils recevront.

La France reste donc un pays attractif.

SUJET : LES ACTEURS DU SYSTÈME ÉDUCATIF

Note technique

I. Les acteurs exerçant des fonctions pédagogiques

A. Les professeurs

1. Les professeurs de l'enseignement primaire et de l'enseignement secondaire

• Ils ont des obligations de service (des heures de cours à assurer) et des obligations complémentaires (réunions, corrections d'examens...).
• Ils sont 374 500 dans le primaire et 387 000 dans le secondaire.

2. Les professeurs de l'enseignement supérieur

• Ce sont des enseignants-chercheurs dont le temps de travail est composé pour moitié d'une activité d'enseignement, et pour moitié d'une activité de recherche. Ils ont en outre des responsabilités administratives et des missions d'encadrement des étudiants.
• En 2014-2015, les professeurs d'université et maîtres de conférences représentent 62 % des 91 000 enseignants qui exercent dans les établissements publics d'enseignement supérieur, les enseignants du second degré et les enseignants non permanents 38 %.

B. Les intervenants

1. Les intervenants permanents

• Dans l'enseignement primaire : les intervenants chargés de l'enseignement des langues, des activités sportives ou des activités artistiques.
• Dans l'enseignement secondaire : les personnels d'orientation et d'éducation (conseillers d'orientation-psychologues, conseillers principaux d'éducation, assistants d'éducation). Ils font partie de la communauté éducative.

2. Les intervenants exceptionnels

Artistes, équipes scientifiques, conférenciers, associations, professionnels présentant leur métier, représentants des collectivités territoriales...

II. Les acteurs exerçant des fonctions administratives

A. Les acteurs du système éducatif

1. Le personnel de direction

Ces chefs d'établissement sont des enseignants :
• soit désignés par leurs pairs (présidents d'université) ;
• soit recrutés sur concours ou sur liste d'aptitude (proviseurs et proviseurs adjoints pour les lycées, principaux et principaux adjoints pour les collèges) ;
• soit nommés (directeurs des écoles nommés par les inspecteurs d'académie).

Ils ont de larges pouvoirs et de grandes responsabilités.

2. Le personnel administratif et technique

Il s'agit d'un certain nombre de personnes qui travaillent dans les bureaux des établissements d'enseignement (secrétaires, attachés d'administration...) ou qui s'occupent de leur entretien. Dans les établissements secondaires, le personnel technique a la charge de l'entretien, mais il exerce aussi des missions d'accueil, de restauration et d'hébergement. La loi du 13 août 2004 a transféré aux départements et aux régions le recrutement et la gestion des personnels techniques, ouvriers et de service (TOS) relevant du ministère de l'Éducation nationale.

B. Les acteurs extérieurs au système éducatif

1. L'État

En France, l'État joue un rôle déterminant dans le système éducatif :
• l'État assure le fonctionnement et l'organisation du système éducatif (fixe les programmes nationaux et contrôle leur application, définit et délivre les diplômes nationaux, recrute une part importante des personnels et s'occupe de leur gestion, finance le fonctionnement des universités et certaines dépenses dans le primaire et dans le secondaire comme une partie de l'équipement des établissements) ;
• l'État est représenté dans chaque académie par un recteur d'académie, chancelier des universités ; il est nommé par décret du président de la République en Conseil des ministres.

2. Les collectivités territoriales

Elles investissent dans la construction et l'entretien des bâtiments (communes pour les écoles, départements pour les collèges, régions pour les lycées), dans l'achat de matériel pédagogique (communes pour les écoles), dans la gestion des personnels administratifs, techniques et de santé (régions pour les lycées), dans la gestion des personnels ouvriers (communes pour les écoles, départements pour les collèges, régions pour les lycées).

SUJET : L'ÉCOLE, ASCENSEUR SOCIAL ?

Proposition de corrigé détaillé

Si l'école de Jules Ferry est fière de permettre la promotion sociale sous la IIIe République, l'école de la République au début du XXIe siècle donne parfois l'impression d'avoir oublié cette ambition tant elle est engluée dans des réformes, des pourcentages et des débats stériles. L'ascenseur social de l'école serait en panne concluent de nombreux observateurs qui n'oublient pas de mettre en face de ce constat son budget global, de la maternelle à l'enseignement supérieur, qui s'élève en 2017 à plus de 92 milliards d'euros. La panne de cet ascenseur cantonnerait l'école dans un rôle de reproduction sociale, la réussite de telle ou telle personnalité descendante d'immigrés n'étant qu'un exemple isolé. Finalement, rien n'aurait changé depuis les années 1960, lorsque Pierre Bourdieu parlait de la « *reproduction des inégalités sociales par l'école* ».

La réalité n'est pas aussi caricaturale. L'État et les collectivités territoriales interviennent dans les établissements d'enseignement pour apporter leur aide aux jeunes les plus défavorisés. Ainsi, l'État est engagé dans une politique d'éducation prioritaire qui a pour objectif de corriger les conséquences des inégalités sociales et économiques sur la réussite scolaire par un renforcement de l'action pédagogique et éducative dans les 6 772 écoles et les 1 095 collèges situés dans les territoires qui rencontrent les plus grandes difficultés sociales. Il n'est pas inintéressant de rappeler une mesure emblématique du programme du candidat Emmanuel Macron en 2017, la réduction à 12 du nombre d'élèves de CP et de CE1 dans l'éducation prioritaire, mesure appliquée dès la rentrée de septembre 2017 dans les 2 200 CP des réseaux d'éducation prioritaire (ou REP). Il est prioritaire de soutenir l'éducation du même nom. Malgré ces efforts, l'ascenseur social est-il en panne, est-il grippé ou au contraire est-il performant bien que son efficacité ne soit pas toujours suffisante ?

L'école demeure la principale institution permettant l'élévation sociale grâce à un supposé ascenseur. Sachant que l'expression « ascenseur social » désigne l'ensemble des dispositifs permettant à des personnes issues de milieux socialement peu favorisés d'accéder à un milieu supérieur, l'école de la République offre un grand nombre de réponses destinées à atteindre cet objectif. Ces moyens sont une mise en application d'une valeur essentielle de la République : l'égalité. Au nom de cette égalité, non seulement l'école de la République est une école de la massification (I) mais elle est également une école de l'intégration (II).

I. Une école de la massification

A. Une massification progressive de l'école

1. Une massification fondée sur le principe de la démocratisation de l'enseignement

La massification de l'éducation est fille des réformes engagées sous la IIIe République, réformes dont le point de départ est constitué par les lois de Jules Ferry qui créent une école gratuite (1881), laïque et obligatoire (1882). À partir de là, la massification de l'enseignement est inéluctable, marquée par des dates symboliques : par exemple 1933 avec l'extension de la gratuité à l'enseignement secondaire ou 1959, quand la scolarisation obligatoire passe de 14 à 16 ans. Cet allongement de la scolarisation est appelé par Antoine Prost, historien spécialiste de l'histoire de l'enseignement et de l'éducation, « *la démocratisation quantitative* ».

L'accès à l'éducation n'est plus un privilège réservé aux enfants issus des milieux favorisés. Cette ouverture de l'école entraîne une meilleure scolarisation des jeunes venant de milieux populaires et ainsi, alors que 2 % des fils d'ouvriers nés entre 1929 et 1938 obtiennent le baccalauréat, 49 % des fils d'ouvriers le décrochent entre 1983 et 1987. La massification apparaît comme vecteur de promotion sociale.

2. Une massification qui n'exclut pas la diversité

Cette massification de l'enseignement est concomitante à la diversification des filières proposées. Cette diversification n'intervient pas dans le primaire, mais elle s'intensifie au fur et à mesure que les études se poursuivent ensuite : est-elle destinée à adapter les possibilités de formation aux qualités des élèves et à leur rythme de travail de façon à les accompagner dans leur processus de promotion ? La réalité ne colle pas vraiment à cette suggestion.

Au collège qui se veut unique, c'est-à-dire le même pour tous, depuis la réforme Haby de 1975, le parcours unique est un leurre tant le choix des options joue un rôle de filtre. Au lycée, le constat est identique d'autant plus que la massification est parallèle, surtout depuis la réforme de 1992, au développement des baccalauréats technologiques et professionnels, principalement préparés par des lycéens issus de milieux populaires, ce qui incite le sociologue Pierre Merle à parler de « *ségrégation négative* ». Les études supérieures, elles, sont devenues un véritable maquis, offrant des formations dites courtes dans les lycées et les IUT (instituts universitaires technologiques), des diplômes universitaires parfois dévalorisés, parfois prestigieux, ou encore des orientations dans de grandes écoles reconnues parfois à l'échelle mondiale.

La massification cache des disparités dans la valeur des diplômes et donc dans les facilités d'intégration dans la vie professionnelle. Or, plus les études sont longues, plus les établissements préparant ces études sont cotés, plus les chances de trouver du travail conforme au niveau atteint sont élevées, et moins ces parcours concernent des jeunes issus des milieux défavorisés. Il existe donc une incontestable démocratisation ségrégative de l'enseignement supérieur, bien éloignée de l'image de l'ascenseur social.

B. Massification ou démocratisation ?

1. La démocratisation peut-elle être ségrégative ?

Il est indispensable de distinguer ces deux termes. Toute forme de démocratisation ségrégative est en contradiction avec le sens même du mot « démocratisation ». Comme l'explique Pierre Merle à propos des « écoles du pouvoir », l'ENA ou HEC par exemple, dans un article paru en 2015 intitulé *L'École française, démocratique et élitiste* : « *Pour les générations nées entre 1959 et 1968, les chances relatives des enfants des catégories aisées d'être scolarisés dans une très grande école sont de 39,9 fois supérieures à celles des enfants des catégories populaires. Cette inégalité des chances n'était que de 23,7 pour les générations nées en 1939-1948. En un demi-siècle, la fermeture sociale du recrutement social des très grandes écoles est considérable.* » Cette analyse est terrible car elle démontre la vacuité d'expressions telles « l'égalité des chances » ou « l'école de la République ».

2. De la démocratisation à l'élitisation

En outre, la conclusion de Pierre Merle est sans appel : « *N'assiste-t-on pas à une élitisation de l'enseignement ?* » Cette question nuance les conclusions d'Antoine Prost dans les années 1980 qui parlait de la progression de la « *démocratisation qualitative* » qui signifie que les cursus scolaires des élèves sont moins corrélés à leur origine sociale. Le débat est ouvert : élitisation *ou* démocratisation ? élitisation *et* démocratisation ? Il est nécessaire de distinguer l'expansion de la scolarité avec l'allongement des études et leur ouverture au plus grand nombre, et l'égalité de scolarisation en fonction de l'origine sociale : l'expansion est réelle, l'égalité est partielle. Quelques statistiques le démontrent : le taux de scolarisation des 15-19 ans dépasse les 80 %, mais seulement 42 % des 25-29 ans ont un diplôme de l'enseignement supérieur.

II. Une école de l'intégration

Il convient de comprendre ici le mot intégration au sens large c'est-à-dire l'intégration sociale des enfants issus de milieux défavorisés et l'intégration nationale des enfants d'origine étrangère.

L'école de la République propose de nombreux dispositifs pour permettre cette double intégration, l'éducation étant perçue comme un vecteur essentiel d'inclusion sociale et nationale.

A. Des dispositifs pédagogiques destinés à favoriser l'intégration

Pour le néophyte, embrasser l'ensemble de ces dispositifs est une gageure, mais s'arrêter sur un exemple significatif est suffisamment instructif pour mesurer une réelle volonté des pouvoirs publics associée à des insuffisances. Cet exemple est celui de l'éducation prioritaire dans les collèges.

1. Quid *de la politique d'éducation prioritaire ?*

La politique d'éducation prioritaire vise à réduire les écarts de réussite entre les élèves scolarisés dans des établissements relevant de l'éducation prioritaire et ceux qui ne le sont pas. À la rentrée 2016, 731 collèges sont classés en REP (réseau d'éducation prioritaire), auxquels il faut ajouter 364 collèges en REP+. Les REP+ concernent les quartiers ou les secteurs isolés connaissant les plus grandes concentrations de difficultés sociales ayant des incidences fortes sur la réussite scolaire... les REP sont plus mixtes socialement mais rencontrent des difficultés sociales plus significatives que celles des collèges et écoles situés hors de l'éducation prioritaire. Depuis la rentrée 2015, le ministère de l'Éducation nationale classe les établissements en fonction d'un indice social reposant sur quatre paramètres qui agissent sur la réussite scolaire : le taux de catégories socioprofessionnelles défavorisées, le taux d'élèves boursiers, le taux d'élèves résidant dans une zone urbaine sensible (ZUS), le taux d'élèves ayant redoublé avant la sixième.

L'éducation prioritaire a beaucoup évolué depuis sa création en 1981, mais elle reste attachée à un principe originel : donner plus à ceux qui ont le moins pour réduire les inégalités et améliorer les résultats scolaires. Afin d'atteindre cet objectif, dans ce type d'établissement, 14 mesures particulières existent : les classes ont moins d'élèves qu'ailleurs, un soutien spécifique est organisé pour les élèves qui rencontrent des difficultés en sixième, des financements particuliers sont prévus notamment pour les sorties scolaires, les enseignants y bénéficient de conditions particulières d'exercice permettant notamment de développer et de faciliter le travail collectif ou la formation continue... En 2017, les REP et REP+, qui accueillent 20 % des élèves, reçoivent 338 millions d'euros pour appliquer cet ensemble de mesures.

2. Quels sont les résultats ?

L'évaluation des effets de cette politique est difficile à mener car il convient de mesurer non pas les taux de réussite *stricto sensu*, mais la performance des élèves scolarisés en éducation prioritaire par rapport à la situation qu'ils auraient connue en l'absence du dispositif. Les résultats sont décevants. En septembre 2016, le Cnesco (Centre national d'évaluation du système scolaire) qui s'appuie sur des données de l'OCDE (Organisation de coopération et de développement économiques), publie une analyse inquiétante en constatant que malgré les politiques engagées, l'école de la République continue de « *fabriquer de l'injustice scolaire* ». Et la situation est d'autant plus alarmante qu'en 2012, la France se trouvait dans la moyenne des pays de l'OCDE alors que désormais, elle est devenue le pays le plus inégalitaire de l'OCDE. Comment l'expliquer ? Trois facteurs se conjuguent pour donner ce résultat : une baisse trop symbolique du nombre d'élèves par classe dans les REP, des professeurs débutants ou contractuels de plus en plus nombreux, des problèmes de discipline et d'absentéisme des élèves qui ralentissent l'apprentissage et qui ne sont pas réglés. L'étude conclut à une « *discrimination négative* » des élèves des REP alors que, ailleurs, le niveau des très bons élèves continue à progresser.

La conclusion du rapport du Cnesco se passe de commentaire : « *Toutes ces politiques et les budgets afférents resteront très peu efficaces si les écoles et les collèges les plus ségrégués ne font pas l'objet d'une politique volontariste de mixité sociale. Aucune politique, aucune pratique pédagogique ne résiste aux effets délétères de la concentration extrême des difficultés scolaire et sociale dans des établissements ghettos.* » Cette affirmation est reprise en juin 2017 par le sociologue Olivier Galland, spécialiste des questions de la jeunesse. Pour lui, l'idée que l'examen national soit garant de l'égalité est un leurre car un baccalauréat à Louis-le-Grand est différent d'un baccalauréat en Seine-Saint-Denis. La preuve, dit-il : « *Comme les inscriptions dans le supérieur se font avant le bac, c'est davantage l'établissement que le bac qui joue un rôle.* »

B. Des dispositifs sociaux destinés à favoriser l'intégration

Là encore, les dispositifs sont nombreux, anciens, coûteux pour la nation, mais avec une efficacité qui n'est pas toujours au rendez-vous. Là encore, il n'est pas facile de mesurer leurs effets. Deux aides sont à cet égard intéressantes à analyser : les bourses et les aides exceptionnelles.

1. Les bourses sur critères sociaux

Dans l'histoire du XXe siècle, des noms fameux nous rappellent que sous la IIIe République puis sous la IVe, de brillants jeunes gens d'origine très modeste ont pu faire de belles études puis avoir une carrière remarquable grâce aux bourses qu'ils ont reçues : parmi eux, Albert Camus (prix Nobel de littérature en 1957) ou Philippe Seguin (premier président de la Cour des comptes de 2004 à 2010). Les bourses sont-elles toujours au cœur de la montée de l'ascenseur social ? L'État l'espère, sans pouvoir le démontrer, les associations d'étudiants en doutent, considérant que le montant des bourses est insuffisant pour que les bénéficiaires puissent faire des études sereinement.

Le Crous (Centre régional des œuvres universitaires et scolaires) pour les étudiants, les établissements scolaires pour les collégiens et les lycéens ont la charge de distribuer les bourses sur critères sociaux. L'enveloppe globale s'établit à 670 millions d'euros en 2017. Pratiquement 700 000 étudiants reçoivent une bourse sur critères sociaux soit environ un étudiant sur quatre. Ces bourses nationales concernent 850 000 collégiens, soit autour de 30 % des élèves des collèges publics, et 520 000 lycéens soit 25 % des lycéens des établissements publics.

L'effort est considérable. Est-il suffisant ? Adapté ? Efficace ? Deux observations peuvent être faites ici, fondées sur des études menées par des chercheurs. Premièrement[1], l'efficacité des critères sociaux pour l'admission dans les cités universitaires est claire : être boursier favorise l'accès à ce type de logement qui peut être vu comme un complément de l'aide publique que représente la bourse. Deuxièmement[2], entre 5 et 10 % des étudiants boursiers n'auraient pas commencé des études supérieures s'ils n'avaient pas été éligibles. En conséquence, l'aide que représentent les bourses mérite sans doute d'être repensée, mais elle joue un rôle dans la poursuite des études, donc dans la marche de l'ascenseur social. Cependant, par rapport aux autres pays de l'Union européenne, la France se trouve dans une situation médiane (5 551 euros pour l'année universitaire 2016-2017), loin derrière l'Autriche, le pays le plus généreux (9 492 euros, montant qui englobe la bourse et les aides éventuelles), et très loin devant le pays qui aide le moins ses étudiants, la Roumanie (545 euros) ; les pays qui ne donnent pas de bourses sur critères sociaux, la Lettonie et le Royaume-Uni, n'étant pas comptabilisés ici. Si l'effort est considérable, il n'est peut-être pas suffisant ou mal adapté, ce qui expliquerait que la Cour des comptes demande que le maintien des bourses soit subordonné au contrôle de l'assiduité des étudiants.

2. Les aides exceptionnelles

Dans le secondaire, ces aides sont le fonds social collégien et le fonds social lycéen. Elles sont destinées à répondre aux difficultés des familles à faire face à des dépenses de scolarité et de vie scolaire de leur enfant. Dans le supérieur, cette aide exceptionnelle, appelée allocation spécifique, est de deux ordres. Il s'agit tout d'abord d'une aide financière personnalisée annuelle. Elle est versée aux étudiants qui rencontrent des difficultés financières durables, même s'ils ne bénéficient pas de la bourse d'enseignement sur critères sociaux. Il s'agit ensuite d'une aide ponctuelle qui a pour mission de permettre aux étudiants de continuer leurs études même s'ils se retrouvent face à une situation grave au cours de l'année universitaire. La situation de l'étudiant est alors attestée par une évaluation sociale. Cette aide ponctuelle est cumulable avec une bourse sur critères sociaux, une allocation annuelle, une aide à la mobilité internationale, une aide au mérite.

1. Guillaume Houzel (2015), sociologue.
2. Travaux de Fack et Grenet (2015), économistes.

En 2017, la dotation de l'État consacrée aux fonds sociaux du secondaire atteint 12 millions d'euros, soit une augmentation de 85 % par rapport à 2012. Cette forte progression est à mettre en relation avec la publication du rapport « Grande pauvreté et réussite scolaire » (mai 2015) qui a mis en lumière les conséquences de la grande pauvreté à l'école en matière d'échec scolaire. En 2015, 280 000 collégiens et lycéens ont bénéficié de cette aide. Par ailleurs, l'aide d'urgence dans le supérieur est de l'ordre de 10 millions d'euros.

Les aides existent donc, elles sont importantes et semblent adaptées. Elles participent au fonctionnement de l'ascenseur. Pourtant, des poches de pauvreté existent dans le monde étudiant. Ainsi, le sociologue Olivier Galland, définit quatre caractéristiques qui distinguent les étudiants pauvres (moins de 302 euros par mois) : ils résident dans des résidences collectives - logements universitaires par exemple -, ne travaillent pas, sont plus souvent d'origine étrangère, en particulier africaine, et n'ont pas droit à des aides publiques. L'existence même de cette pauvreté montre les imperfections voire les limites des aides telles qu'elles sont conçues aujourd'hui.

Conclusion

Pour le sociologue Christian Baudelot, « *l'ascenseur social n'est pas en panne : il n'a jamais fonctionné* ». Cette position radicale rejoint celle de Pierre Bourdieu (*Les Héritiers*, 1964) et Jean-Claude Passeron (*La Reproduction*, 1970), pour lesquels l'école a comme fonction sociale de légitimer la reproduction sociale : elle permet à la classe dominante de maintenir ses positions sociales, tout en faisant accepter ces inégalités de position par l'ensemble de la population. Au terme de cette étude, il semble juste d'adopter une position plus modérée : si l'école ne joue pas pleinement son rôle d'ascenseur social, elle contribue cependant au décloisonnement de la société et à la promotion sociale d'une partie modeste certes mais réelle de ses élèves.

Ce débat rappelle que la société attend beaucoup de son école alors que cette institution agit avec lenteur pour s'adapter aux évolutions de cette société, si bien que désormais non seulement il lui est reproché d'être un mauvais ascenseur, mais en outre se développe un discours critique nouveau sur l'inflation scolaire autour de l'idée résumée par Marie Duru-Bellat, sociologue spécialiste des questions d'éducation, dans la formule suivante : « *Il devient chaque jour plus incertain qu'en persévérant dans la voie de l'inflation scolaire nous prenions le chemin du progrès et de la justice sociale.* »

5| THÈME : DÉVELOPPEMENT DURABLE ET POLITIQUES PUBLIQUES

SUJET : LES DIFFICULTÉS DE L'ENGAGEMENT DE L'ÉTAT EN FAVEUR DU DÉVELOPPEMENT DURABLE

Comment aborder le sujet

Le développement durable est à la mode. Tout le monde en parle : les responsables politiques, les journalistes, les observateurs du monde contemporain, les acteurs de la communauté internationale, les enseignants, le grand public... Cet engouement repose en partie sur un contresens, le développement durable étant assimilé aux questions environnementales, et seulement à ces questions. Certes, elles ont une place déterminante dans la définition du développement durable (voir aide-mémoire), mais assimiler l'un à l'autre est réducteur.

Cette assimilation est-elle toujours involontaire ? Elle permet entre autres d'écarter les questions sociales, qui sont pourtant une partie intégrante du développement durable, et d'axer les décisions ou le discours sur ce qui peut être le mieux compris par le plus grand nombre, les économies d'énergie en premier lieu. Cette assimilation est au minimum le reflet d'une méconnaissance de ce qu'est le développement durable, ce qui révèle un déficit d'information mais aussi un désintérêt pour l'information.

Face à cette réalité, l'État a un rôle majeur :
- il dispose des moyens d'information ;
- il a un pouvoir de décision ;
- il agit comme membre d'une communauté européenne, mais aussi comme membre de la communauté internationale. Or, les questions qui touchent le développement durable doivent être abordées à une autre échelle qu'à l'échelle nationale.

Mais les collectivités territoriales interviennent également de façon décisive. La loi du 12 juillet 2010 portant engagement national pour l'environnement rend obligatoire la rédaction d'un rapport sur la situation en matière de développement durable pour toutes les collectivités territoriales et les EPCI à fiscalité propre de plus de 50 000 habitants.

Ces remarques préliminaires permettent de déterminer les pièges à éviter et les fondamentaux à maîtriser.

Les pièges à éviter :

- un catalogue des interventions de l'État et, en regard, un catalogue des difficultés rencontrées ;
- une approche du sujet passionnée, voire militante ;
- un travail « grand public » : un tel sujet ne peut supporter des développements d'une grande banalité. Il doit être organisé autour de références techniques.

Les fondamentaux à maîtriser :

- la définition du développement durable ;
- les acteurs publics impliqués dans la question du développement durable ;
- les leviers dont l'État dispose pour intervenir dans un dossier tel que celui du développement durable ;
- l'histoire de l'intervention de l'État dans le dossier du développement durable ;
- l'implication des collectivités territoriales.

Proposition de corrigé rédigé

« *Gouverner c'est prévoir* », lance Émile de Girardin au XIXe siècle. Cette assertion est d'une évidente actualité pour les États qui s'engagent aujourd'hui en faveur du développement durable, ce « *développement qui répond aux besoins du présent sans compromettre la capacité des générations futures à répondre aux leurs* », selon la définition du rapport Brundtland de 1987.

Commencer une introduction par une citation attire l'œil du correcteur.

Il faut toujours définir les termes techniques du sujet.

Concept popularisé par le sommet de la Terre de Rio en 1992, le développement durable est ensuite progressivement devenu à la fois un enjeu, un mythe et une politique. Un enjeu pour les sociétés contemporaines qui réfléchissent à un nouveau mode d'organisation fondé sur la conciliation vertueuse des trois piliers sur lesquels repose le développement durable : le respect de l'écologie, le soutien de la croissance économique et la prise en compte des questions sociales. Un mythe que certains espèrent accessible, que d'aucuns rejettent comme une mauvaise construction intellectuelle, que beaucoup méconnaissent alors que d'autres l'instrumentalisent. Et une politique pour les États et les collectivités territoriales qui ont la double responsabilité en matière de développement durable d'être exemplaires et incitatifs.

Précision nécessaire de ce qu'est le développement durable : le correcteur voit ainsi que les questions environnementales ne seront pas les seules prises en compte.

En France, l'État s'est engagé sur ce dossier dès la fin du XXe siècle. Parfois soliste, ou voix du concert européen, ou encore acteur reconnu de la communauté internationale, l'État français, décennie après décennie, se montre déterminé. Son action est prolongée à l'échelle locale par l'engagement des collectivités, à la fois relais de l'État et acteurs au cœur de projets innovants. Pourtant, s'il est possible de souligner des progrès notables, trop de projets restent inachevés, trop de belles idées sont abandonnées, trop d'investissements sont gaspillés. Aussi est-il légitime de rechercher la nature des difficultés de l'engagement de l'État en faveur du développement durable.

Après un début d'introduction qui est resté dans les généralités, il est nécessaire de se recentrer sur le sujet, donc sur l'État français.

Reprise du sujet.

Le fossé qui se creuse entre les intentions, les volontés affichées, les déclarations enflammées et les réalisations laisse penser que ces difficultés seraient multiples mais aussi profondes, voire insurmontables : la volonté politique est-elle suffisante pour les surmonter ? L'étude des difficultés d'ordre politique qui se résument à un impossible consensus, des difficultés d'ordre économique qui reposent sur la désastreuse conjoncture, et des difficultés d'ordre technique qui révèlent les tâtonnements des gouvernants permettra de mesurer le degré de cette volonté politique.

Présentation de la problématique.

Annonce du plan. Ici, un plan en trois parties est proposé.

*

Dans le domaine politique, malgré les ententes de façade, le consensus semble impossible. De fait, l'État et les collectivités locales sont confrontés à la timidité du monde politique, à la résistance des citoyens français et aux divisions de la communauté internationale.

Paragraphe introductif de la première partie. Il présente l'idée centrale de la partie et annonce les trois sous-parties. Le plan de ce devoir étant en trois parties, il est logique de subdiviser chaque partie en trois sous-parties.

Le monde politique ne considère pas le développement durable comme une priorité absolue. Il est loin, le temps où les principaux candidats à l'élection présidentielle de 2007 s'engageaient par leur signature du pacte écologique de Nicolas Hulot à mettre l'écologie au cœur des débats. Cette timidité repose parfois sur un manque de conviction. Elle s'explique surtout par le contexte socio-économique. Le chômage touche environ 9,9 % de la population active, et les perspectives ne sont pas encourageantes. L'emploi est un dossier prioritaire, ce qui relègue les questions de développement durable au second plan. Ainsi, depuis 2014, le budget du ministère de l'Écologie, du Développement durable et de l'Énergie baisse d'au moins 5 % par an.

Chaque paragraphe doit contenir des connaissances techniques précises.

Faiblement contestée, cette décision politique est le reflet d'arbitrages qui n'ont pas plaidé en faveur du développement durable. Dans le même temps, le budget dédié à l'emploi (15,3 milliards en 2017) augmente régulièrement, ce qui illustre les priorités de l'État. Or, le développement durable est réputé créateur d'emplois, mais il s'agit d'emplois dont la création reste liée à un volontarisme parfois encore défaillant.

Dans leur ensemble, les citoyens sont tout aussi prudents à l'égard du développement durable, même s'ils se disent de plus en plus conscients des risques. L'emploi est également leur priorité. Si cette position est fondée, elle traduit trop souvent une méconnaissance de ce qu'est le développement durable, que le plus grand nombre voit comme une politique destinée à lutter contre le réchauffement climatique. L'État dispose de deux leviers pour faire évoluer les citoyens : la pédagogie et les aides financières. L'école ne peut être le seul lieu d'une éducation au développement durable. La collectivité doit être sensibilisée non seulement aux urgences environnementales, mais aussi à la portée globale de ce développement. Les aides financières accordées lors de travaux d'isolation ou pour l'achat d'une voiture propre participent-elles à cette sensibilisation ? Sans doute, mais elles ont aussi un effet pervers ; le travail pédagogique est donc encore nécessaire : ainsi, la baisse du crédit d'impôt octroyé au titre de l'installation des panneaux solaires de 22 % à 11 % à partir de 2013 s'est traduite par un net recul dans les commandes, ce qui révèle la faible conviction des Français. La suppression de ce crédit

Soigner par des formules choisies l'enchaînement entre les paragraphes. C'est indispensable pour que votre travail ne ressemble pas à un catalogue constitué de paragraphes collés les uns aux autres n'importe comment.

Des exemples concrets sont bienvenus dans ce type de sujet : ils doivent soutenir un raisonnement et non pas être le cœur du travail.

d'impôt le 1er janvier 2014 confirme ce constat. L'établissement en 2017 d'un nouveau crédit d'impôt pour une installation aérovoltaïque (combinaison du solaire photovoltaïque et de la récupération d'air chaud) est certes une bonne nouvelle, mais laisse à nouveau les consommateurs étonnés face à une absence de continuité dans la politique menée qui ne peut être interprétée que comme un manque d'engagement politique sur le long terme.

L'État et les collectivités, de même que leurs opérateurs, ont aussi la mission de convaincre le grand public que les actions individuelles ou nationales sont nécessaires, même si les décisions adoptées à l'échelle internationale sont décevantes. En effet, après la période d'optimisme qui a suivi la ratification du protocole de Kyoto à partir du 16 mars 1998, les dissensions internationales se sont multipliées, donnant l'image d'une communauté désunie et peu décidée à s'investir dans le développement durable. Entré en vigueur en 2005, le texte est affaibli par le refus de le signer des États-Unis et par la disposition au terme de laquelle les pays de l'Annexe II, c'est-à-dire les pays du Sud, ne sont soumis à aucune contrainte. Ainsi la Chine, puissance industrielle du Sud, désormais premier émetteur de GES (gaz à effet de serre), n'est pas tenue de réduire ses émissions, malgré les pressions récentes. Les discordes internationales, concrétisées par une impossible entente dans les sommets de la Terre, depuis celui de Bali en 2007, affectent l'argumentation de l'État français en France. C'est pourquoi la signature d'un accord à la fin de la COP 21 en décembre 2015 est un signe très encourageant pour la planète en général et pour les défenseurs de cette planète en particulier. Mais encore une fois, l'annonce faite le 1er juin 2017 par Donald Trump de retirer les États-Unis de la COP 21 trouble la perception que le grand public a du dérèglement climatique et encourage les sceptiques ou les ignorants à ne pas se mobiliser.

Ne pas confondre signature et ratification.

N'employez plus les expressions « tiers-monde » ou « pays sous-développés ».

Vous devez toujours donner le sens des sigles que vous utilisez, du moins au moment de leur première utilisation dans votre copie.

*

Rares sont les hommes politiques français qui osent contester la nécessité d'engager la France dans une politique de développement durable. Cependant, face aux questions sociales, à la faible mobilisation des citoyens et aux signaux contradictoires envoyés par de grandes puissances, les décideurs ne montrent pas le déterminisme attendu, d'autant plus qu'il est confronté à des difficultés économiques majeures.

Terminer chaque partie par un paragraphe conclusif qui fait la synthèse de la partie que vous avez rédigée et qui introduit la partie suivante.

*

Trois problèmes économiques connexes limitent la marge de manœuvre de l'action publique : la situation des comptes publics, la crise économique et la concurrence étrangère.

Le déficit public de la France est inquiétant, il s'élève à 3,2 % du PIB en 2017, et la dette publique atteint un niveau sans précédent : 2 222 milliards d'euros à la fin du deuxième trimestre 2017.

Attention à ne pas confondre déficit, dette…

En 2014, pour répondre à cette pression montrée du doigt par les instances européennes, le gouvernement engage le pays dans un plan d'économies de 50 milliards d'euros d'ici 2017, dont 18 milliards doivent venir de l'État et de ses agences. Ce plan est revu à la baisse en 2017 par l'État français qui réduit l'effort à 40 milliards d'euros.

Le plan d'économies sur trois ans touche tout particulièrement trois ministères, dont celui de l'Écologie, du Développement durable et de l'Énergie (aujourd'hui nommé ministère de la Transition écologique et solidaire). Cette décision politique condamne le développement durable à se cantonner dans un second rôle, les restrictions contraignant à l'abandon partiel ou total de projets. En fait, depuis 2007, des restrictions touchent la politique en faveur du développement durable, car cette année est celle du Grenelle de l'environnement et de la fin de l'embellie que connaît l'économie française depuis le début du XXIe siècle. Un rapport du Sénat faisant en janvier 2013 le bilan du Grenelle de l'environnement de l'automne 2007 est à cet égard instructif. Alors que les conclusions de ces rencontres multilatérales sur les questions de développement durable montraient un réel engagement de l'État sur les sujets tels que la biodiversité, la réduction d'émissions de GES, l'efficience énergétique, ce rapport reconnaît que quelques années plus tard, le taux d'application de la loi Grenelle I n'atteint que 50 %. L'exemple du ferroutage illustre cet échec. En 2007, décision est prise de faire passer la part du fret non routier à 25 % du total transporté en 2022 alors qu'elle était alors de 11 %. Aujourd'hui, cette part a reculé, les investissements dans le fret ferroviaire ayant pris un retard considérable, le plan lancé en 2009 de 7 milliards à investir à l'horizon 2020 se limitant à 1 milliard pour l'instant.

Pour de nombreux sujets, des termes précis doivent être maîtrisés. Il n'est pas obligatoirement nécessaire de les définir, mais leur utilisation montre que vous avez une certaine connaissance de la question.

Les contraintes budgétaires sont la conséquence du déficit que la France doit réduire pour être en accord avec l'Union européenne, mais aussi de la crise économique qui étrangle l'économie française. Pour les citoyens, cette crise est synonyme de paupérisation d'une partie de la population, et d'incertitudes vis-à-vis de l'avenir. Dans ce contexte, les investissements sont attendus pour répondre aux situations sociales d'urgence et non pas pour préparer l'avenir. Les besoins qui concernent le long terme sont abandonnés au profit du court terme : c'est un effet de la hiérarchisation des urgences en situation budgétaire contrainte. Le développement durable en fait les frais.

La question du chômage a été abordée dans un paragraphe précédent. Mais il n'est pas interdit de reprendre un thème pour l'exploiter différemment.

Il est également touché par le fait que la concurrence étrangère soit une menace constante. Les entreprises françaises, fragilisées par la crise, sont sensibles à cette menace. C'est pourquoi elles pèsent de tout leur poids pour que soient ajournées les obligations en matière de développement durable qui peuvent alourdir leurs coûts de production.

Les questions d'actualité doivent toujours être traitées avec prudence : il ne faut pas prendre parti et il ne faut pas donner trop d'importance à un sujet qui peut-être sera oublié quelques mois plus tard.

*

Il est indéniable que la situation socio-économique est préoccupante. Elle mobilise les services de l'État et des régions, et cristallise les passions. Mais c'est bien parce que l'État n'a plus ni les moyens ni la volonté sans faille de le soutenir que le développement durable est une sorte de dommage collatéral de la crise. Ce constat pessimiste est aggravé par les difficultés d'ordre technique qui sont autant d'obstacles à la mise en œuvre d'une politique sereine de développement durable. Pourtant, après bien des atermoiements, une loi ambitieuse est adoptée le 22 juillet 2015, la loi sur la transition énergétique.

*

Parler du développement durable est aujourd'hui banal, mais ce concept n'est devenu familier que dans les années 1990. À partir de ce moment-là, l'État français a mis en place un cadre technique destiné à organiser sa politique en la matière. Présenter ce cadre sur lequel s'appuient les collectivités territoriales, c'est aussi montrer d'une part ses limites, d'autre part ses réussites.

Même si le sujet porte sur une situation actuelle, il n'est pas inintéressant de faire des mises en perspective historiques.

Le cadre technique voulu par l'État en matière de développement durable se décline sous la forme de plusieurs comités dont le nombre laisse le citoyen perplexe. Par décret en 2003 est créé un Comité interministériel pour le développement durable (CIDD), présidé par le Premier ministre. Cette instance est responsable de la stratégie nationale de développement durable (SNDD) de la France. Aux termes de l'article 3 de ce décret, elle définit au cours de sa réunion annuelle « *les orientations de la politique conduite par le gouvernement en faveur du développement durable, notamment en matière d'effet de serre et de prévention des risques naturels majeurs, et veille à leur mise en œuvre* ». Le Comité s'assure de la coordination et de la mise en œuvre du développement durable dans les politiques publiques, dans les administrations et dans les territoires.

Il semble difficile de retenir de longues citations. Le travail de préparation du concours consiste entre autres à préparer des fiches avec des citations importantes sur tous les thèmes au programme, d'autres fiches avec des dates, d'autres encore avec de courtes biographies.

Mais ce comité n'est plus qu'« un » parmi d'« autres ». À ses côtés existent un Comité interministériel de la qualité de l'air (depuis septembre 2012), un Conseil national de l'air (créé par décret le 29 avril 1997), un Conseil économique pour le développement durable (créé par décret le 1er décembre 2008), un Observatoire national sur les effets du réchauffement climatique en France métropolitaine et dans les départements et territoires d'outre-mer (créé par la loi du 19 février 2001)... Ces organismes ont des antennes ou des copies dans les collectivités territoriales, ce qui éclate les décisions, les financements et les projets. Les Français ont de grandes difficultés à se retrouver dans toutes ces structures, comme ils ont d'ailleurs du mal à suivre les grandes orientations présentées comme essentielles puis abandonnées au détour d'une nouvelle réforme : depuis 2014, il n'est question que de transition énergétique, et qui se souvient qu'en 2010, l'heure était à la taxe carbone ?

L'éclatement du cadre technique ainsi que les hésitations dans la prise de décision donnent une impression de tâtonnements, elle-même renforcée par la publicité faite autour de problèmes techniques liés au fait que les mesures en faveur du développement durable mobilisent des technologies qui ne sont pas toujours pleinement maîtrisées. C'est le cas de certains panneaux photovoltaïques qui, une fois posés, apportent plus de tracas que de satisfactions, dont la rentabilité n'est pas assurée et pour lesquels en outre se pose la question de leur recyclage à la fin de leur vie. Le citoyen est partagé entre son intérêt pour une énergie vertueuse et les doutes alimentés par les forums sur Internet, qui le détournent d'elle. La politique peu claire de l'État dans ce domaine, avec notamment une évolution dans ses engagements en matière fiscale, renforce les doutes. En définitive, en adoptant une posture favorable au développement durable, l'État a peut-être laissé se développer des pratiques qui détournent les citoyens de ce développement, ce qui entrave l'efficacité de son discours et de sa politique.

Il convient toutefois d'éviter les affirmations catastrophistes : l'adoption en juillet 2015 de la loi sur la transition énergétique nuance en effet le constat pessimiste dressé après une étude du bilan de la politique menée jusqu'à présent. L'ambition de ce texte est d'engager la France vers une consommation énergétique moins élevée et moins polluante avec, entre autres, en 2030 par rapport aux données de 1990, la réduction de 40 % des émissions de gaz à effet de serre ou la baisse de la part des énergies fossiles de 20 %. Pour que la France soit verdie, le législateur demande à ce que soient mis en œuvre la rénovation énergétique des bâtiments et le développement des transports propres. Il insiste en outre sur l'exemplarité nécessaire de l'État et des collectivités territoriales. À terme, l'application de la loi sur la transition énergétique devrait être au cœur à la fois d'un bouleversement dans de nombreuses pratiques quotidiennes et d'un élan économique avec la création de 100 000 emplois en trois ans comme le pense madame Royal.

*

Dès 2017, des résultats significatifs de l'application de la loi sont enregistrés. Ainsi par exemple la puissance éolienne et solaire installée a augmenté de 25 %, les emplois éoliens ont crû de plus de 33 %, soit 3 620 emplois depuis 2013, le seuil des 100 000 véhicules électriques a été franchi au début de l'année. Les progrès sont encore très insuffisants, mais pour le nouveau ministre en charge des questions environnementales, Nicolas Hulot, ministre de la Transition écologique et solidaire, « *la transition énergétique est une chance* ». C'est pourquoi, dès son arrivée au gouvernement, il s'empare de ce dossier et propose des réformes pour accélérer sa mise en œuvre.

« *Notre maison brûle et nous regardons ailleurs* », s'inquiétait Jacques Chirac en 2002 au sommet de la Terre de Johannesburg. L'incendie couve toujours, les grands de ce monde cherchent encore des solutions médianes pour l'étouffer, la France, moins mauvais élève que d'autres, se donne un nouveau souffle pour participer à son contrôle, mais avec des moyens modestes et un contexte peu propice : <u>les résultats pourront-ils être au rendez-vous ?</u>

Terminer par une question n'est pas une obligation. La fin de la conclusion est une ouverture qui peut prendre des formes variées.

SUJET : L'ÉTAT FACE AUX GRANDS DÉFIS ENVIRONNEMENTAUX

Proposition de plan sommaire

(Attention à l'esprit du sujet : ne pas se perdre dans une étude des défis environnementaux ou dans une approche universelle du sujet).

En introduction :

- rappeler le rôle de l'État face à ces questions : interventionnisme et exemplarité... ;
- définir ce que sont les défis environnementaux.

Dans son rapport « Perspectives de l'environnement de l'OCDE à l'horizon 2030 » paru en 2008, l'OCDE (Organisation de coopération et de développement économiques) établit une liste des principaux défis environnementaux pour l'avenir : le changement climatique, la biodiversité et les ressources naturelles renouvelables, l'eau, la qualité de l'air, les déchets et produits chimiques dangereux.

Depuis 2012, des conférences gouvernementales annuelles travaillent sur des dossiers qui prennent en compte ces cinq défis. Elles réunissent les partenaires du dialogue environnemental (membres du gouvernement, représentants des collectivités, parlementaires, ONG...). Ainsi, la conférence de 2016 s'est penchée sur trois thèmes qui concernent la transition écologique : l'application de solutions pour la croissance verte, l'implication des citoyens, des territoires et de l'État dans la transition écologique et une réflexion sur les moyens de préserver les milieux afin d'améliorer le cadre de vie et la santé de tous. Cette conférence environnementale, comme les précédentes, a été un lieu de bilan, de propositions et de débats.

I. Ce que l'État doit combattre

A. Le changement climatique

1. Les conclusions du GIEC (Groupe d'experts intergouvernemental sur l'évolution du climat) dont les rapports sont de plus en plus alarmants. Le cinquième rapport (2014) démontre que :

- le dérèglement climatique, causé par l'activité humaine, est incontestable ;
- les émissions récentes de gaz à effet de serre sont les plus élevées de l'histoire ;
- si elles se poursuivent au même rythme, cela produira un réchauffement additionnel et accroîtra les risques d'impacts sévères et irréversibles.

2. Les engagements de l'État

L'État adopte le Pnacc (Plan national d'adaptation au changement climatique) en 2011. Un premier plan (2011-2015) a permis de développer des références écologiques dans les documents d'urbanisme, de doter le littoral d'un schéma de gestion du trait de côte et de donner aux massifs montagneux des plans d'adaptation au changement climatique. Le plan actuel, pour la période 2017-2021 a trois objectifs : poursuivre les actions engagées, adapter ces actions aux territoires en concertation avec les régions et les EPCI, convaincre la sphère économique de s'engager dans la lutte contre le réchauffement climatique et contre ses effets.

B. Les dépôts de déchets et de produits chimiques dangereux

1. Le constat

• Les déchets sont une manifestation de la société de consommation.
• Dans un document de l'ADEME paru en 2016, il est fait état de 345 millions de tonnes de déchets produits en France en 2012.

2. Les décisions gouvernementales : deux exemples

• La politique de recyclage intégrée dans la loi de programmation relative à la mise en œuvre du Grenelle de l'environnement du 3 août 2009.
• Le Plan national de gestion des matières et des déchets radioactifs 2016-2018.

II. Ce que l'État doit protéger

A. La biodiversité

1. Un état des lieux

2. La loi pour la reconquête de la biodiversité

Adoptée en 2016, cette loi a pour ambition de rétablir des relations harmonieuses avec la nature, bonnes pour la santé, pour l'innovation et pour l'emploi. Elle vise entre autres à :
• protéger les ressources génétiques ;
• protéger les espaces naturels et les espèces ;
• protéger les paysages, patrimoine naturel et culturel.

Pour mettre en œuvre la loi et contrôler son application, est créé un établissement public de l'État, l'Agence française pour la biodiversité.

B. La qualité de l'eau et de l'air

1. Une réalité inquiétante

2. Des réalisations encourageantes : des systèmes de surveillance

En conclusion : en rappelant le rôle incontournable de l'État, insister sur celui, non moins indispensable, de la coopération entre États, que ceux-ci soient développés ou émergents.

SUJET : UN ENJEU DU DÉVELOPPEMENT DURABLE : LA TRANSITION ÉNERGÉTIQUE

Proposition de corrigé rédigé

Développement durable ou transition énergétique sont des expressions entrées depuis quelques années dans le langage courant, banalisées par les journalistes et par les politiques, bien que les uns ou les autres ne les utilisent pas toujours à bon escient. Les définitions de ces deux concepts sont pourtant accessibles et délimitées. Le développement durable est, selon la formule du rapport Brundtland de 1987 *Notre avenir à tous*, « *un mode de fonctionnement qui répond aux besoins des générations présentes sans compromettre la capacité des générations futures de répondre aux leurs* ». La transition énergétique, elle, est un passage d'un modèle économique fortement consommateur d'énergie à un modèle plus sobre et plus durable. La transition énergétique est la réponse politique aux ambitions du développement durable.

Immense chantier conçu à court et à long termes, la transition énergétique est un enjeu majeur du développement durable qui implique l'État, les collectivités territoriales, les entreprises et les citoyens. Porté par Nicolas Hulot, ministre de la Transition écologique et solidaire, ce programme s'appuie sur la loi de 2015, sur les dispositions de la COP 21 et sur les orientations déterminées par le président Emmanuel Macron : il a donc une dimension nationale tout en s'inscrivant dans une réflexion à l'échelle mondiale.

Volet de la « transition écologique » qui couvre d'autres thématiques telles que la préservation des écosystèmes et des ressources en eau, la transition énergétique est à la fois un enjeu politique (I) et un enjeu technologique (II) du développement durable.

I. La transition énergétique est un enjeu politique

A. Un enjeu politique du développement durable défini par des textes fondateurs

1. Le protocole de Kyoto (1998)

Le concept de développement durable est défendu officiellement pour la première fois au premier sommet de la Terre organisé à Rio en 1992. Ce concept est décliné dans un Agenda 21 qui fixe des milliers d'objectifs à atteindre en matière d'égalités, d'économie, d'écologie, d'énergies renouvelables : à chaque pays, à chaque territoire, à chaque entreprise de les appliquer librement. Six ans plus tard, en 1998, un premier traité international annonçant des objectifs concrets dans la lutte contre le rejet de gaz à émission de serre est signé : ce texte est une étape fondatrice dans le processus de reconnaissance des questions environnementales. Mais les contraintes de ce protocole de Kyoto sont inexistantes, le nombre de pays signataires insuffisant et les ambitions réduites. Le développement durable reste un vœu pieux.

Les dernières décennies du XXe siècle sont celles de la prise de conscience de l'ampleur des problèmes environnementaux, des dégâts causés par les rejets de gaz à effet de serre et de la nécessité absolue que les engagements destinés à mettre en œuvre un développement durable soient adoptés à l'échelle mondiale. Ces questions sont de plus en plus perçues comme un enjeu politique, économique et social, la manifestation la plus visible des dégâts évoqués plus haut étant le dérèglement climatique, dont les conséquences et le coût économique sont de plus en plus une réalité, et que seule une politique globale peut enrayer.

Parallèlement, naît en Allemagne dans les années 1980 la notion de transition énergétique, c'est-à-dire concrètement l'abandon progressif de certaines énergies, les énergies fossiles et l'énergie nucléaire, et leur remplacement par des énergies renouvelables. La rencontre de ces deux visions, celle d'un développement raisonnable et celle d'une économie fondée sur des énergies telles l'éolien ou le solaire, participe à l'infléchissement des discours tenus lors des sommets de la Terre au début du XXIe siècle et des textes qui les prolongent, mais aussi à la reconnaissance de la transition énergétique comme enjeu majeur du développement durable. Pour autant, il reste difficile de mobiliser la communauté internationale sur cette question, les conclusions de la COP 21 organisée à Paris en décembre 2015 le montrent de façon éclairante.

2. L'acte final de la COP 21 (2015)

La 20e Conférence des parties réunie à Paris du 30 novembre au 12 décembre 2015 adopte par consensus l'accord de Paris qui a pour objectif premier de contenir la hausse des températures à 1,5 °C d'ici 2050. En signant ce texte, les 196 délégations présentes acceptent de réduire leurs émissions de gaz à effet de serre (GES), chaque État s'engageant moralement à contribuer à cet objectif global, les États-Unis par exemple se disant prêts à réduire leurs émissions de GES de 26 à 28 % d'ici 2025 par rapport à ce qu'ils émettaient en 2005. La plus grande nouveauté de cette conférence est que les États présents s'engagent par des contributions nationales préparées à l'avance.

Cet accord vu comme une avancée sans précédent dans l'histoire des sommets de la Terre, est pourtant décevant en regard de la transition énergétique car il ne contient aucun engagement sur la décarbonisation ou sur les énergies renouvelables. Une telle frilosité est due, d'une part, à la réserve de certains États comme les États-Unis et, d'autre part, est une conséquence de la volonté de trouver un accord universel accepté à l'unanimité. Cependant, la transition énergétique est au cœur de nombreuses contributions nationales, notamment celle de la France qui fonde son engagement sur la loi du 17 août 2015.

B. Un enjeu du développement durable pour l'État français

1. La loi du 17 août 2015

La loi du 17 août 2015 relative à la transition énergétique pour la croissance verte ou LTECV est le socle de la contribution nationale de la France à la COP 21. La France se fixe avec cette loi deux objectifs principaux : réduire de 40 % ses émissions de GES d'ici 2030 par rapport à ses émissions de 1990, et réduire de 75 % ces mêmes émissions d'ici 2050 toujours par rapport à 1990. Pour atteindre ces objectifs, le pays s'engage sur l'évolution du mix énergétique en portant à 32 % la part des énergies renouvelables dans la consommation énergétique finale en 2030 et en réduisant de 50 % la consommation énergétique à l'horizon 2050.

En outre, la France propose des orientations stratégiques pour mettre en œuvre dans tous les secteurs d'activité la transition vers une économie bas carbone pour la période 2015-2028... il s'agit de la stratégie nationale bas carbone ou SNBC. Deux exemples peuvent être retenus à cet égard : le secteur du bâtiment et celui de la gestion des déchets. Dans le secteur du bâtiment, est demandée une réduction de 54 % des émissions grâce au déploiement des bâtiments à très basse consommation et à énergie positive, à l'accélération des rénovations énergétiques et au développement des écoconceptions. Et en matière de gestion des déchets, une réduction de 33 % des émissions est recherchée par la réduction du gaspillage alimentaire, la lutte contre l'obsolescence programmée ou la meilleure valorisation des déchets.

La loi de 2015, comme la contribution nationale française à la COP 21 qui la reprend, vise à préparer l'après pétrole tout en instaurant un modèle énergétique durable face aux enjeux environnementaux et face aux enjeux d'approvisionnement. En portant la part des énergies renouvelables à 23 % de la consommation finale brute d'énergie en 2020 (et à 32 % en 2030) et en réduisant la part du nucléaire dans la production d'électricité à l'horizon 2025, elle engage la France sur la voie de la transition énergétique, ce que le président Emmanuel Macron élu en 2017 reconduit.

2. Les feuilles de route de 2017-2018

Le président Macron, favorable à la défense de l'accord de Paris, charge en effet Nicolas Hulot, ministre de la Transition écologique et solidaire, de la mise en œuvre d'un programme ambitieux ayant pour objectif la neutralité carbone en 2050, ce qui signifie à la fois la réduction des émissions de CO_2 et la compensation de l'intégralité des émissions restantes par la restauration du couvert forestier ou par le captage des gaz émis. Le Plan climat du ministre, exposé en juillet 2017, donne des indications sur les futures directives permettant d'atteindre cette neutralité en 2050, la mesure la plus emblématique étant la fin de la vente des voitures à essence et diesel d'ici 2040. L'ambition suprême de ce Plan est de rendre irréversibles les décisions adoptées à la COP 21, d'ancrer dans l'action publique les objectifs de cette COP 21 et d'associer tous les citoyens à la mobilisation nécessaire à sa réussite.

À partir de septembre 2017, les feuilles de route gouvernementales ont pour objet de préciser les grandes options officiellement retenues : ainsi celle sur la coordination des actions publiques en matière de rénovation énergétique, dont les orientations seront mises en œuvre dès la loi de finances pour 2018, ou celle pour l'économie circulaire, c'est-à-dire une économie peu consommatrice de ressources naturelles, peu productrice de déchets et réfléchissant à l'allongement de la durée du cycle de vie des produits.

En matière de développement durable et de transition énergétique, l'État français se veut désormais exemplaire. S'estimant dépositaire de l'accord de Paris de 2015, il s'engage clairement sur la voie de la transition énergétique et programme pour décembre 2017 un sommet climat destiné, entre autres, à aborder les questions financières que la communauté internationale doit résoudre pour appliquer les décisions de l'accord. L'enjeu financier n'est pas le seul défi à relever : l'enjeu technologique en est un autre, tout aussi fondamental.

II. La transition énergétique est un enjeu technologique

A. Un enjeu technologique qui appelle des mutations profondes

1. Des mutations en matière de production d'énergie

Le bilan énergétique de la France révèle à la fois un caractère traditionnel et l'ampleur du chemin à parcourir. En 2016, il s'établit de la façon suivante :

Nucléaire	Pétrole	Charbon	Gaz	Énergies renouvelables	Déchets non renouvelables
41,9 %	28,1 %	3,4 %	15,7 %	10,4 %	0,6 %

Or, l'État veut réduire à la fois la part des énergies fossiles (le pétrole, le gaz naturel et le charbon), et celle du nucléaire. Cette réduction doit être compensée par la réduction de la consommation et par le développement des énergies renouvelables. Cette mutation profonde est un enjeu technologique de premier plan qui pose au moins trois questions techniques : comment se passer des énergies fossiles ? Comment arrêter les centrales nucléaires ? Quelles énergies renouvelables peuvent être privilégiées ?

Les énergies fossiles (47,2 % de l'énergie consommée en France) servent principalement de carburant et de combustible dans les centrales thermiques. Si leur remplacement est au cœur de la transition énergétique, il repose aussi sur une réalité : le déclin annoncé de la production de pétrole vers 2030 et de celle du gaz vers 2050, du fait de l'épuisement des ressources mondiales. La France a 22 centrales thermiques en activité, mais depuis la fin du XXe siècle, 21 centrales ont été fermées, la dernière ayant été abandonnée au printemps 2017. La fermeture de ces centrales pose sur place le problème technique de la réhabilitation des sites qu'elles occupent. Mais ces sites étant très dispersés, proches des lieux de consommation d'électricité, leur fermeture pose aussi le problème de leur remplacement par une énergie produite localement et en quantité, l'homme ne sachant pas pour l'instant transporter l'électricité sur de grandes distances. Le problème montre clairement que la transition énergétique repose à la fois sur l'abandon de certaines énergies et sur la réduction de la consommation d'énergie. Cette réduction concerne aussi les transports : l'État, les collectivités, les entreprises et les citoyens doivent réfléchir à de nouvelles formes de déplacement et à de nouveaux types de véhicules.

Le problème du nucléaire est plus complexe encore. La France possède 19 centrales nucléaires qui produisent pratiquement 75 % de l'électricité consommée. Sur les 58 réacteurs en activité dans ces centrales, le gouvernement envisage d'en fermer autour de 17 afin que la part du nucléaire dans la production globale d'électricité soit ramenée à 50 % à l'horizon 2025. Si le déficit d'électricité venant de ces centrales pose les mêmes problèmes que celui des centrales thermiques, le démantèlement des réacteurs condamnés après leur arrêt (lequel devrait se faire facilement), se traduira par des années de travaux de décontamination dont la durée et le coût ne sont pas encore évalués. L'exemple de la centrale nucléaire de Chinon, arrêtée progressivement entre 1985 et 1990, est instructif. Son démantèlement ne devrait commencer qu'en 2030 et s'achever au mieux en 2055. Le chantier entraînera la construction d'un site capable d'accueillir les déchets radioactifs issus de la destruction, elle-même réalisée par des robots télé-opérés. L'opération devrait coûter à EDF 3 milliards d'euros, à moins que le mode opératoire ne soit corrigé par l'Autorité de sûreté nucléaire qui doit se prononcer d'ici la fin de l'année 2017. Cet exemple montre la complexité et le coût d'un programme courant sur des décennies, mais que le vieillissement de nombreuses installations nucléaires rend nécessaire.

L'abandon progressif des énergies fossiles et du nucléaire donne un second souffle aux énergies renouvelables que la France n'a pas privilégiées pour l'instant. Ainsi, le parc éolien français qui assure autour de 4 % de la production d'électricité en France, est le quatrième parc européen en matière de puissance installée alors que le pays a le deuxième potentiel éolien derrière le Royaume-Uni. Ce parc français est pour l'instant uniquement constitué d'éoliennes terrestres, la mise en service de parcs offshore n'étant pas prévue avant 2020. Développer cette énergie supposera de régler des difficultés techniques sur les sites offshore (problème du raccordement de l'éolien offshore au réseau, questions de sûreté du réseau et du contrôle de la production électrique éolienne *offshore*), de simplifier les démarches du processus d'implantation comme le demande la loi de 2015 et de prévoir d'autres formes de production d'électricité près des parcs éoliens, cette énergie restant une source intermittente. L'énergie solaire, elle, n'assure que 3,3 % de la production électrique en France (contre 21,5 % en Allemagne, qui est le premier producteur mondial). Les contraintes techniques, productivité réduite, intermittence de la production, coût de l'installation, durée de vie limitée des panneaux photovoltaïques (25 ans en moyenne) ne sont pas suffisantes pour expliquer le retard de la France : des politiques publiques trop peu engagées ou trop peu visibles, un manque d'information du grand public, une évolution trop lente des mentalités ont aussi leur part de responsabilité dans ce constat.

2. Des mutations en matière de vie quotidienne

Pourtant, des évolutions dans la vie quotidienne décidées par les pouvoirs publics sont de plus en plus marquées, bien qu'elles ne soient pas toujours admises ou comprises par le grand public. Deux exemples l'illustrent : les sacs en plastique et les transports. La loi de transition énergétique pour la croissance verte met fin à la distribution des sacs plastiques en caisse à compter du 1er juillet 2016. La mesure vise à réduire les impacts environnementaux liés à la production et à la distribution de ces sacs. Cette décision repose sur un constat simple : chaque année en France, cinq milliards de sacs plastiques à usage unique sont distribués en caisse. Avec une durée moyenne d'utilisation limitée à 20 minutes, ils mettent jusqu'à 400 ans pour être dégradés dans la nature. Sachant en outre qu'en 2016, 80 % de ces sacs étaient importés d'Asie et que 75 % des déchets en mer sont en plastique, la décision certes radicale est raisonnable d'autant plus que le plastique est issu de la pétrochimie.

Autre exemple, les transports. Le Plan climat de Nicolas Hulot annonce un ensemble de mesures concernant les transports. À propos des voitures individuelles, il indique la convergence de la fiscalité du gazole et de l'essence, qui sera achevée d'ici à la fin du quinquennat. Il promet l'accélération des aides aux voitures moins polluantes pour les plus modestes et pour cela, il évoque un plan d'investissement qui permettra à chaque Français de bénéficier d'une prime de transition pour remplacer les voitures diesel d'avant 1997 ou essence d'avant 2001 par des véhicules plus propres. Par ailleurs, il présente les prochaines assises de la mobilité qui devront préciser les conditions d'amélioration des transports en commun et les conditions de l'entretien des réseaux routiers et ferrés... elles devraient également préciser les conditions du report de transport de fret du réseau routier au réseau ferré. Ces diverses propositions technico-financières représentent une mise en pratique de la loi de 2015 et n'ont un sens que si la mobilisation nationale est totale

B. Un enjeu technologique qui suppose une mobilisation totale

1. Une mobilisation des forces dirigeantes

En nommant Nicolas Hulot ministre de la Transition écologique et solidaire, le président Macron donne aux questions environnementales une dimension nouvelle. Nicolas Hulot a accepté cette charge à condition que le président de la République donne son accord pour organiser un « Grenelle de l'alimentation », et qu'il lui accorde une position de numéro 3 dans l'équipe gouvernementale, avec un rang de ministre d'État qui pourrait l'aider dans les négociations interministérielles. Une telle mobilisation au sommet de l'État confirme le rôle de leader que la France veut jouer à l'échelle mondiale depuis la COP 21, comme l'affirme le ministre le 5 juillet 2017 en présentant son Plan climat, plan préparé à la demande du président de la République et du Premier ministre « *pour que la France prenne sa part et le leadership dans le changement climatique* ».

L'ambition du ministre est immense. Non seulement son plan vise à mobiliser l'ensemble du gouvernement pour le quinquennat, mais en outre il veut faire de l'accord de Paris une réalité pour les citoyens, pour l'Union européenne et pour l'action diplomatique de la France. Son projet est clair : « *nous devons accélérer pour réussir la transition énergétique* »... aura-t-il les moyens financiers et les soutiens politiques pour le faire ?

2. Une mobilisation des citoyens

Une mobilisation collective paraît indispensable pour que la politique engagée ait un sens. Il est donc urgent désormais que le volontarisme des politiques publiques soit doublé d'une solide information en direction du grand public. Les ONG et les collectivités territoriales ont ici un rôle à jouer par l'explication, par l'accompagnement et par des initiatives. À cet égard, des institutions comme l'ADEME (Agence de l'environnement et de la maîtrise de l'énergie) ont une mission de relais des politiques publiques déterminante.

L'ADEME est un établissement public placé sous la tutelle conjointe du ministère de la Transition écologique et solidaire et du ministère de l'Enseignement supérieur, de la Recherche et de l'Innovation. Elle participe à la mise en œuvre des politiques publiques dans les domaines de l'environnement, de l'énergie et du développement durable en proposant localement son expertise et ses conseils. Elle est sollicitée par des entreprises, des collectivités locales, les pouvoirs publics ou le grand public, et leur propose des solutions techniques et des financements pour qu'ils adoptent une démarche environnementale. Elle est très engagée dans l'application de la loi de 2015 relative à la transition énergétique et ses interventions locales, techniques et financières, sont des intermédiaires entre la politique nationale et la réalité sur le terrain.

Une remarque comparable peut être faite pour les ONG engagées sur les questions environnementales. Elles sont des milliers, Les Amis de la Terre étant le plus grand réseau écologiste mondial. En France, cette ONG forme un réseau d'une trentaine de groupes locaux qui agissent selon leurs priorités locales et qui relaient les campagnes, qu'elles soient nationales ou internationales, sur la base d'un engagement commun en faveur de la justice sociale et environnementale. Dans leur ensemble, les ONG ont un enracinement local qui semble indispensable pour que la prise de conscience de la crise climatique, qui s'est étalée sur des décennies pour les États, se fasse rapidement dans le grand public.

Conclusion

L'histoire du développement durable est une histoire de taux et de courbes, d'échéances et de dates butoirs, de sommets passionnés et de rendez-vous manqués, de textes prometteurs et de dossiers enterrés. L'histoire de la transition énergétique s'appuie sur celle du développement durable, elle en est le prolongement et la réalisation. Mais alors qu'au XXe siècle les décideurs et les scientifiques laissent penser qu'un accord finira par rapprocher les États de la planète et qu'il vaut mieux des concessions plutôt que des tensions, en ce début de XXIe siècle, l'atmosphère a changé : l'heure est à l'urgence et aux décisions irrévocables comme le prêche Nicolas Hulot. Nombre d'indicateurs montrent en effet que la planète est malade : la fonte des glaces de l'Arctique et de l'Antarctique, l'élévation du niveau de la mer, l'aggravation de certains phénomènes climatiques, le changement de comportement de la faune.

De nombreuses politiques publiques à travers le monde tiennent compte de l'urgence, encouragées par l'Agence internationale de l'énergie (AIE). Mais les décisions doivent s'inscrire dans la durée, dans « *le temps long* » selon Nicolas Hulot. C'est sans doute le principal obstacle que les pouvoirs publics doivent affronter : créer les conditions d'une transition énergétique durable alors que ses effets ne pourront être perçus que dans une génération.

SUJET : LES COP

Note technique

I. Une histoire des COP

• « COP » est l'acronyme de « Conférence des parties », le terme « parties » désignant ici les pays du monde qui participent à la Convention de l'ONU sur le climat. Cette convention est créée en 1992, au cours du sommet de la Terre à Rio et porte le nom de CCNUCC (Convention cadre des Nations unies sur les changements climatiques). Les représentants des « parties » se réunissent une fois par an lors de COP... ils retrouvent alors des acteurs non étatiques comme les collectivités territoriales ou des ONG (organisations non gouvernementales).
• Des négociations sont toujours menées entre les COP de façon que ces conférences travaillent sur des propositions déjà avancées. Elles sont menées par des politiques, des scientifiques et autres experts.
• Certaines COP ont davantage marqué que d'autres l'histoire de la mobilisation internationale sur les questions climatiques. La première COP ou COP 1, s'est tenue à Berlin en 1995 et n'a pas laissé un souvenir impérissable, contrairement à la COP 3 en 1997 qui s'achève par la signature du protocole de Kyoto par lequel 37 pays développés s'engagent à réduire leurs émissions de GES (gaz à effet de serre) de 5 % en moyenne pour la période 2008-2012. Ce texte reste encore aujourd'hui un texte de référence, celui qui engage pour la première fois la communauté internationale sur le terrain de la lutte contre le dérèglement climatique, même si les décisions de 1997 n'ont que rarement été suivies.

II. De la COP 21 à la COP 23

• De nombreux Français découvrent l'existence des COP en 2015 lorsque la COP 21 est organisée à Paris entre le 30 novembre et le 12 décembre. Elle s'achève par l'adoption par consensus de l'accord de Paris : les 195 États de la CCNUCC le signent et s'entendent sur la nécessité d'un effort commun dans la lutte contre le changement climatique.
• L'accord de Paris a des objectifs ambitieux. Le premier grand objectif est de contenir la hausse des températures en deçà de 2 °C. Le deuxième objectif majeur est de financer de façon équitable les mesures destinées à lutter contre le réchauffement climatique. L'accord prévoit, entre autres, un engagement des pays développés à financer à hauteur de 100 milliards de dollars par an la lutte contre le dérèglement climatique dans les pays du sud.
• Les principaux enjeux de la COP 22 organisée à Marrakech du 7 au 18 novembre 2016 sont alors de préciser les règles de mise en œuvre de l'accord de Paris et de déterminer une date de

finalisation de ces règles communes. Les parties s'entendent sur 2018, alors qu'à Paris l'année 2020 avait été avancée, établissent un plan de financement et commencent à discuter de la « neutralité carbone » (démarche qui consiste à réduire les émissions de CO_2 au maximum puis à capturer le carbone produit qui ne peut être absorbé par les plantes).

• Du 6 au 17 novembre 2017, Bonn (Allemagne) accueille la COP 23, présidée par les îles Fidji. Ce petit État insulaire du Pacifique n'a pas les moyens d'accueillir une COP, mais lui donner la présidence est une façon pour les parties de rappeler au monde que des territoires de cette nature sont particulièrement exposés aux conséquences du changement climatique, c'est-à-dire ici à la hausse du niveau des océans et à l'accentuation des tempêtes tropicales. Comme à Marrakech, la COP de 2017 a la mission de mettre concrètement en œuvre l'accord de Paris.

6| THÈME : L'ORGANISATION TERRITORIALE DE LA FRANCE

■ SUJET : LA FRANCE : UN PAYS CENTRALISÉ OU DÉCENTRALISÉ ?

Proposition de corrigé rédigé

Introduction

L'article 1er de notre Constitution énonce « *La France est une République indivisible [...]. Son organisation est décentralisée.* » Qu'en est-il ?
Beaucoup plus que d'autres pays d'Europe, la France a une tradition historique de plusieurs siècles de centralisation politique et administrative, confortée par le poids économique de la capitale et de la région parisienne. Mais depuis la seconde moitié du XXe siècle, la configuration des pouvoirs publics connaît un incontestable mouvement décentralisateur qui s'accompagne d'une évolution de la géographie économique en faveur de certaines métropoles régionales. En effet, au cours des dernières décennies, aux conceptions unitaires d'un État central sont venus s'ajouter, voire s'opposer et se substituer, chez les citoyens, des besoins de proximité et d'autonomie locale qui trouvent peu à peu leur place dans les institutions.

Ainsi la France, loin d'opérer un changement brutal, connaît actuellement une évolution tendancielle qui, à un centralisme fort, fait succéder une organisation plus décentralisée aux contours pas encore complètement définis, d'où une complexité qui pose question.

I. Un centralisme fort jusqu'à la fin du XXe siècle

L'organisation du pays, jusqu'aux débuts de la Ve République, se caractérisait par le poids d'un État fort omniprésent et par l'existence de collectivités locales faibles et éparpillées.

A. Un État historiquement fort

La centralisation française s'ancre dans l'Ancien Régime. Elle fut confortée par la Révolution, puis renforcée et stabilisée pour deux siècles par Napoléon, qui bâtit un État efficace et organisé tenant compte, modérément, des particularités locales. En effet, l'absolutisme royal, construit contre les grands féodaux, centralisa peu à peu le pouvoir à la cour du roi, entre les mains du souverain qui put considérer, au terme du processus, selon la formule prêtée à Louis XIV : « *L'État, c'est moi.* ». Une armée permanente, l'usage du français imposé dans et avec l'administration, un impôt touchant l'ensemble du pays sont les piliers de cette centralisation royale, non encore homogène en tous lieux du royaume car subsistaient des privilèges locaux.

La Révolution institua une organisation basée sur l'idéologie jacobine égalitaire et centralisatrice d'un État fort et interventionniste, à l'encontre des vues girondines plus fédéralistes souhaitant faire une place aux corps intermédiaires et à la société civile. Le XIXe siècle consacra et renforça ce jacobinisme d'État dont la véritable mise en œuvre fut le fait de Napoléon Bonaparte, du Consulat à l'Empire.

Si l'État centralisé est efficace pour contenir les dissidences, il est menacé de paralysie par sa propre organisation nationale, lourde et bureaucratique. D'où l'idée de le « dé-concentrer » avec la création, en 1800, des préfets de département, relais locaux du pouvoir de Paris. Avec la déconcentration, la seule source légitime du pouvoir reste l'État qui dispose d'une administration pyramidale, de la capitale vers les localités les plus reculées. Les ministères prennent les décisions et, pour les faire appliquer, disposent de services déconcentrés dont le personnage type est le préfet. Celui-ci représente le gouvernement et s'appuie sur les antennes locales des ministères (directions départementales ou régionales). Cette centralisation repose sur le principe hiérarchique : les préfets informent le gouvernement, mais doivent impérativement en exécuter les décisions. Ils bénéficient d'une délégation de pouvoir leur laissant une petite marge de manœuvre pour mieux les appliquer. Les orientations parisiennes se répercutent ainsi jusqu'aux services administratifs les plus avancés sur le terrain comme les perceptions, les brigades cantonales de gendarmerie ou les services cantonaux des Ponts-et-Chaussées ou encore du Génie rural. Dans ce schéma, l'inconvénient de la lourdeur n'est que modérément tempéré par la création d'établissements publics administratifs ou économiques bénéficiant d'une personnalité morale et de moyens dédiés, mais dont les décideurs restent des agents de l'État. Les exemples et les statuts sont variés : universités, sociétés nationales et autres opérateurs de l'État.

B. Des collectivités locales faibles et sous tutelle

Autre grande caractéristique de la centralisation : le statut mineur des collectivités locales, faibles en dépit de la montée progressive des aspirations à une plus grande autonomie. Seulement deux types de collectivités existaient jusqu'aux années 1980. Les communes, éparpillées (plus de 36 000) et dotées de peu de pouvoirs, étaient maintenues sous un contrôle étroit par les préfets et sous-préfets. Concernant les 90 départements, créés d'abord pour être le cadre administratif de l'action étatique, ils ne disposaient même pas de leur exécutif, celui-ci n'étant autre que le préfet. Cette tutelle, exercée *a priori* par l'État, portait sur les personnes et surtout sur les actes de ces collectivités dont la grande faiblesse tenait aussi au peu de ressources propres dont elles pouvaient disposer. Cette tutelle concernait non seulement la légalité des actes mais, plus encore, leur opportunité. Les décisions locales n'étaient exécutoires qu'une fois approuvées, tacitement ou expressément, par l'État. Les libertés communales étaient donc très relatives, et les départementales symboliques ou inexistantes.

C'est dans une telle situation que se firent jour, et s'amplifièrent, diverses aspirations régionalistes (Bretagne, Pays basque, Occitanie, Corse...) étayées par des analyses doctrinales d'universitaires et de personnalités politiques ; on peut citer le géographe Jean-François Gravier fustigeant dès 1947 « *Paris et le désert français* » ou encore le régionaliste Robert Lafont. La Constitution de 1946 avait pourtant introduit dans son texte la notion de collectivités locales et l'État avait régionalisé sa déconcentration avec les inspecteurs généraux de l'administration en mission extraordinaire (IGAME) ou avec les circonscriptions d'action régionale (CAR), simple cadre de recension budgétaire. Dans les années 1960, ce besoin de proximité, de subsidiarité (traiter les affaires à l'échelon le plus pertinent) fut perçu au sommet de l'État : le général de Gaulle proposa en 1969 un référendum visant à réorganiser quelque peu la France en ce sens. Désavoué, il quitta le pouvoir.

Malgré ces timides tentatives, le besoin de décentralisation montait. L'alternance politique de 1981, avec l'élection de François Mitterrand à la présidence de la République, en fut le support et en fournit le cadre législatif. À la même époque, l'Europe consacrait elle aussi cette démarche en adoptant en 1985 une charte européenne de l'autonomie locale.

II. Un fort mouvement décentralisateur au cours des années récentes

Ce mouvement pose la question des principes de la décentralisation, et celle de son organisation concrète.

A. Les principes de la décentralisation

Il s'agit, pour le pouvoir central, de transférer certaines de ses compétences administratives à des autorités qui ne dépendent pas (ou plus) de lui. C'est une organisation qui multiplie les centres de décision et de gestion autonomes des affaires publiques. Elle allège le poids de l'État, en considérant que certains problèmes n'intéressent pas toute la nation mais seulement les citoyens d'un même territoire. Cette collectivité dite locale ou territoriale gérera donc elle-même ses propres affaires, telles que définies par l'État central. Elle agira par ses propres moyens, avec des dirigeants qu'elle élira elle-même. Mais c'est la loi, donc l'État, et non la Constitution, qui définit les compétences des organes décentralisés. Ce mouvement décentralisateur entamé en 1981 a posé des principes et créé une organisation politico-administrative nouvelle qui s'avère cependant complexe. Il se poursuit toujours, avec des interrogations par rapport à ses prochaines évolutions.

Il existe trois types principaux de collectivités décentralisées : la commune, le département, la région, auxquels s'ajoutent des collectivités à statut particulier (Corse) et les collectivités d'outre-mer. Elles disposent de la personnalité morale et surtout d'une autonomie administrative et budgétaire faute desquelles elles resteraient dépendantes de l'État. Cette autonomie suppose l'élection au suffrage universel direct d'une assemblée de dirigeants, source et garantie de légitimité démocratique par rapport au pouvoir central. Les organes élus ont un réel pouvoir de décision et les moyens de l'exercer, ce qui suppose des ressources fiscales propres et des agents qui ne dépendent que d'elles, regroupés dans la fonction publique territoriale créée en 1984.

Mais, l'État restant unitaire, les actes des collectivités décentralisées doivent faire l'objet d'un certain contrôle. Le préfet en est chargé, la loi imposant que les plus importants lui soient communiqués (délibération des assemblées, actes réglementaires, marchés, nominations, avancement et sanctions...). Une fois transmis au préfet, ces actes deviennent exécutoires. De son côté, l'État n'assure qu'un contrôle *a posteriori* de la légalité, et non de l'opportunité. Si l'acte ne lui paraît pas légal, contrairement à l'ancien régime de la tutelle, le préfet ne peut pas le réformer. Il peut seulement saisir le juge administratif qui statuera sur le bien-fondé juridique de l'acte.

B. L'organisation actuelle de la décentralisation (réforme de 2015)

La décentralisation suppose une liste d'affaires locales distinctes des affaires nationales. C'est la question majeure : quelles compétences, pour quel territoire ? Les attributions de compétences ont été le fait de trois vagues législatives :

- l'acte fondateur, dit « acte I », fut celui des lois Defferre (1982-1983) ;
- l'acte II date de 2004 (lois Raffarin) et s'appuie sur une modification de la Constitution qui précise depuis 2003, dans son article 1, que l'organisation de la République est décentralisée ;
- l'acte III est organisé par la loi du 16 juillet 2015 dite loi « NOTRe » pour « nouvelle organisation territoriale de la République », qui confirme la montée en puissance des régions et des intercommunalités, mais sans que cela se fasse au détriment des départements, comme envisagé au départ. Elle confie aux régions l'économie et les grandes orientations stratégiques, aux départements la solidarité, et au bloc communal les services de proximité.

La commune, niveau de la plus grande proximité, dispose traditionnellement de compétences très diverses, renforcées en 2015 par le fait qu'elle dispose seule, désormais, de la clause générale de compétence qui permet à une collectivité territoriale de se saisir de tout sujet ne relevant pas de l'État. Elle agit notamment en matière d'urbanisme (plan local d'urbanisme, permis de construire) et de voirie communale. Elle a une action sociale facultative par le biais des centres communaux d'action sociale. Elle crée et entretient les écoles maternelles et primaires, sans aucun rôle sur la pédagogie ni les enseignants. La réforme des rythmes scolaires a sur elle un impact fort. Dans le domaine culturel, elle peut gérer des bibliothèques, des musées, écoles de musique, salles de spectacle... et organiser des manifestations. Sur le plan des sports et des loisirs, elle crée et gère des équipements sportifs, touristiques, et diverses activités. À ces compétences s'ajoutent celles que le maire exerce au nom de l'État : tenue de l'état civil, organisation des élections... ainsi que les pouvoirs de police du maire.

Le département, dont la suppression avait été envisagée, est préservé. Il est la collectivité de la solidarité et de l'action sociale en direction des enfants (protection maternelle et infantile, adoption, soutien aux familles en difficulté), des handicapés, (hébergement et insertion sociale, compensation du handicap), des personnes âgées (hébergement des dépendants, maintien à domicile, allocation personnalisée d'autonomie). Il gère le RSA. En matière d'éducation, il gère la construction, l'équipement et l'entretien des collèges ainsi que les personnels techniques.

La culture, les sports, le tourisme, l'éducation populaire et les langues régionales relèveront à la fois des régions et des départements. Les ports pourront relever, selon les cas, d'un type ou d'un autre de collectivité territoriale.

La région, elle, est chargée du développement économique et de l'aménagement du territoire (programmation des équipements). Elle a un rôle majeur dans la mise en œuvre du contrat de plan. Elle gère des ports maritimes, des aéroports, et les transports régionaux de voyageurs (y compris scolaires), notamment les trains express régionaux (TER). Elle peut participer au financement de nouvelles lignes de trains à grande vitesse (TGV). Elle a compétence dans le domaine de l'éducation avec la construction, l'entretien, le fonctionnement des lycées, la gestion des personnels techniques. Elle est chargée de la formation professionnelle : apprentissage, formation continue, insertion des jeunes en difficulté... Elle pourra jouer un rôle de coordination en matière d'emploi, mais sans toucher aux prérogatives de Pôle emploi, et aura un rôle moteur en matière d'environnement.

À noter également que les deux départements et la région de Corse fusionneront à compter du 1er janvier 2018 dans une collectivité unique.

III. La complexité de la situation

La décentralisation actuelle se résume en un mot : le mille-feuille territorial. L'État central s'adapte lui aussi en réformant sa propre organisation.

A. Le mille-feuille territorial

Il résulte de la montée en puissance des intercommunalités : les établissements publics de coopération intercommunale (EPCI). Leur empilement et leur diversité rendent peu lisibles les niveaux de responsabilité territoriale. C'est le cas avec l'affirmation des métropoles en janvier 2014 avec la loi dite de modernisation de l'action publique territoriale et d'affirmation des métropoles (Maptam), qui vise à renforcer les territoires de la République en œuvrant au redressement économique du pays. Dix métropoles sont créées à compter de janvier 2015, plus celle de Lyon avec un statut particulier, celles du Grand Paris et d'Aix-Marseille-Provence voyant le jour au 1er janvier 2016.

Les échelons sont multipliés : commune, EPCI, département, région, État, sans compter les interventions de l'Europe gérées régionalement... Les doublons de compétence génèrent des enchevêtrements d'intervention, des lourdeurs et des coûts supplémentaires. Les lois de 2014 et 2015 affichaient une ambition simplificatrice, mais il n'est pas certain qu'elles l'aient atteinte car la nouvelle organisation, certes encore à roder, reste complexe pour le citoyen.

B. L'adaptation de l'administration d'État

Dans ce contexte, l'État central reste fort. D'une part, il n'abandonne aucune prérogative régalienne. D'autre part, avec ses opérateurs, il reste un acteur majeur des différentes politiques publiques. Sur le plan de son organisation territoriale, il s'adapte, sous la double nécessité de devoir mieux « coller » aux nouvelles entités décentralisées, régions notamment, et de faire des économies budgétaires en évitant les doublons de dépenses. Il crée donc de nouvelles préfectures de régions, moins nombreuses mais plus fortes. Il réorganise aussi des opérateurs comme l'ARS (agence régionale de santé) ou les chambres régionales des comptes. Même si, pour mieux faire admettre ce resserrement de son administration, il concède des maintiens de services dans les villes qui ont perdu leur statut de capitales régionales, on peut penser que la tendance lourde sera celle d'un regroupement progressif autour des nouvelles métropoles régionales. Ainsi, face à des régions plus fortes, l'État disposera des relais plus forts que seront les préfectures de région réorganisées.

Concrètement, il reste que les transferts de compétences de l'État vers les collectivités locales ne pourront réussir que s'ils s'accompagnent de ressources financières suffisantes pour ces dernières. Cela supposera sans doute de nouveaux transferts de recettes au détriment d'un État lui-même en grande tension budgétaire. C'est le sens du rapport que Christine Pirès-Beaune, députée, a remis en juillet 2015 au Premier ministre, intitulé « Pour une dotation globale de fonctionnement équitable et transparente : osons la réforme ».

Conclusion

Les réformes du quinquennat 2012-2017 portent un projet caractérisé par la réduction du nombre des régions, ce qui devrait, mécaniquement, accroître leur puissance. Mais on affirme le rôle des métropoles tout en maintenant les départements, sans que le partage des tâches entre eux soit à ce jour très clair. Concernant les métropoles et les intercommunalités, toujours plus puissantes, leur élection au suffrage universel est sans cesse repoussée, car heurtant la volonté des maires. Or, c'est à cette aune démocratique que peut s'apprécier le caractère centralisé ou décentralisé d'un pays. Car aux difficultés techniques, pour un État, de refondre toute son architecture organisationnelle, s'ajoute la réticence des élus obligés à renoncer au cumul des mandats nationaux et locaux.

Au-delà se posent aussi la question de la participation citoyenne aux affaires publiques et le défi pour les territoires de la compétition mondialisée. Ces difficultés se reflètent dans le comportement citoyen des Français qui semblent partagés, dans ce dossier, car attachés à l'échelon le plus « central » autant qu'au plus « local » : leur participation est forte à l'élection présidentielle et aux élections municipales, alors qu'elle est médiocre aux élections des collectivités de niveau intermédiaire.

SUJET : MILLE-FEUILLE ADMINISTRATIF ET PROXIMITÉ DES SERVICES AVEC LE CITOYEN

Proposition de corrigé

Introduction

Avec ses trois échelons de collectivités territoriales et les divers types d'établissements publics qui en dépendent, dont ceux de coopération intercommunale, la France est le pays de l'Union européenne qui dispose du réseau administratif territorial le plus dense. Si on y ajoute les services déconcentrés de l'État et tous les acteurs des politiques publiques, qui vont des chambres consulaires aux divers offices et caisses du domaine social, et si on constate que les interventions peuvent s'empiler sur un même périmètre ou un même objet, on peut réellement parler de mille-feuille administratif.

Une telle densité résulte de la construction multiséculaire de l'administration française et d'un effort non moins permanent pour amener les institutions au plus près des habitants, que ce soit pour mieux les contrôler ou pour leur apporter au plus près les services dont ils ont besoin. Cette proximité est considérée comme un gage de démocratie par le citoyen, à même de choisir ses représentants et de sanctionner leur gouvernance.

Conçu en grande partie à la fin du XVIIIe siècle, le maillage administratif est devenu un mille-feuille changeant, en raison des transformations connues par la France, et visant à améliorer le service public et la gouvernance de proximité.

I. Le mille-feuille administratif français : d'une proximité de déconcentration vers une proximité de décentralisation

A. Pendant deux siècles : un État centralisé, avec des aménagements à la marge

La République une et indivisible résulte d'un effort immémorial pour administrer le pays. Depuis l'Ancien Régime, cet effort comprend deux dimensions : contrôler le territoire pour y lever des ressources et y apporter des services.

1. Une optique d'unité politique et administrative

C'est cet État centralisé qui est lui-même à l'origine de la déconcentration et de la décentralisation. C'est une optique d'unité administrative et de déconcentration qui l'a conduit à créer des collectivités locales. L'Assemblée constituante a donné aux communes le double rôle qu'elles ont encore, à la fois plus petite entité administrative de l'État et collectivité locale. Les 83 départements, à l'époque de dimension et de richesse à peu près égales, furent pourvus de responsables chargés de faire appliquer les lois de l'État. Ils ont conservé ce rôle jusqu'aux lois Defferre, dans une uniformisation qui allait de pair avec une grande variété des circonscriptions étatiques, militaires, judiciaires, fiscales ou sanitaires illustrant la rémanence des anciens découpages du royaume.

Avec la victoire politique des Jacobins sur les Girondins, la Convention supprima les tout nouveaux élus départementaux et les remplaça par des agents nationaux nommés par elle. Après le 18 brumaire, Bonaparte décida que « *le préfet sera[it] chargé seul de l'administration* » du département. Assisté de sous-préfets d'arrondissements et nommé par le pouvoir, le préfet est le représentant de l'État et l'exécutif unique du département. Il désigne les maires et les adjoints des communes de moins de 5 000 habitants et propose la nomination des autres. On peut difficilement imaginer système plus centralisé.

2. Un centralisme aménagé car on n'administre bien que de près

Mais un tel centralisme connut ses limites en substituant à l'action prompte des autorités locales les lentes formalités de l'administration centrale. Considérant qu'on peut gouverner de loin, mais qu'on n'administre bien que de près, le décret sur la décentralisation administrative de mars 1852 fait une distinction entre l'action gouvernementale de l'État, qui mérite d'être centralisée, et l'action purement administrative qu'il est nécessaire de décentraliser. Les préfets reçoivent ainsi de nouveaux pouvoirs permettant de nommer directement, sans l'aval du gouvernement, à des fonctions ou emplois nécessaires au fonctionnement des services publics locaux.

Il s'agit alors plus de déconcentration que de décentralisation, même si le XIXe siècle voit émerger tour à tour les assemblées locales élues qui ont compétence pour gérer par leurs délibérations les affaires du département (loi du 10 août 1871) puis de la commune (loi du 5 avril 1884), et même si les prémices de regroupements fonctionnels apparaissent dès 1880 (syndicats intercommunaux à vocation unique).

Le même mouvement s'opère lors de la création des régions : simple périmètre administratif pour mener des programmes d'action (1955), puis circonscriptions d'administration de l'État dotées d'un préfet de région (1960). Puis une loi de juillet 1972 a créé, dans chacune de ces circonscriptions, un établissement public disposant de peu de pouvoirs, administré par un conseil régional dont les délibérations sont exécutées par le préfet. Les années 1980 verront de grands changements.

B. Le changement de paradigme opéré avec la décentralisation

La loi du 2 mars 1982 relative aux droits et libertés des communes, des départements et des régions, dite loi Defferre, introduit des changements à la fois techniques et politiques : elle érige la région en collectivité locale, donne un exécutif local au département et lève la tutelle administrative et financière *a priori* au profit d'un contrôle *a posteriori* sur les actes des collectivités territoriales.

1. L'émergence et la structuration de collectivités décentralisées fortes

Les transferts de compétences de l'État, assortis des financements correspondants, ont doté les collectivités territoriales, nombreuses et proches des administrés, de compétences étendues mais de moyens disparates. Sous la même impulsion, les chambres régionales des comptes sont créées, chargées du contrôle financier de leurs actes de gestion, les fonctionnaires territoriaux bénéficient d'un statut, les élus de garanties pour l'exercice de leur mandat, les citoyens de modalités de participation à la vie locale.

Dans le même temps, l'État s'organise. Les préfets, qui le représentent, reçoivent par décret du 10 mai 1982 la qualité d'ordonnateurs secondaires uniques de l'État et la direction des « *services extérieurs des administrations civiles de l'État* », sous l'autorité du Premier ministre et de chacun des ministres. La loi du 6 février 1992, relative à l'administration territoriale de la République (loi ATR), dispose que « *l'administration territoriale de la République est assurée par les collectivités territoriales et les services déconcentrés de l'État* », et constate ainsi le caractère dual du maillage administratif. Dans la foulée, un décret de juillet 1992 portant charte de la déconcentration réorganise les services de l'État en vertu du principe de subsidiarité et fait de la déconcentration la règle générale de répartition des attributions et des moyens entre les différents échelons des administrations civiles de l'État.

Le XXe siècle se termine avec une administration d'État plus déconcentrée, mais avec un maillage datant encore en grande partie du siècle précédent, et avec une administration locale décentralisée caractérisée par son émiettement : plus de 36 000 communes ! On notera l'échec de la loi de 1971, dite « loi Marcellin », qui incitait les communes à fusionner. Mais les outils de gestion locale se sont multipliés : syndicats mixtes (1955), syndicats intercommunaux à vocation multiple et districts (1959), communautés urbaines (1966), syndicats d'agglomération nouvelle (1970), communautés de communes (1992), communautés d'agglomération (1999) et métropoles (2010). Dans le même temps, les évolutions politiques et socio-économiques, aggravant le déficit public, ont contraint l'État à se réformer.

2. Un État conduit à réformer ses propres services

L'État s'est donné les moyens de sa modernisation. D'abord par l'adoption de la loi organique relative aux lois de finances (Lolf, 2001) qui vise la performance de la gestion publique et la transparence de l'information budgétaire pour un meilleur contrôle par le Parlement.

Ensuite par des réformes des politiques publiques et de son administration territoriale. La révision générale des politiques publique (RGPP), entre 2007 et 2012, avait pour objectif une analyse des missions de l'administration pour une meilleure adéquation aux besoins des usagers, et la mise en œuvre des réformes structurelles de l'État jugées nécessaires, la valorisation du travail des services, la diffusion d'une culture du résultat... Dans ce cadre, une réforme de l'administration territoriale de l'État (RéATE) fut menée, faisant passer l'échelon de mise en œuvre des politiques de l'État du niveau du département à celui de la région, le préfet de région ayant autorité sur les préfets de département, avec pouvoir d'instruction et d'évocation. Cette réorganisation concerne également les services déconcentrés, avec un resserrement : les 35 directions, services et délégations des régions et départements sont regroupés et ne sont plus que 7 au niveau régional et 2 à 3 dans les départements.

Après 2012, la modernisation de l'action publique (MAP) vise la réforme de la carte des régions et la clarification des compétences des collectivités territoriales. Néanmoins, au travers de ces changements se dessine une recherche de proximité citoyenne. Il convient de noter que les collectivités territoriales sont l'objet de la loi, mais pas à son initiative. Par exemple, le Comité pour la réforme des collectivités locales, dit comité Balladur, a rendu en 2009 des propositions de simplification des structures des collectivités locales, de clarification de leurs compétences, etc. Les associations d'élus ont été auditionnées, mais aucune ne faisait partie du comité. Néanmoins, au travers de ces changements se dessine une recherche de proximité citoyenne.

II. Au travers d'un mille-feuille en mouvement, la complexe construction d'une démocratie de proximité

A. Une proximité à géométrie variable

Le maillage serré du territoire par les services publics présente l'avantage d'assurer l'égalité de traitement des citoyens par la proximité des institutions.

1. Prendre en compte le fait urbain

Ce maillage ne peut pas rester le même quand le territoire se transforme. Or, la population et les activités se regroupent dans les villes, notamment dans les agglomérations qui concentrent les emplois dits métropolitains, d'encadrement, de gestion et de décision, révélateurs du rayonnement de l'espace urbain. Les petites villes perdent des habitants et l'augmentation de la population des agglomérations transforme les campagnes suburbaines en dortoirs résidentiels.

Si la région parisienne regroupe la majeure partie des sièges sociaux de grandes entreprises, et domine encore le pays, un rééquilibrage s'opère depuis quelques années et d'autres métropoles s'affirment. Dans le Sud-Ouest, des villes sans passé industriel bénéficient du développement lié aux hautes technologies et à la tertiarisation de l'économie. Les métropoles régionales et les régions frontalières sont dynamiques et attractives, car elles constituent des technopoles au cadre de vie favorable.

Pendant des décennies, l'État a tenté de réduire les inégalités par une politique d'aménagement du territoire mais ce raisonnement n'a plus cours lorsqu'il prend des décisions de restructuration de ses propres activités. Certaines régions se trouvent ainsi en difficulté à la suite des restructurations des cartes militaire, hospitalière et judiciaire, ou encore de la Poste. Il en résulte des pertes d'emplois, de populations, et une baisse de dynamisme économique. Pour les compenser, l'État propose des contrats de redynamisation, des cessions de biens immobiliers afin de permettre de développer des emplois de remplacement et de favoriser l'activité économique de ces territoires. On observe un désengagement de l'État au profit des collectivités territoriales, devenues les principaux acteurs du dynamisme des territoires. Par leurs projets, elles consolident l'attractivité de leur ville ou de leur région, ainsi qu'en attestent leurs campagnes publicitaires révélant leur compétition pour attirer population et activités.

Il y a un changement d'échelle, dans l'acte III de la décentralisation, au profit du fait urbain, dans le constat de la faiblesse relative des régions qui mérite d'être corrigée, de l'essoufflement du département comme périmètre pertinent et dans l'émergence des métropoles, au sens institutionnel et pas seulement géo-économique.

2. Imaginer une nouvelle manière d'agir

Les contraintes budgétaires rendent trop lourd un réseau calibré pour le XIXe ou le XXe siècle, surreprésenté dans le rural, alors que les technologies de la communication permettent de remplacer des guichets physiques par une administration à distance.

Les lois Maptam (modernisation de l'action publique et affirmation des métropoles) de 2014 et NOTRe (nouvelle organisation territoriale de la République) de 2015 ont renforcé les régions, les métropoles et les établissements publics de coopération intercommunale (EPCI). Elles ont porté une grande attention à la délimitation des compétences, à la définition des objectifs, à l'attribution des moyens et, conjointement, aux populations à administrer et servir. La nouveauté réside dans la nécessité de conclure des pactes de gouvernance entre les différentes strates territoriales et, le cas échéant, lorsqu'il s'agit de la délégation d'une de ses compétences, l'État. Sous l'égide de la région, la conférence territoriale de l'action publique (CTAP) doit être le lieu de la concertation entre les différents niveaux de collectivités pour favoriser un exercice concerté des compétences, par convention. Ces conventions territoriales d'exercice concerté de la compétence (CTEC) sont rendues nécessaires par la suppression de la clause de compétence générale des départements et des régions. Les CTAP sont également un outil de rationalisation de l'exercice de compétences partagées entre plusieurs niveaux de collectivités, comme le sport, le tourisme ou la culture, ou d'évolution des structures départementales de développement économique.

On voit donc apparaître trois niveaux d'implication et de fonctions : à la région revient l'impulsion des politiques publiques, à la métropole et aux EPCI la prise en charge des services de proximité, à l'État le contrôle des actes administratifs et financiers. Actuellement, hormis la réduction du nombre des régions et des EPCI, prévaut le sentiment d'un enchevêtrement encore moins lisible que la situation initiale. Les citoyens vont devoir apprendre à vivre avec des services publics différents et évolutifs.

B. Des outils nouveaux encore en construction, tant pour l'usager que pour le citoyen

Le citoyen souhaite une administration proche de lui, qui permet le contact et donne l'assurance d'un suivi, par opposition à la distance géographique et à l'anonymat qui est une forme d'éloignement.

1. Une proximité des services, grâce à leur localisation et/ou à leur connexion

La carte des services de l'État a été réformée. La logique de simplification n'a pas toujours été poussée à son terme, avec des implantations de directions régionales hors du chef-lieu. Sans doute pour une période transitoire, l'unité de lieu est l'exception : les services à vocation régionale restent implantés dans les anciens chefs-lieux (dans six villes pour le Grand Est et en Normandie, la préfecture de région est à Rouen alors que l'hôtel de région est à Caen). Du côté des collectivités, la proximité passe d'abord par la pédagogie sur la répartition des compétences. Le manque de lisibilité est une entrave à la proximité, et dans un monde où la mobilité est valorisée, rien n'est plus déconcertant que de changer de repères sur les besoins quotidiens.

Assurer la proximité en dépit des contraintes budgétaires, c'est mutualiser les interventions et tirer parti des technologies de communication. Symboles de cette mutualisation, les maisons des services au public améliorent l'accessibilité et la qualité des services, en milieu rural et urbain, pour tous les publics, en réunissant des services relevant de l'État, des collectivités territoriales ou de leurs établissements publics, des organismes de sécurité sociale ou d'autres organismes... Il est prévu d'en créer 1 000 d'ici 2017.

Selon l'Autorité de régulation des communications électroniques et des postes (Arcep), 58 % des Français sont équipés d'un smartphone, 83 % ont une connexion Internet à domicile, 53 % font, sur le Net, des démarches administratives ou fiscales. Cela témoigne de la place prise par les TIC dans la vie quotidienne et de l'intérêt de donner, à travers l'administration électronique, une autre pratique de la proximité. Les enjeux sont de faciliter l'accès et l'information des usagers mais aussi de faciliter aux décideurs le suivi et l'analyse des besoins de ceux-ci. Cela demande à l'administration une forte adaptation technologique et une capacité de travail transversal et coopératif.

2. La recherche d'une proximité de gouvernance

La loi NOTRe a prévu des mesures visant à accroître la transparence et à renforcer le fonctionnement démocratique des collectivités territoriales. Ce sont des dispositions peu mises en lumière car disséminées au fil du texte. Elles sont cependant indicatives de l'intérêt porté par le législateur à la démocratie de proximité.

Celle-ci passe par le dialogue et la consultation des citoyens. De nombreuses modalités de recueil de l'avis du public existent, de la consultation d'initiative locale au référendum, du droit de pétition aux conseils de quartier, des comités consultatifs de toutes sortes. Mais elles ont connu un succès très mitigé. Dialoguer et consulter restent des enjeux lourds dans la conduite du changement.

L'ouverture à la société civile est affirmée dans la composition des conseils économiques, sociaux et environnementaux régionaux (Ceser). Les droits de l'opposition figurent dans les règlements intérieurs des conseils départementaux et régionaux. Dans les communes de plus de 1 000 habitants, l'opposition dispose d'un espace dans le bulletin municipal. La transparence est recherchée par l'obligation d'affichage rapide, à la mairie, du compte rendu des séances du conseil municipal et sa publication sur le site internet de la commune. Les grosses collectivités doivent mettre en ligne, sur leur site internet, les informations publiques existant sous format numérique.

En 2012, 82 % des députés avaient un autre mandat, et 45 % étaient à la tête d'un exécutif. La fin du cumul des mandats, à partir de 2017, introduira une révolution dans la répartition des responsabilités locales. Sur le plan institutionnel, il faut s'attendre à une forme d'individuation plus forte des EPCI vis-à-vis des communes-centres, avec la disparition de la figure du député-maire. Du côté des citoyens, le rapport avec le parlementaire représentant sa circonscription en sera transformé, avec une moindre identification au local puisque le mandat communal était un gage de proximité.

Conclusion

En 1789, Mirabeau s'opposait au découpage géométrique de la France au profit de subdivisions tenant compte des réalités économiques et démographiques. Il voulait « *une division matérielle et de fait, propre aux localités, aux circonstances* » ayant pour objet « *de rapprocher l'administration des hommes et des choses, et d'y admettre un plus grand concours de citoyens* ».

À cet égard, la réforme qui a conduit à la nouvelle carte des régions et au renforcement de l'intercommunalité reste au milieu du gué. Elle favorise la spécialisation des compétences des collectivités territoriales, qui ne sera lisible que si on éclaire le citoyen. Or, cette lisibilité reste brouillée dans des domaines emblématiques et très populaires (sport, culture, tourisme...). Et elle laisse de côté la question du partage effectif des politiques publiques et la réflexion sur leur pertinence, sur leur maintien, sur le degré de qualité à offrir. Ce qui renvoie à la question de la pérennité du modèle social sous-jacent.

SUJET : PRÉFET : UNE FONCTION D'AVENIR ?

Proposition de plan détaillé

« *On peut gouverner de loin, on n'administre bien que de près.* » Cet adage permet cependant de mieux comprendre le rôle joué par le préfet. Toutes les réformes de l'organisation territoriale du pays ont débouché sur ce type de questionnement car depuis plus de deux siècles, le préfet (mais également les sous-préfets d'arrondissements) représente l'État sur l'ensemble du territoire ce qui est inscrit dans la Constitution française (article 72).

En plus de deux siècles d'existence (la loi du 28 pluviôse an VIII, en instituant dans chaque département un préfet « *seul chargé de l'administration* », a fixé le paysage administratif de la France contemporaine), l'institution préfectorale a été confrontée à de nombreuses réformes qui auraient pu être synonymes de perte de visibilité mais également de prérogatives. D'aucuns prédisaient même leur future mise en sommeil, voire leur disparition. À ce titre, la décentralisation de 1982 a été source d'interrogations y compris au sein même du corps préfectoral. Sa forte porosité avec la haute fonction publique territoriale a illustré ce doute, de nombreux préfets et sous-préfets choisissant d'exercer leurs talents auprès de décideurs locaux, qui reconnaissent par là leurs compétences et ont cherché à s'adjoindre leur connaissance de l'administration au sens large.

Aujourd'hui, la possible suppression de nombreuses sous-préfectures, la disparition potentielle des départements ainsi que la réforme territoriale mise en œuvre rendent la question posée d'une grande acuité. En effet, le préfet, au prisme de ce maelström réformiste, exerce-t-il une fonction d'avenir ? Le mot préfet est ici bien sûr à définir de façon « large », à savoir l'institution préfectorale dans sa globalité.

Alors même que l'institution préfectorale a surmonté les grandes réformes territoriales, elle est aujourd'hui en proie à des doutes légitimes sur sa pérennité (I). Pour autant, elle saura d'une part rebondir et d'autre part s'adapter aux nouveaux schémas territoriaux constituant ainsi une fonction d'avenir (II)

I. Ayant surmonté les grandes réformes territoriales, l'institution préfectorale peut douter de sa pérennité

A. Une institution qui a su, au cours du temps, s'adapter aux changements institutionnels et territoriaux

1. Parce que l'État (empire/monarchie/république) en avait besoin

Ce dernier doit être présent sur l'ensemble du territoire (tradition jacobine). Le maillage préfectoral lui permettait à la fois d'être présent et représenté (physiquement) partout en France (y compris et surtout dans les territoires insulaires ou ultramarins).

À l'inverse, cette présence permettait aux pouvoirs en place de mieux cerner l'état du pays (les « remontées du terrain »).

2. Parce que les hommes ont su s'adapter :

• aux changements de régime : le corps préfectoral a toujours, depuis sa création, continué à exister malgré les vicissitudes de l'histoire, les pouvoirs en place ayant besoin de ce relais pour expliquer et appliquer les politiques mises en œuvre (sous Vichy, la préfectorale fournit de très grands résistants comme Jean Moulin ou des collaborateurs zélés comme Maurice Papon). Bien installés dans le paysage institutionnel, ils ne seront désavoués ni par la Restauration ni par la monarchie de Juillet : utiles au maintien de l'ordre, ils voient également se développer leurs missions économiques et sociales au fil des régimes ;
• aux changements et réformes administratives diverses. La décentralisation entreprise en 1981 fut la réforme qui fit craindre au corps préfectoral la fin de ses prérogatives (qu'ils devaient dorénavant partager avec des exécutifs élus) mais le corps préfectoral a su s'adapter.

De même, les réformes récentes de simplification de l'administration d'État déconcentrée se sont faites sous l'égide des préfets et sont venues confirmer leur prééminence dans l'appareil d'État... ce sont par exemple les « préfets préfigurateurs » qui ont proposé les schémas de répartition des administrations dans les grandes régions qui ont vu le jour au 1er janvier 2016.

B. Elle est cependant aujourd'hui en proie à de légitimes doutes

1. Liés aux réformes qui se sont succédé

• Les différentes « vagues » de décentralisation ont d'une part enlevé des prérogatives et missions du corps préfectoral et d'autre part créé une incertitude (en interne notamment) sur leur devenir (suppression de postes de préfets de régions à l'issue de la réforme territoriale) imposant une réflexion sur les missions et l'implantation des sous-préfectures. C'est par exemple le décret de janvier 2015 portant réorganisation du corps préfectoral dans certains départements dont le Rhône (création par exemple d'un secrétaire général également préfet).

- Le recentrage des missions de l'État a également eu des conséquences sur les missions de corps préfectoral...
- La création d'une hiérarchie des préfets clairement assumée : en 2007, le corps préfectoral a vu, au niveau régional, son rôle renforcé (ce qui est encore exacerbé avec les nouvelles « super-régions »). Les directions et délégations régionales, leur nombre passant de trente à moins de dix, sont placées autour du préfet de région qui a désormais, dans de larges domaines, autorité sur les préfets de département. « *Un mouvement inédit de déconcentration au profit de l'échelon régional* », avait estimé le président Nicolas Sarkozy.

2. Et aux projets en cours

- Le contexte général (et notamment budgétaire) n'est pas favorable au corps préfectoral. La mise en œuvre de politiques publiques nécessite des moyens dont les préfets ne disposent plus et qui les obligent à rechercher des financements transversaux notamment auprès des élus locaux dont les moyens restent, jusqu'à présent, un peu moins contraints (malgré la baisse des dotations toujours mise en avant).
- Des considérations particulières : la France dispose actuellement d'un réseau de quelque 240 sous-préfectures. Or, il est en projet (récurrent depuis des années) d'en supprimer 50. C'est en tout cas ce que recommande un rapport confidentiel rédigé par trois hauts fonctionnaires et déposé en 2013 sur le bureau du ministre de l'Intérieur de l'époque Manuel Valls. Cela revient à en supprimer une sur cinq. Selon les auteurs (de l'IGA - Inspection générale de l'administration -, ministère de l'Intérieur) les fermer ne nuirait pas à la qualité de service public. Ce n'est pas la première fois qu'une telle proposition est évoquée. Par exemple, en 2012, la Cour des comptes avait, elle aussi, pointé du doigt la carte inadaptée des sous-préfectures en France, qui n'a pas bougé depuis 1926.
- Des considérations plus globales : d'une manière générale, l'acte III de la décentralisation qui porte sur la réforme des modes de scrutin des collectivités et intercommunalités, la clarification de leurs compétences, le périmètre des intercommunalités, un redécoupage des régions ainsi que la suppression des départements ne peut pas être sans conséquence sur un corps préfectoral qui doit être en adéquation avec le schéma territorial. Le paradoxe, c'est qu'il lui revient de piloter une partie de ces mouvements.
- Enfin, un rapport parlementaire annexé au projet de loi de finances de 2016 dénonçait les affectations des préfets (dont 128 hors poste territorial), ces derniers n'étant plus totalement dédiés à la tâche originelle qui leur a été confiée : représenter l'État.

II. L'institution préfectorale saura rebondir et s'adapter, restant ainsi une fonction d'avenir

A. Le corps préfectoral saura rebondir et s'adapter

1. Parce qu'il y a une attente des citoyens

• Les préfets restent le premier et meilleur rempart contre les illégalités (occupation illicite du domaine public maritime par exemple dans les zones côtières) malgré un contrôle de légalité en cours de rénovation.
• Les préfets sont les seuls à coordonner les différents services de l'État assurant ainsi cohérence locale (sur leur territoire de compétence) mais aussi nationale (seule de nature à assurer l'égalité entre les citoyens sur l'ensemble du territoire national).
• Les préfets continuent à être vus par les citoyens comme représentant l'État (capital institutionnel et historique favorable au corps).
• Le rapport sénatorial présenté en 2014 émettait une recommandation (n° 11) « *Tirer les conséquences sur l'administration préfectorale de la réforme territoriale en cours [...]* ».

2. Parce le corps préfectoral sait que son avenir dépend de son adaptation aux nouvelles missions et nouveaux formats

• Il a su s'adapter : aux régimes (aucun ne l'a supprimé) et aux réformes (la décentralisation et sa réussite initiale doit beaucoup à l'action même des préfets qui avaient le plus à craindre de ce mouvement). Il saura donc s'adapter aux changements lancés par la réforme territoriale en cours ou toute autre réforme à venir.
• Le corps préfectoral continuera à le faire. À titre d'exemple, lors de la remise du rapport sur la possible suppression d'une cinquantaine de sous-préfectures, l'Association du corps préfectoral (il n'existe pas de droit syndical pour ce corps spécifique) a estimé elle aussi normal que la carte des sous-préfectures évolue avec le pays (tout en soulignant qu'un « *rapport n'est pas une décision* »).
• Tout en sachant que cela nécessitera de la part du corps de nouvelles adaptations. Cela est aujourd'hui cependant le lot de l'ensemble de l'administration qui voit ses missions, moyens et formats évoluer constamment. Le corps préfectoral ne peut rester à l'écart d'un tel maelström.

A. Dès lors, le préfet constitue une fonction d'avenir

1. Parce qu'il est ancré dans le passé

• Peu d'institutions peuvent se targuer d'avoir fêté leur bicentenaire (en 2000), d'être aussi centrale dans la vie des Français et de susciter encore des attentes fortes de la part des citoyens.

• Parce qu'il a prouvé son adaptabilité à l'ensemble des réformes qui ont accompagné la modernisation administrative de la France.
• Parce que ce passé lui a conféré une légitimité d'existence.
• Parce que la Constitution elle-même prévoit son rôle primordial : représenter l'État dans un rapport de personnification du pouvoir très français.

2. Parce que le corps préfectoral sait se tourner vers l'avenir

• C'est-à-dire qu'il sait qu'il devra s'adapter y compris parfois à ses dépens s'il veut perdurer et conserver des prérogatives.
• Que son mode de recrutement, sa diversité de formation et d'expériences devraient permettre à ce corps de surmonter des crises ponctuelles d'adaptation. C'est un corps qui se féminise avec un certain volontarisme et qui sait s'ouvrir à la diversité.
• Que son existence est constitutionnalisée à l'inverse de nombreux autres corps qui peuvent disparaître du jour au lendemain.

Conclusion

« *Faites que la France date son bonheur de l'établissement des préfets* » (Napoléon dans son discours aux préfets du 15 mars 1800 - année de création du corps). Nul ne peut dire s'ils ont réussi dans cette mission mais, à tout le moins, ils ont accompagné et dirigé l'administration française durant plus de deux siècles en conservant un prestige intact aux yeux des citoyens et en gardant la confiance des régimes en place. C'est déjà une base pérenne pour envisager et affronter les réformes à venir.

LA SITUATION DES PRÉFETS AU 1er OCTOBRE 2015

En poste territorial : 127

Hors poste territorial : 128 dont :

- préfets chargés d'une mission de service public : 9 ;
- membres du Conseil supérieur de l'appui territorial et de l'évaluation (CSATE) : 8 ;
- conseillers du gouvernement : 18 ;
- affectés en administration centrale ou en cabinet ministériel : 24 ;
- mis à disposition (service extraordinaire...) : 17 ;
- détachés : 37 ;
- En disponibilité ou hors cadre (entreprises ou établissements publics) : 15.

(Source : rapport parlementaire annexé au PLF 2016)

■ SUJET : LE DÉPARTEMENT A-T-IL UN AVENIR ?

Comment aborder un tel sujet ?

Bien considérer son libellé

Deux termes - département et avenir - rapprochés dans une question.

Un article défini, « le » département, comme opposé à un indéfini « un » avenir, ce qui sous-entend l'unicité terminologique du département et la multiplicité des avenirs possibles.

Analyser les termes, qui peuvent avoir plusieurs sens

Le département : attention, ce terme recouvre deux réalités :

- selon Michelet, le département qui prend la place des provinces, permet de concilier « *le génie du morcellement et celui de la centralisation* » ;
- le dictionnaire du CNRS, le *Trésor de la langue française* informatisé, basée sur des œuvres littéraires du XIXe et du début du XXe siècles, le définit comme la « *division du territoire français en vigueur depuis la Révolution française, comportant à sa tête un préfet qu'assiste un conseil général* ». Cette définition est bien antérieure à l'acte I de la décentralisation qui redéfinit les grands traits du paysage actuel et transfère l'exécutif au président élu de l'assemblée départementale.

Le traitement du sujet commande de ne pas oublier que le département est à la fois une subdivision de l'État et une collectivité territoriale, au titre de l'article 72 de la Constitution.

Un avenir : plutôt qu'une réponse par « oui » ou par « non », s'attacher à imaginer plusieurs avenirs possibles.

Par principe, l'avenir est objet de conjectures, de prévisions et de suppositions. Le contexte de réforme territoriale, notamment l'acte III de la décentralisation engagé en 2010, laisse planer des doutes sur le devenir des collectivités départementales, l'étendue de leurs compétences, le volume de leurs ressources. Mais la réduction du nombre des régions, qui a conduit à la fusion de collectivités, a eu le même effet réducteur sur les régions administratives de l'État, ce qui rend plausible l'interrogation sur l'échelon départemental.

La question : sa simplicité apparente appelle, en réalité, une approche complexe.

Inscrite dans la Constitution, la collectivité départementale semble bénéficier d'une pérennité *a priori*, sauf à approuver sa disparition par référendum ou par la majorité des 3/5e des suffrages exprimés des deux chambres du Parlement réunies en congrès. Pour la circonscription administrative, c'est moins assuré.

Le libellé du sujet est bref, aucun aspect des termes en présence ne doit être occulté. On n'a pas épuisé le sujet, loin de là, en se contentant de présenter les compétences de la collectivité départementale et leur évolution passée, présente et à venir.

Proposition de plan sommaire

Introduction

À partir des conseils ci-dessus, rappeler les deux sens du mot département. Évoquer les évolutions récentes concernant chacune de ces deux réalités. Poser la problématique complexe et différenciée de cette question.

I. Une institution au double visage : circonscription administrative de l'État et collectivité territoriale

A. Le département, un outil de rationalisation territoriale au service de l'unité administrative puis de politiques décentralisées

Pour les contemporains de la Révolution française, c'est la notion de province qui structure l'espace vécu, avec des provinces aux limites plus ou moins précises, aux contours historiques ou linguistiques. Leur disparition au profit des départements à compter du 4 mars 1790 obéit à une volonté de simplification administrative et géopolitique, au profit d'une entité administrative unique suffisamment petite pour être gérée par des services administratifs regroupés en chef-lieu et pourvue d'un périmètre déterminé par décret. Cette réforme administrative est l'occasion d'un renouvellement toponymique, avec l'émergence de noms de département bien distincts des anciens noms de province. Ce découpage national homogène fait la part belle, pendant dix ans, à une administration locale avant de voir une centralisation assumée avec la création du corps préfectoral.

Après trois actes de déconcentration (1852, 1861 et 1926), après la loi départementale (1871) et la loi municipale (1884), il faut attendre l'acte I de la décentralisation, en mars 1982, pour voir transférer l'exécutif du département à un président élu par l'assemblée départementale, et renverser les modalités de contrôle des actes, dorénavant *a posteriori*. Il faut noter que la loi relative à l'administration territoriale de la République du 6 février 1992 et la charte de la déconcentration ont fait de la déconcentration le principe de l'organisation administrative française, mais il a fallu attendre la loi constitutionnelle du 28 mars 2003 pour faire de son organisation décentralisée un principe de la République.

B. Des interrogations existentielles accompagnées de restrictions matérielles

Entre 1982 et la période actuelle, l'échelon départemental affronte des défis structurels. Du côté de la collectivité départementale, en vertu de ses compétences, une explosion des dépenses sociales coïncide avec une baisse des financements de l'État, ce qui attire périodiquement l'attention sur le risque de ne plus pouvoir assurer le versement du RSA. L'acte III de la décentralisation, avec ses rebondissements depuis 2010, s'inscrit dans la droite ligne du rapport Balladur. La mise en cause de la légitimité de l'échelon départemental, sans être poussée au bout de sa logique, a un effet immédiat sur les collectivités territoriales (CT), avec le renforcement des EPCI, la naissance des métropoles, et un va-et-vient de la clause de compétence aboutissant à sa disparition.

La circonscription administrative de l'État, frappée par la RGPP puis la MAP, modernisée avec les nouvelles technologies, subit des arbitrages budgétaires et une attrition de ses moyens. La réforme de son administration territoriale (RéATE) redistribue les missions, organise des directions régionales et départementales, et positionne le préfet de département hiérarchiquement sous le préfet de région, parallèlement à l'affichage de la région comme périmètre des politiques de l'État.

Après la RGPP, les fusions de régions de la loi NOTRe ont touché les collectivités mais aussi les services de l'État : si la réduction du nombre des CT et la spécialisation des compétences pouvaient laisser espérer un contrôle des actes plus facile, la nouvelle échelle à laquelle s'exercent ces missions et la pression sur les effectifs des services conduisent à en douter.

II. Des entités départementales en quête d'avenir

A. Une survie par défaut dans un environnement contraint

Depuis la dématérialisation des certificats d'immatriculation (les cartes grises), la référence au département du propriétaire du véhicule a disparu. Un effacement symbolique, compensé par la possibilité d'inscrire un « identifiant territorial », soit le numéro du département et le logo de la région. Si l'on a reculé devant la révision de la Constitution nécessaire à la suppression totale du département comme collectivité, l'idée de dévitaliser cet échelon n'a pas vraiment abouti non plus.

Au contraire, la cession de compétences départementales aux EPCI et aux régions avec les lois Maptam et NOTRe confirme le rôle de chef de file des solidarités sociales. L'exemple de Lyon, où la métropole a un statut de collectivité territoriale et a repris les compétences du département sur son territoire, menant l'action sociale et économique, est une des options qui ménage pérennité du département et évolution des institutions. La place de la collectivité départementale entre EPCI et régions pâtit cependant de la visibilité croissante de ces entités pour le citoyen. Mais entre spécialisation des compétences, épuisement des ressources, inflation des besoins avérés et des coûts, les volontaires ne se bousculent pas pour reprendre le RSA ou les SDIS.

Du côté de l'État, outre la pléthore de commissions dites départementales, sous le contrôle exclusif du préfet ou en partage avec les CT, les DDI issues de la RéATE éclaircissent la relation du préfet avec les politiques publiques et facilitent leur approche interministérielle. Cette interministérialité, sous l'égide du représentant de l'État, fait la part belle à la notion de projet ancré territorialement, comprenant contrôle et gestion des dispositifs, mais aussi animation auprès des parties prenantes. Si le rapport aux usagers est un souci constant, mis en valeur dans les différentes déclinaisons du référentiel Marianne, la qualité du lien aux partenaires, aux professions et activités contrôlées et aux associations de consommateurs est susceptible d'améliorations.

B. Une hypothèse difficilement tenable : réduire les moyens en maintenant l'activité

Il se peut que, faute de disparaître, les collectivités départementales sortent renforcées de cette crise de légitimité et de cette baisse des moyens, en mettant en œuvre des synergies. Les conseils départementaux, contraints de chercher des marges de manœuvres financières pour continuer à mener leurs missions, faisant de mauvaise fortune vertu, expérimentent des procédures de gestions plus rigoureuses, contrôlent les dépenses sociales, luttent contre la fraude. Ils refondent des dispositifs d'intervention, dématérialisent et mutualisent, faisant la chasse aux doublons. On a vu émerger des projets de fusion entre départements, le plus avancé semblant celui entre les Hauts-de-Seine et les Yvelines, approuvé par une large majorité des assemblées délibérantes en juin 2017.

Du côté de l'État, l'interrogation porte moins sur l'intention de mener une action départementale que sur l'énergie dont disposent les services à cet échelon. Le rapport d'une mission interinspections sur l'organisation et le fonctionnement des services déconcentrés de juin 2017 met l'accent sur les effectifs qui sont en baisse depuis plusieurs années.

Les services déconcentrés ont perdu en moyenne 15 % de leurs agents entre 2011 et 2015, et jusqu'à 30 % dans les DDCS. Ces baisses sont l'occasion pour les inspecteurs de s'interroger sur le socle minimal de fonctionnement en personnel et en compétences. Depuis leur création en 2010, certaines DDI arrivent à la limite de ce qui est soutenable en matière d'effectifs, l'accroissement de la polyvalence des agents se fait au détriment de la maîtrise des référentiels métiers. À moyen et long termes, les effectifs réduits et la multiplicité des tâches sont un casse-tête pour la GPEEC.

On peut s'interroger également sur la clarification du niveau infradépartemental et le résultat de la reconfiguration du rôle des sous-préfectures comme de leur répartition. Si l'intention des services de l'État est de garder un sens au département en allant davantage vers la planification, la préparation aux crises et leur gestion, cela pose la question des effectifs si la crise dure : on peut difficilement être régalien sans moyens...

Conclusion

La nomination de Gérard Collomb au ministère de l'Intérieur n'implique pas forcément que la stratégie de Lyon sera généralisée avec une absorption des départements par les métropoles. Mais il est certain que les départements, aux deux sens de collectivités et de services de l'État, peuvent s'attendre à une remise à plat de leurs missions.

Le temps semble passé, pour les collectivités, de l'accès à de nouvelles compétences. Le temps est sans doute venu, pour l'État, de décider s'il se maintient à l'échelon départemental ou s'il le quitte.

SUJET : LE PLAN PRÉFECTURES NOUVELLE GÉNÉRATION (PPNG)

Note technique

Introduction

Lancé en juin 2015, avec un déploiement prévu jusqu'en 2017, le Plan préfectures nouvelle génération (PPNG) a pour objectif de moderniser l'activité des préfectures et leurs relations avec les usagers, tout en les confortant dans leurs missions régaliennes essentielles. Il vise à répondre aux besoins d'efficacité, de simplicité et d'accessibilité en généralisant les téléprocédures et en recentrant les services préfectoraux sur une série de missions : contrôle budgétaire et de légalité, gestion de crise et lutte contre la fraude, conseil aux collectivités locales et animation des politiques publiques dans les territoires. La mise en place du PPNG entraîne ainsi des modifications à la fois pour les citoyens et pour les agents de l'État.

I. Des changements importants pour les administrés, dans un but d'efficacité

Pour les citoyens, les formalités administratives seront modifiées, modernisées mais également regroupées.

La procédure de délivrance des cartes nationales d'identité va être alignée sur celle des passeports, et s'appuyer sur le même réseau de communes : alors que les 36 000 mairies sont toutes aujourd'hui point d'accueil pour la délivrance de ce titre, elles ne seront plus que 2 100 à terme.

Les nouvelles modalités d'instruction et de délivrance des permis de conduire et des certificats d'immatriculation font, pour leur part, l'objet de tests depuis avril 2017, pour un déploiement en fin d'année. La stratégie générale d'évolution des modalités de délivrance des titres, hors titres étrangers, s'articule autour des principes suivants :
• la fin progressive de l'accueil physique en préfecture des usagers pour la délivrance des quatre titres (carte nationale d'identité, passeport, permis de conduire et certificat d'immatriculation dit « carte grise ») avec le développement de téléprocédures pour réaliser ces demandes de manière dématérialisée ;
• la possibilité de demander aide et conseil à des médiateurs présents dans les points numériques : partout sur le territoire, un accès au numérique avec un accompagnement pour l'accomplissement des démarches ;
• un réseau de partenaires (mairies, partenaires des secteurs public, parapublic et associatif) et de tiers (professionnels de l'éducation routière et du secteur automobile...) présents sur l'ensemble du territoire.

II. Une mutation profonde pour les agents publics dans une recherche d'efficience

Du côté des agents des services publics, les changements sont également importants. Deux pôles d'appui juridique aux collectivités ont déjà été créés le 1er décembre 2016, à Dijon et Orléans, et six étaient en cours en 2017. Potentiellement sollicités par l'ensemble des préfectures, les deux premiers sont compétents en matière de police administrative, qui fait l'objet d'une forte activité dans le cadre de l'état d'urgence.

47 préfectures ou sous-préfectures accueillent depuis de 2017 une plate-forme spécialisée dans l'instruction des demandes de titres :

- 21 plates-formes conjointes aux CNI et passeports ;
- 20 pour les permis de conduire ;
- 5 pour les cartes grises ;
- 1 centre national pour les permis de conduire étrangers.

Parmi elles, 40 sont implantées hors Île-de-France et 7 en Île-de-France.

L'organisation issue de PPNG requiert une montée en compétences des agents, accompagnée, en contrepartie, de progression professionnelle. Cela se traduit par une augmentation de la proportion d'agents de catégorie A et B, et une diminution, en partie fonction des mouvements naturels (mutations, départs en retraite), de celle d'agents de catégorie C dans les préfectures. Ce résultat est lié à la mise en place de concours directs (internes et externes), mais aussi d'examens professionnels réservés aux agents de préfecture, pour l'accès aux catégories A et B, ainsi que par un accroissement du nombre annuel de promotions aux choix. Ce repyramidage s'effectuera sur plusieurs années.

De fait, depuis 2016, la priorité a été donnée à la formation, avec un caractère obligatoire. L'objectif est de conforter les compétences de base des agents pour envisager une mobilité fonctionnelle et préparer les cadres à tous les niveaux de la hiérarchie à l'accompagnement du changement :

- séminaire pour les secrétaires généraux de préfectures, formation pour les encadrants de proximité, formations courtes à distance sur les fondamentaux du management et de l'encadrement d'équipe... ;
- formations sur les compétences de base (bases juridiques, rédaction administrative, outils bureautiques), en présentiel et à distance, pour les agents concernés par la mise en œuvre de PPNG... ;

• formation des acteurs RH des préfectures (conseillers mobilité carrière, délégués régionaux à la formation) à l'accompagnement des personnels.

La création d'une salle d'*e-learning* dans chaque préfecture, pour la formation en ligne, est effective depuis 2016. L'objectif est de permettre à chacun de se former sans se déplacer au chef-lieu de région. En 2017-2018, des parcours certifiants sont organisés dans les missions prioritaires, calibrés en fonction des conclusions des groupes de travail en cours.

Conclusion

Ainsi la mise en place du Plan préfectures nouvelle génération entraîne de profonds changements à la fois pour les citoyens et pour les agents du service public. Ces changements ne se font cependant pas sans opposition. Certains parlent ainsi de préfectures déconnectées du public et pénalisant les milieux ruraux, toujours plus isolés. Du côté des syndicats, certains dénoncent un « plan social préfectoral » qui vise à supprimer un nombre important de fonctionnaires risquant d'entraîner une dégradation des services publics.

7 | SUJETS TRANSVERSAUX

SUJET : ENJEUX ET MÉTHODES DE LA POLITIQUE DE LA VILLE

Comment aborder le sujet

Ce sujet fait écho, plus ou moins fortement, à chacun des thèmes du concours 2015-2016. Face à un tel sujet, même s'il dispose de peu de connaissances sur la politique de la ville, le candidat se posera la question suivante : que dire là-dessus en matière de politique économique, sociale, de développement durable, de finances, de performance et d'organisation de l'État ? À chaque fois, il apercevra des éléments de réponse qui l'aideront, par association de pensées, à rassembler suffisamment d'éléments pour rédiger et rendre une copie honorable. Mais celle-ci ne doit pas nécessairement reprendre scolairement cette batterie de questions : le sujet n'est d'ailleurs pas, ici, traité de manière explicitement articulée à l'un ou l'autre de ces thèmes.

On notera que le corrigé proposé ici est établi selon un plan en trois parties, toujours possible bien que peu usité au concours externe des IRA. Il s'agit par là de rassurer les candidats qui se sentiraient plus à l'aise avec ce type de plan ou qui penseraient perdre trop de temps, au détriment de la qualité rédactionnelle, en s'évertuant à coucher leur pensée sur le lit de Procuste du plan type en deux parties et deux sous-parties. Naturellement, ce corrigé n'est qu'une proposition, parmi cent autres possibles, tout aussi légitimes.

Les pièges à éviter :
- se situer hors sujet (il s'agit ici des pouvoirs publics et de leur rôle dans les grands domaines de l'action publique – société, économie, emploi, santé, culture, territoires...) ;
- croire que la politique de la ville, c'est une question (seulement) d'urbanisme ;
- croire que c'est la politique (générale) de la municipalité en place.

Exemples :
- adopter une approche trop sociologique ou psychologique centrée sur l'exclusion et/ou de l'intégration sociale (exemple : variations sur le lien social) ;
- à l'inverse, se noyer dans le catalogue (souvent présent dans la documentation disponible) des multiples dispositifs techniques de 35 ans d'action publique.

Les fondamentaux à maîtriser :
- c'est une politique nationale (de l'État) ;
- partagée avec les collectivités locales (clause générale de compétence) ;

- par voie de contrat (d'objectifs et de moyens) ;
- territorialisée (zonages de territoires prioritaires qui font l'objet d'évaluation et de remaniements) ;
- interministérielle car multisectorielle (sociale, économique, éducative, culturelle...) ;
- pilotée de manière originale (en mode projet) ;
- qui, dans la durée, a subi des inflexions (plutôt sociales, plutôt sécuritaires, etc.) ;
- dont les résultats sont difficiles à évaluer (cf. Cour des comptes, médias...) ;
- qui se poursuit toujours (loi du 21 février 2014 de programmation pour la ville et la cohésion urbaine et textes subséquents de 2014-2015).

Proposition de corrigé détaillé

Introduction

La politique publique dite « de la ville » est née il y a près de 40 ans, d'une urgence perçue par les gouvernants : faire face à un risque élevé de dislocation sociale et urbaine de la France d'après les Trente Glorieuses. Les premiers signes de cette fracture sont apparus après le choc pétrolier de 1973, puis se sont aggravés, ponctués par des violences urbaines au fort retentissement médiatique et politique. Le quartier des Minguettes, à Vénissieux (banlieue lyonnaise) en fut le théâtre en 1981, puis ce fut Vaux-en-Velin en 1990, suivi d'autres crises urbaines, voire d'émeutes, dont une des plus dures fut celle de Clichy-sous-Bois en 2005. À travers le pays, la liste serait longue de ces quartiers dits « difficiles » : quartiers nord de Marseille ou d'Amiens, du Mirail à Toulouse, Strasbourg le 31 décembre, etc.

Pour certains, il est piquant d'observer que le terme « politique de la ville » n'est pas sans équivoque puisqu'il concerne d'abord les périphéries, la banlieue qui est, étymologiquement, le lieu du ban, où l'on envoyait ceux que la cité excluait.
De fait, l'expression traduit la volonté politique de créer dans les villes une unité, une cohésion sociale, qui intègre les zones marginalisées ou en voie de le devenir. Plus d'une génération après son lancement, pour appréhender ce qu'est cette politique publique qui a traversé les diverses alternances nationales,

Un peu d'érudition ou de considérations anthropologiques ne nuit pas.

il convient d'en faire l'histoire, d'en cerner les objectifs, les méthodes, les moyens, et de tenter d'en faire le bilan.

Il s'agit d'une politique de prévention à la fois sociale et urbaine (I), structurée et pilotée en « mode projet » (II) dont il convient de faire l'évaluation et d'entrevoir les évolutions (III).

I. Une réponse au risque de dislocation sociale

Dès l'origine, la politique de la ville s'appuie sur des réflexions qui sont encore d'actualité et qui inspirent une géographie prioritaire de l'action publique.

A. Une politique préventive couvrant de larges champs de l'action publique

Au début des années 1980, avec l'arrivée de F. Mitterrand au pouvoir, le gouvernement demande à des élus locaux ou à des experts de se pencher sur les problèmes urbains les plus préoccupants. Le rapport Schwartz s'intéresse à l'insertion sociale et professionnelle des jeunes, le rapport Dubedout pose la problématique de l'intégration dans la cité des habitants des cités HLM et M. Bonnemaison remet un rapport au titre explicite « Face à la délinquance : prévention, répression, solidarité ».

Pouvoir les citer est un « plus ». Mais l'essentiel est d'en présenter les principales approches.

Ces approches sociologiques désignent les domaines majeurs de la politique à conduire dans les quartiers difficiles : l'urbanisme, la sécurité et la prévention de la délinquance, le développement éducatif et culturel, l'emploi, la revitalisation économique... L'idée maîtresse est que c'est par une action concertée, jouant sur un ensemble de facteurs et de mesures, que l'on pourra « ré-inclure » ces quartiers dans une entité urbaine unifiée. Encore faut-il définir les quartiers concernés par cette politique.

On peut accepter ce type de néologisme en raison de sa valeur démonstrative.

B. Des territoires déclarés prioritaires

La définition des quartiers à prioriser passe par une analyse fine de leurs caractéristiques. Ce sont, en vrac, le taux de chômage, le taux d'allocataires de minima sociaux, le pourcentage de familles monoparentales, le taux de logements sociaux dans le parc résidentiel, la distance aux services publics, la qualité et fréquence des transports en commun vers le centre-ville, le niveau moyen des élèves, le taux de décrochage scolaire… Ces indices tracent une sorte de périmètre de la difficulté sociale selon des appellations qui fournissent une indication sur la tendance politique du moment.

Il est très improbable que vous connaissiez ces critères et leurs poids respectifs. Mais la simple réflexion vous permet de les pressentir et de les énumérer avec cette précaution : « en vrac » (à utiliser avec modération et à propos).

Si la notion de quartier prioritaire évoque la discrimination positive, celle de zone urbaine sensible (ZUS) renvoie davantage à une fragilité voire à un danger. Le vocable de quartier en contrat de cohésion urbaine et sociale (CUCS) est moins connoté et plus technique. Par ailleurs, certains zonages signifient une action précise : l'Éducation nationale déploiera plus de moyens qu'ailleurs dans la zone d'éducation prioritaire (ZEP), le ministère de l'Économie et des Finances pratiquera des exonérations fiscales pour attirer les entreprises dans la ZFU (zone franche urbaine). Cela explique, alors qu'on pourrait considérer ces zonages comme stigmatisants, que les maires ne les refusent pas, en raison des subventions d'État supplémentaires qu'ils attirent sur la commune, comme la dotation de solidarité urbaine (DSU).

Sur ces territoires identifiés, comment agir ?

II. Une politique en mode projet

La politique de la ville nécessite l'action convergente et concertée de tous les acteurs publics concernés. Elle est donc à la fois interministérielle et partenariale.

A. Une action interministérielle

Les orientations sont décidées en Comité interministériel des villes (CIV), présidé par le Premier ministre, qui en définit les programmes et en répartit les moyens.

Depuis 1990, un ministre de la Ville, souvent une personnalité politique importante, disposant d'une administration légère, est l'animateur de cette politique. On peut citer, entre autres, MM. Delebarre, Bartolone, ou Mmes Veil et Vallaud-Belkacem.

Les étudiants citent souvent M. B. Tapie. Celui-ci fut deux fois ministre de la Ville, mais à chaque fois pour quelques mois seulement. Sont cités ici d'autres « poids lourds ».

Faute de services extérieurs, le ministère s'appuie sur les préfectures pour impulser et gérer localement sa politique, parfois avec un sous-préfet spécialement délégué à cette tâche. Surtout, l'État dispose d'opérateurs spécialisés dotés de budgets d'intervention. L'Agence nationale pour la rénovation urbaine (Anru) chargée de la rénovation lourde du bâti et des infrastructures des quartiers, est un guichet unique regroupant l'État, le gestionnaire du 1 % logement, le mouvement HLM, la Caisse des dépôts et consignations et l'Agence nationale pour l'habitat (Anah).
L'Agence nationale pour la cohésion sociale et l'égalité des chances (Acsé) est l'opérateur des programmes sociaux : éducation, santé, prévention de la délinquance... Elle intervient pour l'intégration des populations immigrées, contre les discriminations et l'illettrisme.

Fondue en 2014 dans les services du Commissariat général à l'égalité des territoires (CGET). Voir plus loin.

B. Une action partenariale : la méthode des contrats entre l'État et le local

Une action si largement partenariale nécessite un pilotage spécifique : la méthode utilisée est celle de la contractualisation entre l'État et les collectivités territoriales. La méthode a un peu évolué, mais son objectif reste de fédérer tous les acteurs pour qu'ils inscrivent leurs interventions dans un cadre cohérent. Après un diagnostic partagé de la situation, les préfets passent des contrats avec les maires ou les présidents des établissements publics de coopération intercommunale (EPCI).

Un projet commun est défini, chacun apportant ses moyens humains ou financiers pour une durée pluriannuelle. Cela génère des financements croisés, pas toujours faciles à articuler. D'autres signataires peuvent être associés : caisses d'allocations familiales, conseil départemental...

Contrats de plan État-région, contrats de pays, contrats d'objectifs et de moyens de toute nature... Cette méthode du contrat, qui associe plusieurs acteurs, est un mode de gouvernance opérationnelle à ne pas ignorer.

Ces contrats ont porté plusieurs noms. Après les opérations « habitat et vie sociale » des années 1970, des conventions de développement social des quartiers (DSQ) furent mises en place dans les années 1980, parfois inscrites dans les contrats de plan État-région. Les années 1990 furent celles du DSU (développement social urbain) avec les « contrats de ville », certains étant classés « grands projets urbains » avec un financement renforcé. Les années 2000 furent celles des contrats urbains de cohésion sociale (Cucs).

Un pilotage commun est mis en place, également par contrat : un comité stratégique est installé, composé de l'État, des collectivités locales et des autres financeurs. Sous son impulsion, un chef de projet et son équipe, généralement employé par la commune ou l'instance intercommunale compétente, anime le déroulement du projet, veille à la cohérence des actions engagées et vérifie leur mise en œuvre, notamment au plan budgétaire. Il doit aussi procéder à l'évaluation du contrat en restant à l'écoute des habitants et des associations.

III. Un bilan incertain, une évolution en cours

Après plus de 30 ans, les responsables s'interrogent : quel bilan, quelles perspectives ?

A. Des résultats difficiles à évaluer

Les acteurs publics s'interrogent souvent sur le bilan. En 2012, la Cour des comptes a réalisé un rapport qui estime que les écarts entre les quartiers prioritaires et les villes-centres ne se sont pas réduits. Elle regrette la dilution des interventions sur un nombre trop important de quartiers et dénonce des défauts de coordination, une rénovation urbaine mal articulée avec le volet social, une répartition inadéquate des crédits. Concrètement, dans les quartiers, où vivent 8 millions d'habitants (le 1/8e de la population française), le chômage est toujours deux fois plus important qu'ailleurs, *la situation économique n'a guère progressé et la pauvreté demeure élevée.* La cour note *la complexité des zonages, la multiplication de procédures* ainsi que le manque d'évaluation des dispositifs. Ainsi, plus de 12 000 associations bénéficient de subventions souvent saupoudrées *sans véritables engagements sur les objectifs* et sans réel *contrôle.*

Il est vrai que les ministères n'ont pas toujours *mobilisé prioritairement* leurs crédits pour ces territoires, et que leurs moyens ont été amputés par la révision générale des politiques publiques (RGPP) ou la modernisation de l'action publique (MAP). Début 2015, le Premier ministre Manuel Valls lui-même n'a-t-il pas parlé d'« *apartheid* » concernant les banlieues, critiquant un phénomène de ghettoïsation et appelant à plus de mixité sociale ? Ce constat sévère semble toutefois à moduler, en raison même de la difficulté de mesurer l'impact d'une politique de prévention. On sait ce que coûtent les actions curatives, on ignore ce que les actions de prévention permettent d'économiser. C'est ce qu'expriment les associations de quartier, qui ont souvent le sentiment de contenir les risques d'explosion sociale avec des moyens limités et que, si les émeutes urbaines étaient plus graves, les coûts seraient plus lourds. Selon ce point de vue, qui n'est pas mesurable, la politique de la ville aurait porté ses fruits.

Là encore, il s'agit d'émettre un jugement mesuré. Cette politique fait aujourd'hui l'objet d'un *bashing* assez répandu, qu'il est imprudent de relayer aveuglément : qu'en serait-il des banlieues sans tous les efforts déployés ?

Fort de ces constats, et à l'occasion de l'alternance politique de 2012, l'État a engagé une nouvelle inflexion de la politique de la ville.

B. Des évolutions en cours

Une loi de février 2014 simplifie l'action publique en la concentrant sur un nombre réduit de territoires (1 200, désignés sur le critère du revenu des habitants, contre 2 500 auparavant). Un observatoire national mesurera les inégalités au sein des unités urbaines. À partir de juin 2015, un contrat nouveau et unique, le contrat de ville, remplace les nombreux dispositifs existants (CUCS, conventions de rénovation urbaine, zones franches urbaines). Il a vocation à mobiliser les différentes politiques d'éducation, d'emploi, de justice, de sécurité, de transport, de santé afin de rétablir l'égalité dans les quartiers.

Les projets de rénovation urbaine engagés seront finalisés. La loi veut impliquer les habitants dans les projets, dans le cadre d'une démocratie locale participative. Le financement sera mieux identifié, devant figurer depuis la loi organique relative aux lois de finances (Lolf), dans un document dit de politique transversale. Le budget de la politique de la ville s'intègre dans la mission intitulée « Égalité des territoires, logement et ville », avec des crédits dédiés d'environ 500 millions d'euros en 2014.

Cette politique rénovée est désormais impulsée par un organisme nouveau créé en 2014 : le Commissariat général à l'égalité des territoires (CGET), rattaché au Premier ministre et regroupant la Délégation à l'aménagement du territoire et à l'attractivité régionale (Datar), le secrétariat général du comité interministériel des villes (SGCIV) et l'Acsé. Le CGET conçoit et met en œuvre la politique d'égalité des territoires, notamment *via* les contrats de plan État-région et assure la tutelle de l'Anru pour le compte du ministre.

Avec cette évolution, la politique de la ville peut-elle se diluer et perdre en visibilité ? Ou, à l'inverse, gagner en cohérence ? Une grande inconnue tient au devenir concret de la décentralisation mise en place par la loi sur la nouvelle organisation territoriale de la république, votée en juillet 2015. Sous le double effet de cette réforme territoriale et de celle de la clause générale de compétence réservée désormais aux seules communes, la politique de la ville pourrait se voir désormais confiée aux métropoles ou aux autres grandes structures intercommunales, comme le Grand Paris. Il y aurait là une logique de proximité et de subsidiarité.

Exemple d'un avis personnel qui peut être avancé sans choquer : il est argumenté et applique à cette politique de la ville les préconisations techniques généralement admises en matière d'action publique.

Conclusion

Au terme de ce tour d'horizon sur une politique assez peu connue du grand public, on peut constater sa grande continuité en dépit des fluctuations mettant l'accent sur tel ou tel élément (éducation ou sécurité, emploi ou lien social...). Mais cette constance est impactée par la RGPP et MAP. Ainsi, aux dispositifs spécifiques des années passées, la réforme de 2014 préfère le « droit commun », ce qui peut remettre en cause la capacité d'innovation de cette politique. On note par ailleurs que l'actuel ministère de la Ville est aussi chargé des droits des femmes, de la jeunesse et des sports. Le CGET a un champ d'action plus large que le seul fait urbain.

Les choses bougent actuellement, et ont fait l'objet d'une certaine médiatisation. D'où l'utilité de se tenir au courant des grandes lignes de l'actualité.

SUJET : PÉRENNITÉ ET TRANSFORMATION : OÙ VA L'ÉTAT ?

Préparer sa composition

1. Définir les termes du sujet

Libellé bref impliquant de n'en négliger aucun terme : ne pas seulement définir l'État, ne pas oublier la question finale.

L'État

- Étymologie : du latin *status*, être debout, façon de se tenir. Connotation de stabilité.
- L'État est une forme de société humaine. Il désigne la personne morale de droit public qui représente une collectivité, un peuple (voire une ou plusieurs nations), à l'intérieur et à l'extérieur d'un territoire déterminé sur lequel elle exerce le pouvoir suprême, la souveraineté. Il gouverne en disposant de monopoles comme l'utilisation légitimée de la contrainte physique (pour faire respecter la loi), la collecte des impôts...
- Concrètement, l'État est fait des institutions et services qui permettent d'administrer le pays : ministères et administrations déconcentrées, et collectivités territoriales.
- En droit, c'est la Constitution qui définit comment s'exerce le pouvoir.

Pérennité

Caractère de ce qui dure (durabilité, permanence, continuité...).

Transformation

Changement d'aspect, de manière d'être, de nature, qui fait devenir différent. Mais changer de forme, est-ce changer forcément de nature ?

Et

Conjonction exprimant une addition, une jonction voire une opposition.

Où va... :

Que devient, que va devenir ?

2. Faire émerger une problématique

Si on pose la question, c'est que la réponse ne va pas de soi. Il semble même paradoxal d'accommoder pérennité et transformation, ce qui donne la problématique.

On constate des transformations dont on ne sait pas si elles amélioreront la situation, à terme. Ce ne sont ni les premières tentatives de transformer l'État ni certainement les dernières. On peut constater leurs effets, comme la réorganisation de l'administration de l'État et la réforme de la carte territoriale.

On a pu observer une révision générale des politiques publiques (RGPP) puis une modernisation de l'action publique (MAP). Mais on ne sait pas exactement où mènent ces transformations, dans quelle intention réelle elles sont conduites ou subies, quels sont leurs effets réels, ni jusqu'à quel point elles facilitent ou contrecarrent la pérennité attribuée à l'objet institutionnel qu'est l'État.

3. Soigner l'entrée en matière

Se rappeler les textes régissant l'épreuve : « La place des pouvoirs publics et leur rôle dans les grands domaines de l'intervention publique (société, économie, emploi, santé, culture, territoires, relations extérieures...) ». Il faudra :

- une phrase d'accroche : exclure les généralités (« de tout temps... » ou « l'État a toujours été... ») ;
- une analyse des termes (voir ci-avant) et un bornage du sujet, dans le temps et dans l'espace : par exemple « en France », « depuis les lois de décentralisation de... » en s'intéressant à la situation contemporaine ;
- une problématique (voir ci-avant) dont le sens global est : « Dans le tiraillement entre préservation de sa pérennité et mise en œuvre de sa transformation, que se passe-t-il pour l'État ? » Se souvenir que les capacités attendues, « *aptitude à l'analyse et au questionnement* », sont rarement illustrées par des réflexions manichéennes mais plutôt par des réponses nuancées.
- une annonce du plan... qui peut être très simple... « une transformation sous contrainte », « comme condition de la pérennité... »

Suggestion de plan détaillé sans comparatisme international

I. L'État redéfinit son périmètre de compétences et adapte son champ d'intervention

A. C'est une démarche qui n'est pas nouvelle

Elle a déjà une profondeur historique, sur le plan institutionnel avec la décentralisation (compétences cédées aux CT et contrôle *a posteriori*) et avec l'harmonisation européenne (marché unique, conditions de concurrence équitable).

De même, sur le plan économique, les privatisations ont changé le rôle de l'État, et incitent à un arbitrage au sein du service public, entre ce qui reste obligatoirement sous contrôle de la puissance publique, et ce qui peut relever du secteur marchand.

Transition : « L'histoire de la notion d'État est celle de sa mutation », *disait Jean-Marc Sauvé, vice-président du Conseil d'État.*

B. L'État, bien que souverain, est ouvert au monde

Il se trouve de plus en plus souvent en situation de régulateur ou de partenaire et de moins en moins en position d'acteur omnipotent. Sur le plan budgétaire, le traité sur la stabilité, la coordination et la gouvernance au sein de l'Union économique et monétaire (TSCG) engage et limite les marges de manœuvre, et produit des effets jusque dans les dotations aux CT.

Les politiques industrielles sont soumises aux aléas des partenariats, alors que les mesures interventionnistes sont de moins en moins intensives, faute de moyens, et peu sûres : devant la difficulté à évaluer les bénéfices de toute politique industrielle, on s'interroge sur leur capacité à développer de nouveaux secteurs.

Terminer sur les questions de budget et de création de richesses : *quand les moyens sont contraints, il faut être inventif, et sans moyens suffisants, pas de fonctionnement de l'État, et des missions en jachère ou en réduction...*

II. L'État se réorganise et doit trouver les moyens financiers de les faire fonctionner

A. À moyen terme, il cherche une organisation et un cadre territorial adaptés à ses moyens

C'est le message clair qu'affichent tour à tour la RGPP, la RéATE et la MAP : vers un État mieux pensé et plus performant, transparent, restant au service des usagers et soucieux de simplification des structures et des procédures. C'est aussi l'enjeu de la réforme territoriale, du remaniement de la carte des régions et de la redéfinition des compétences qui en découlera, éventuellement avec une meilleure lisibilité des missions régaliennes et des autres missions.

Transition : « Le propre de la puissance est de protéger *», disait Pascal, et la question des moyens est cruciale pour continuer à remplir ses missions... et continuer à exister.*

B. À plus long terme, cela passe par la recherche d'un nouveau souffle économique

Il faut encourager l'innovation pour développer la croissance et l'emploi, à condition de réduire la dépendance aux énergies importées, sans sacrifier la lutte contre le changement climatique, ni l'environnement ou le cadre de vie qui sont des préalables pour assurer la santé et le bien-être de la population. Le tout afin de maîtriser les effets de l'allongement de l'espérance de vie sur les systèmes de solidarité (santé, retraites).

Conclusion

La difficulté de tracer les contours de l'avenir de l'État est une évidence qui n'empêche pas d'agir. Transformation et pérennité ne s'opposent pas, au contraire, car un État rigide ne s'adapterait pas facilement, de même qu'un État abandonnant trop de prérogatives perdrait toute légitimité et par là même sa pérennité.

Suggestion de plan sommaire avec comparatisme international

I. L'État classique demeure

A. Caractéristiques

- État gendarme
- État providence

B. Universalité

- Diverses formes d'État : unitaire, fédéral, etc.
- État nation : réclamé par les peuples (catalans, écossais, kurdes, palestiniens...)

II. En se transformant

A. Sous l'effet d'évolutions mondiales

- L'UE
- Le contexte international

B. Sous l'effet de la demande des peuples

- La décentralisation
- Les privatisations

Conclusion : périmètre de l'État mouvant, mais durabilité de l'institution

Autre plan sommaire avec comparatisme international

I. Les évolutions récentes semblent réduire le périmètre de l'État

A. Sous l'effet d'évolutions mondiales

- L'UE
- Le contexte international

B. Sous l'effet de la demande des peuples

- La décentralisation
- Le marché et les privatisations

II. Mais l'État reste le noyau dur de l'organisation sociale

A. Ses grandes fonctions demeurent

- Le régalien interne : ordre public, justice, impôt...
- Le régalien externe : armée, affaires étrangères...

B. L'État nation reste l'idéal-type

- Des peuples : catalans, écossais, kurdes, palestiniens
- Dans la marche du monde : ONU, grandes négociations internationales

SUJET : LA JUSTIFICATION AU PREMIER EURO (UN EXEMPLE)

Note technique

Introduction

Dans le dispositif mis en place par la loi organique relative aux lois de finances (Lolf), les crédits budgétaires ne sont plus justifiés par le biais de la distinction services votés / mesures nouvelles, mais doivent l'être « au premier euro ». La Lolf prévoit que le budget de l'État est structuré par les finalités des politiques publiques et contrôlé sur leurs résultats. C'est au regard de l'analyse du coût et de la performance de chaque programme et action que l'utilisation des crédits inscrits au budget est justifiée « en base zéro » (c'est-à-dire dès le premier euro et pas seulement pour les mesures nouvelles). La Lolf prévoit que les projets annuels de performance (PAP) joints au projet de lois de finances de l'année, et qui permettent au Parlement d'apprécier la cohérence et l'efficience des choix budgétaires, comprennent une « *justification au premier euro* » (JPE) des crédits de chaque programme... ce qui oblige les parlementaires à revenir sur les crédits votés antérieurement et à ne pas se contenter d'examiner les seules mesures nouvelles.

Cette disposition a souvent été présentée comme une rupture par rapport à la pratique antérieure à la Lolf qui consistait à reconduire automatiquement les « *services votés* » dans les lois de finances précédentes pour ne débattre que des mesures nouvelles. La Lolf définit la JPE comme « *la justification de l'évolution des crédits par rapport aux dépenses effectives de l'année antérieure, aux crédits ouverts par la loi de finances de l'année en cours et à ces mêmes crédits éventuellement majorés des crédits reportés de l'année précédente, en indiquant leurs perspectives d'évolution ultérieure* ».

I. La JPE, élément incontournable du PAP

La JPE est le chapitre le plus important en volume dans le PAP. Cette justification au premier euro est en pratique une ventilation comptable du coût du programme entre ses principaux éléments, assortie éventuellement d'explications sur les facteurs d'évolution des coûts. Ce n'est pas une justification économique de ces dépenses, fondée sur leur utilité pour la collectivité nationale.

Outre la JPE, le PAP est composé d'une présentation stratégique, d'objectifs et indicateurs, de la présentation des crédits et d'une partie sur les éventuels opérateurs rattachés au programme. Les PAP ne présentent pas seulement les objectifs et des indicateurs des programmes : ils permettent, aussi, grâce à des informations sur la justification des crédits au premier euro et l'analyse des coûts, une meilleure compréhension de la dépense. Ils détaillent ainsi pour chaque programme, les propositions du projet de loi de finances. Plus globalement, ils répondent au souci de substituer à une culture de moyens, une véritable culture de résultats à tous les niveaux de la gestion publique et à l'exigence démocratique de rendre compte aux citoyens et aux contribuables de l'emploi des deniers publics. Chaque responsable de programme explique dans le PAP la stratégie de son programme et l'allocation de moyens nécessaires à sa mise en œuvre. Présentée de manière synthétique en introduction du projet annuel de performances, la stratégie est structurée autour d'orientations bien identifiées et concrétisée par des objectifs.

Trois types d'objectifs expriment les priorités stratégiques de chaque programme :
• des objectifs d'efficacité socio-économique qui expriment les bénéfices attendus des politiques publiques pour le citoyen comme : réduire la délinquance générale pour le programme « Police nationale »... ;
• des objectifs de qualité du service à l'usager comme : rendre des décisions de qualité dans des délais raisonnables pour le programme « Justice judiciaire »... ;
• des objectifs d'efficience qui rendent compte aux contribuables de la qualité de la gestion des moyens de l'État comme : optimiser la gestion des grands projets informatiques pour le programme « Conduite et pilotage de la politique de la justice ».

Les objectifs des projets annuels de performances (PAP) sont déclinés en objectifs opérationnels, déclinés à leur tour jusque dans le travail quotidien des services - ou des opérateurs de l'État - chargés de mettre en œuvre le programme. Ces objectifs et les actions menées pour les atteindre, sont mesurés au moyen d'indicateurs concrets et vérifiables : les indicateurs de performance. Chaque gestionnaire public, devra, à son niveau de responsabilité, rendre compte de ses résultats.

II. Un exemple : la JPE dans le budget de la police nationale

L'exemple du PAP 176 de la police nationale pour 2017 (le premier de la mission « Sécurités »), permet d'appréhender la logique de la JPE dans un PAP. La JPE est composée de deux parties :
• les éléments transversaux du programme... ;
• le suivi des crédits de paiement associés à la consommation des autorisations d'engagement.

La première partie présente les éléments de synthèse du programme puis l'évolution de son périmètre et développe longuement les emplois et dépenses de personnel. Les grands projets informatiques, les contrats de partenariat et les subventions aux opérateurs viennent ensuite clore cette partie.

Dans le cas étudié ici, l'enjeu du personnel est particulièrement important et montre une forte évolution pour 2017 par rapport à 2016. Dans ce PAP, les effectifs sont en augmentation de 2 003 équivalents temps plein travaillés (ETPT) pour un plafond d'emplois du programme de 149 079 ETPT. Cependant cette augmentation est modulée : baisse significative du nombre de hauts fonctionnaires et augmentation marquée des effectifs du corps d'encadrement et d'application (gradés et gardiens de la paix), qui représente, en 2017, 70,3 % des personnels de la police nationale. Ce taux élevé s'explique essentiellement par le renforcement des moyens pour lutter contre le terrorisme, portés par le plan de lutte antiterrorisme (PLAT) et le pacte de sécurité (PDS). On retiendra que sur le total des crédits de paiement du programme, la masse salariale prévue pour 2017 représente à elle seule 89,3 %.

La deuxième partie détaille particulièrement six actions qui constituent le programme.
1°) L'ordre public et la protection de la souveraineté (12,8 %), il s'agit principalement de la police des manifestations, du renseignement et de la protection des bâtiments publics.
2°) La sécurité et la paix publiques (28,7 %). Cette action est la plus importante et correspond principalement à la prévention et à la répression de la délinquance, à la police administrative et aux relations avec les usagers (principalement les victimes).
3°) La sécurité routière (4,3 %) correspondant à la police de la route (administrative et judiciaire).
4°) La police des étrangers et la sûreté des transports internationaux (7,8 %), ici les dépenses sont principalement liées aux charges de la police de l'air et des frontières.
5°) Les missions de police judiciaire et de concours à la justice (25 %). Cette action qui absorbe le quart des crédits de paiements de la police nationale, correspond à la recherche de la vérité dans le cadre de procédures judiciaires (recherche et constatations des infractions pénales, rassemblement des preuves, recherches des auteurs et de leurs complices, arrestation et déferrement à la justice).
6°) Le commandement, les ressources humaines et la logistique (21,5 %). Cette dernière action englobe toutes les fonctions support de même que le commandement de la police nationale.

En clair, la JPE permet de visualiser les trois actions les plus coûteuses de la police nationale : ce sont les actions 2, 5 et 6 qui, au total, réalisent 75,2 % de la dépense du programme.

Conclusion

La JPE permet ainsi une analyse fine des emplois et des ressources de chaque programme et explique la mise en place d'un contrôle de gestion. Cette démarche entraîne une vision transversale qui rejoint la gestion prévisionnelle des emplois et des effectifs (GPEEC) concernant la gestion du personnel.

SUJET : LES SERVICES DE L'ÉTAT DANS LES TERRITOIRES : QUELLE ÉVOLUTION ?

Plan sommaire

Ce sujet se rapproche de celui posé pour le concours 2016 : « Quelle place pour les services de l'État dans la France des territoires ? » Ce sujet intègre pleinement la réforme territoriale engagée par la loi NOTRe, et incite clairement à étudier les rapports entre la décentralisation et la déconcentration.

Si les deux phénomènes sont étudiés de manière séparée pour des considérations pédagogiques, il est bien évident que l'histoire de la France est celle d'un renforcement de la déconcentration à chaque étape de décentralisation. Le sujet invite donc nécessairement à affirmer que la « France des territoires », celle de la décentralisation, ne rend pas caducs les services de l'État (au contraire !), mais conduit plutôt à repenser le maillage territorial, le pilotage des politiques publiques et de nombreux autres points.

On peut traiter le sujet ainsi :

I. Depuis 30 ans, les services de l'État s'adaptent en recherche constante de modernisation

A. L'organisation administrative de la France a profondément évolué depuis les années 1980

1. La centralisation a montré ses lacunes : lourdeur, lenteur administrative, manque de proximité des services.

2. La décentralisation s'est accompagnée d'un renforcement des services déconcentrés (renforcement du rôle du préfet avec loi NOTRe, charte de la déconcentration...).

B. L'évolution des services de l'État est nécessaire dans un contexte de recherche de performance et de qualité

1. La mutualisation : un mouvement qui s'accélère : RGPP, loi NOTRe qui impose une nouvelle carte de la déconcentration en même temps que la nouvelle carte des régions (implique politique de GRH stratégique, en matière de mobilité, formation...).

2. Le choc de simplification de l'administration, une nécessité pour garantir l'accès de tous les citoyens aux services : recherche d'égal accès des citoyens au service public, exemple de quelques administrations, nouveau code des relations entre usagers et administration.

II. Les services de l'État restent nécessaires dans les territoires, et mieux articulés aux autres acteurs locaux

A. La recherche de performance peut limiter l'objectif d'égalité d'accès aux services de l'État selon les territoires

1. Les sous-préfectures : maintien ou suppression ?

2. Les établissements de santé et le pouvoir des ARS : question complexe dans une France vieillissante, augmentation de la dépendance, etc.

B. La recherche de performance appelle une meilleure articulation des services à l'échelon local

1. La baisse des effectifs dans certains services et la question de la démocratie locale : RGPP et sous-effectifs des services du contrôle de légalité des préfectures.

2. Des pistes de rationalisation à creuser : rapport 2013 de la Cour des comptes prônant la suppression des doublons entre services de l'État et organes décentralisés (exemple de l'emploi notamment).

Conclusion

• La décentralisation s'accompagne d'un renforcement des services déconcentrés. Ce n'est pas étonnant, puisque les deux mouvements sont complémentaires (recherche de cohérence).
• Contexte actuel : l'État tend à se recentrer sur ses compétences régaliennes (+ éducation), mais il reste l'acteur ultime de cohésion sociale, territoriale et financière.
• Dans une France de territoires très divers, les services de l'État restent donc indispensables à la cohésion.

34/38, rue Camille-Pelletan - 92309 Levallois-Perret cedex
Imprimerie La Sepec - 01960 Péronnas - 10803170907
Imprimé en France - 3e trimestre 2017

Service éditorial : Marjorie Champetier, Benjamin Dias Pereira, Deborah Lopez, Elodie Sebbah
Conception graphique : Catherine Aubin
Composition : Loïc Pennanéac'h

Dépôt légal à parution
ISBN 978-2-7590-3601-1